도시로 보는 동남아시아사

일러두기

- 본문의 지명과 인명 등 고유명사는 국립국어원의 외래어 표기법에 따랐으나 경우에 따라 현지 발음대로 표기했다.
- 본문에 수록한 사진 중 카피라이트가 표시되지 않은 사진은 모두 저자가 촬영한 것이다.

도시로 보는 동남아시아사

강희정·김종호 외 지음

방콕, 하노이부터 치앙라이, 덴파사르까지
13개 도시로 떠나는 역사기행

사우

프롤로그
도시의 속살을 들여다보는 시간

코로나로 인해 지난 2년이 증발해버렸다. 처음 코로나가 발생했을 때는 곧 잠잠해질 줄 알았고, 조금만 참으면 곧 지나갈 거라고들 생각했다. 하지만 어느새 3년째로 접어들면서 마음속 갑갑증이 고구마 100개 먹은 것처럼 커져만 가고, 그에 비례해 여행의 욕구도 불거진 지 오래다. 다 참고 있을 뿐이다. 국제선 비행기가 멈추다시피 한 상황에서 제주도로 방향을 돌려보지만 푸른 바다가 유혹하는 열대의 나라들, 동남아시아에 대한 열망을 대신할 수는 없다.

한국인들이 가장 많이 찾는 여행지는 중국, 일본, 그리고 동남아시아다. TV 프로그램 〈꽃보다 청춘〉 라오스 편이 인기를 끌었을 정도로 젊은이들이 배낭여행으로 가장 많이 찾는 곳도 동남아시아다. 젊은 사람들은 배낭여행으로, 중년층은 여행사 패키지 상품을 이용해 동남아시아를 찾았다. 압도적으로 많이 찾는 곳은 앙코르와

트가 있는 캄보디아 씨엠립이다. 베트남 하노이와 다낭, 태국 방콕도 상당히 인기 있는 관광지다. 왜 이렇게 많은 사람이 동남아시아를 찾는가? 아마도 우리와는 비교할 수 없이 싼 물가와 천혜의 자연환경과 맛있는 음식이 매력일 것이다. 유럽이나 미국보다 가깝고, 여행 비용도 적어서 짧은 기간에 직장인들이 피로를 풀고 오기 좋은 곳이다. 동남아시아의 골목을 어슬렁어슬렁 거닐며 느긋하게 시간을 보내고, 동행들과 두런두런 이야기를 나누던 때가 그리운 사람들이 많을 것이다.

아쉽게도 야자수 우거진 바닷가 풍경을 즐겼을 뿐 동남아시아에 대해 잘 아는 사람은 많지 않다. 이것은 누구의 잘못도 아니다. 동남아시아에 대해 일반인이 알 수 있는 정보나 개괄적인 현황을 접하기가 어렵다는 데 그 원인이 있다.

서양의 역사나 철학, 문명에 관한 책은 서점의 한 코너를 채우고도 남는다. 하지만 아시아는 어떤가? 아시아 중에서도 가장 접하기 어려운 분야가 동남아시아 관련 책일 것이다. 중국이나 일본과는 아예 비교도 안 되고, 서아시아나 아프리카만큼이나 만나기 어려운 게 동남아시아 책이다. 우리가 서아시아나 아프리카보다 동남아시아를 찾는 일이 훨씬 많은데도 동남아시아 문화나 역사, 정치·경제에 대해 알려주는 책이 적다는 것은 우리 사회의 지식이 상당히 편중되어 있음을 말해준다. 아니다. 정확히 말하면 동남아시아 연구자들이 별로 없다고 해야 할 것이다. 그 얼마 안 되는 연구자들이 마침내 동남아시아의 도시에 관한 책을 내놓게 되었다.

동남아시아는 현재 11개국으로 이루어져 있지만 그 영역은 상당히 넓다. 도시국가인 싱가포르와 브루나이를 제외하면 넓지 않은 나라가 없다. 그에 비하면 인구는 적은 편이다. 그래서 동남아시아는 도시가 중심이 되어 발달했다. 동남아시아 각국의 오랜 역사 동안 중요한 지역에서 거점이 되는 도시가 사실상 나라의 명운을 좌우했다고 해도 과언이 아니다. 그러다 보니 오랜 역사를 지닌 도시는 오늘날까지 중요한 관광 명소가 되거나 교통의 요충지가 되어 다른 관광지로 연결해주는 기능을 하기도 한다. 다른 어느 지역보다 동남아시아 도시들이 중요한 이유다. 이 책은 동남아시아 주요 도시들의 명암을 다루고 있다. 이 중에는 싱가포르나 방콕, 하노이처럼 수도인 곳도 있고, 믈라카나 양곤처럼 영화로웠던 과거를 간직한 도시도 있다. 덴파사르나 치앙라이처럼 이름이 생소한 도시들도 사실은 우리가 이미 알고 있거나 여행객들이 즐겨 찾는 곳이다. 비록 동남아시아 11개국의 도시를 망라하지는 못했지만 여기서 다룬 도시들은 동남아시아 역사의 현장을 보여주기에 부족함이 없는 곳들이다.

어느 도시든 있는 자, 없는 자, 신분이 높은 자, 낮은 자들이 함께 모여 살면서 온갖 삶의 굴곡과 애환을 품고 있다. 여기에 동남아시아의 도시에는 인종과 종족이 더해졌다. 15세기 이후 동남아시아에서 나는 향신료를 얻기 위한 서구 열강의 식민지 쟁탈전이 격화되면서 태국을 제외한 많은 지역이 식민지가 되었다. 그에 따라 네덜란드, 스페인, 영국, 프랑스 사람들이 들어와 섞여 살게 되었고, 이들과 현지인 간의 통혼도 이뤄졌다. 그뿐이 아니다. 유럽인들이 작물 재배를 위한 플랜테이션과 주석 광산 개발에 앞장서면서 일손이 달리자 19세기 이후로는 적극적으로 노동 이주를 권장했다. 인구가 부족한 동남아시아에서 충분히 예견되는 일이었다. 이때 데려온 외국인 노동자들은 '쿨리'라고 불리는데, 인도와 중국에서 온 사람들이 절대다수를 차지했다. 중앙아시아에서 데려온 사람들도 있었지만 가장 인구가 많은 것은 중국인 노동자였다. 그러다 보니 자연스럽게 고향을 떠나온 사람들이 모여 사는 마을을 형성했고, 그들의 고유한 전통과 문화가 동남아시아로 전해졌다. 동남아시아에 화인 인구가 그 어느 지역보다 많은 이유다. 한국도 1960~1970년대 보릿고개를 넘기기 어려웠던 시절, 고향을 등진 사람들이 먹고살 방도를 찾아 대도시로 떠났듯이 제 나라를 떠나온 쿨리들도 도시로 먼저 몰려들었다. 일부는 자카르타 같은 대도시의 부두 노동자가 되고, 일부는 페낭 같은 도시에서 아편을 가공했다. 어떤 의미에서는 도시야말로 동남아시아의 과거와 현재, 그리고 미래를 고스란히 보여주는 곳이라 할 수 있다.

불과 얼마 전까지 그래왔듯이 비행기를 타고 후딱 떠나서 에메랄드빛 바다와 높이 솟은 야자수 그늘을 즐길 수 있다면, 아니 베트남 후에나 씨엠립의 고도에서 지나간 왕조의 영화를 감상할 수 있다면 그것도 좋다. 있는 그대로 동남아시아의 자연과 문화유산을 보고 즐길 수 있는 것으로 족하리라. 지식이 있어야만 즐기고 사랑할 수 있는 것은 아니니까.

그렇더라도 동남아시아 어느 도시에서 즐거운 시간을 보내다 문득 자신이 그곳을 너무나 모른다는 생각이 들었다면, 웅장한 문화유산을 남긴 사람들이 누군지 궁금증이 일었다면, 동남아시아를 너무 소비만 하고 있다는 생각이 든다면, 혹은 장차 동남아시아에 가고 싶은데 대체 그곳이 어떤 곳인지 몰라 막연한 불안감이 든다면, 이 책을 통해 동남아시아 도시들의 속살을 들여다보는 건 어떨까?

이 책은 동남아시아의 주요 도시들을 가볍게 다뤘지만 내용은 가볍지 않다. 지면의 제약으로 인해 상세하게 풀어내지 못한 아쉬움이 있어도 알차게 도시의 역사와 문화를 담아냈다고 자신할 수 있다. 무엇보다 저자들이 동남아시아에 해박한 전문가들이기 때문이다. 인도네시아, 베트남, 태국, 싱가포르 현지를 잘 아는 저자들이 경험과 지식을 바탕으로 동남아시아 여러 도시의 역사를 공들여 풀어냈다.

여름방학이나 휴가 때 동남아시아에 가던 기억과 그리움을 이참에 책으로 풀어보는 것도 좋은 방법이 될 것이다. 따가운 햇살 아래 동남아시아 도시의 거리를 설렁설렁 걷는 기분으로 이 책을 읽으면 좋은 예습이 될 것이라고 장담한다. 감염병의 먹구름이 걷히고 다시 동남아시아로 가는 그날이 오면 도시의 속살을 들여다보며 복습하는 기분이 들 것이다.

우리는 이 책을 통해 다시 즐기고, 사랑할 준비를 하면 된다, 동남아시아의 도시들을.

2022년 봄에
필자들을 대신하여 강희정 씀

SOUTHEAST ASIA

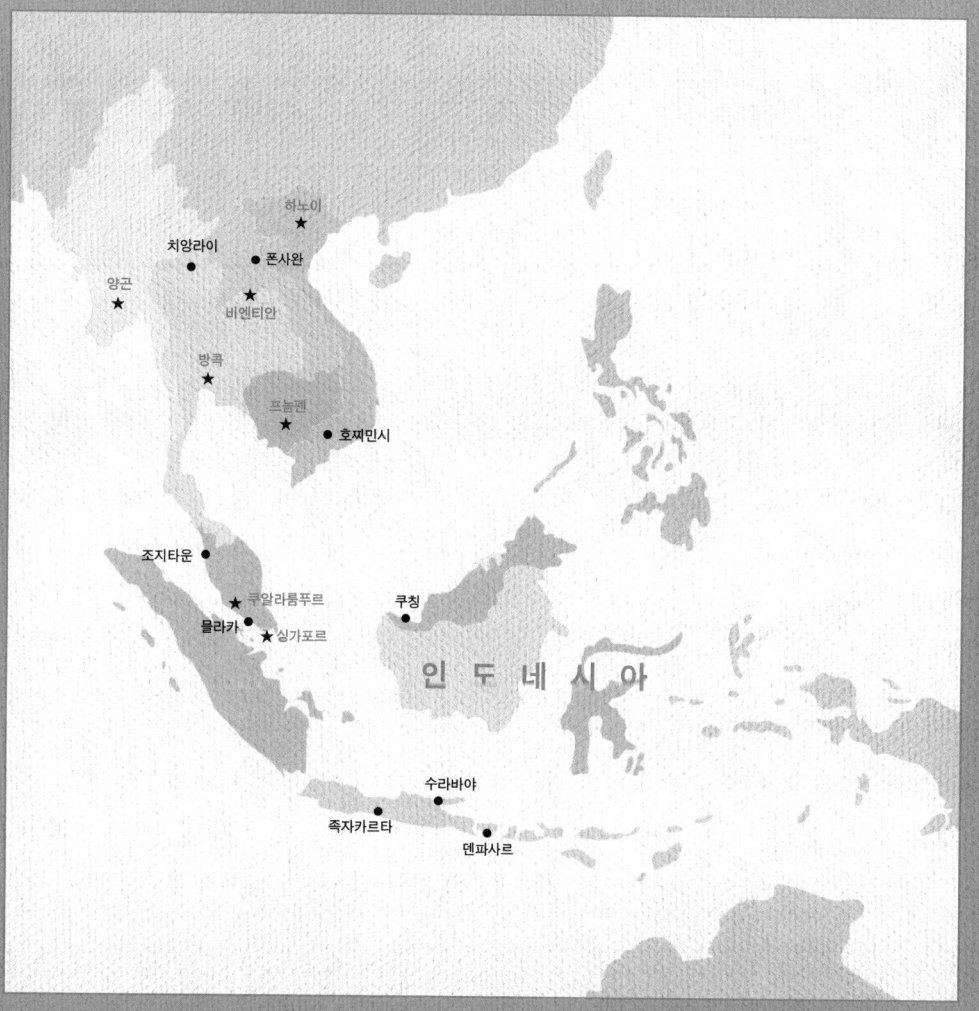

도시로 보는 동남아시아사

◆ 프롤로그
도시의 속살을 들여다보는 시간 ... 004

1 . Melaka .   믈라카, 동양의 베니스 ... 012
2 . Penang .   페낭, 매력 넘치는 세계문화유산의 도시 ... 035
3 . Kuching .   쿠칭, 고즈넉한 고양이의 도시 ... 062
4 . Yogyakarta . 족자카르타, 인도네시아의 숨은 보석 ... 084
5 . Denpasar .   덴파사르, 신들의 섬에 사는 발리 사람들 ... 104
6 . Surabaya .   수라바야, 행복한 2등 도시 ... 122
7 . Singapore . 싱가포르의 '진짜' 차이나타운을 찾아서 ... 140

08	Chiang Rai	치앙라이, 우리와 그들 사이의 경계를 품은 곳 ... 170
09	Bangkok	방콕, 왕이 걷는 길에서 찾아낸 민주화의 길 ... 190
10	Phonsavan	폰사완, 베트남 전쟁의 화염을 피하지 못한 단지평원 ... 212
11	Yangon	양곤, 불교의 나라 미얀마의 코즈모폴리턴 도시 ... 232
12	Hanoi	하노이, 베트남의 역사를 가득 품은 도시 ... 262
13	Ho Chi Minh	호찌민시, 동커이 거리에서 만나는 베트남 근현대사 ... 284

◆ 에필로그
도시 속에 오롯이 담긴 동남아 역사를 읽다 ... 308

○ 주 ... 328
○ 참고문헌 ... 343

01

믈라카,
동양의 베니스

Melaka

첫인상은 깨끗하다는 느낌이었다. 중국어나 영어 간판이 뒤섞여 있어 홍콩이나 싱가포르 같은 인상인데 왁자지껄한 활기는 별로 느껴지지 않는 곳이었다. 싱가포르처럼 깔끔하게 정돈된 시가, 홍콩처럼 적당히 무질서한 건물들. 어느 쪽도 아닌 도시, 믈라카를 그렇게 만났다. 중국계 인구 비중이 높아서 분명 비슷할 거라고 생각했지만 묘하게도 믈라카는 싱가포르나 홍콩과 다른 구석이 있었다. 왁자지껄한 삶의 활기도 아니고, 숨 막히게 꽉 짜인 질서와도 다른 그 무엇이 믈라카에는 있었다.

 단체관광에 익숙한 한국인들이 자주 찾는 곳은 아니다. 하지만 서양인들에게는 '동양의 베니스'로 잘 알려진 유명한 관광지다.[1] 물론 믈라카 관광청 통계에 따르면 한국은 중국, 싱가포르, 인도네시아, 베트남과 함께 믈라카를 많이 찾는 5대 국가 중 하나다. 관광객들이 즐겨 이용하는 믈라카강 유람선을 타고 도시를 한번 훑어보는 데 걸리는 시간은 약 한 시간 정도. 강이 도시를 휘감고 흐르기 때문인지 웬만한 믈라카 중요 지점은 다 본 것 같은 느낌을 준다. 믈라카 주민들도 알고 있다. 이 유람선 관광이 그들에게 중요하

믈라카강

다는 것을. 믈라카강의 유람선 관광은 도시의 전반적인 인상을 좌우할 뿐만 아니라 관광객이 어디를 가고 싶은지 고를 수 있는 선택지를 제공하는 역할을 하기 때문이다. 그래서일까? 강을 따라 시선을 이리저리로 돌리다 보면 낡고 남루한 가정집조차 울긋불긋 벽화로 장식되어 있는 것을 볼 수 있다. 위치가 좋은 곳에는 강 쪽으로 테이블을 몇 개 놓은 카페가 자리 잡고 있기도 하다. 배에서 내린 사람들은 각자가 본 인상적인 곳을 찾아가려고 하기 마련이다. 믈라카는 이렇듯 보여주고 싶은 것을 효과적으로 보여주는 데 성공한 도시다.

동남아시아의 관광지가 유럽인들에게 더 익숙한 이유는 한때 그들의 식민지였기 때문일 것이다. 믈라카 역시 예외는 아니다. 근대 도시로서 믈라카는 포르투갈의 유산이라고 해도 과언이 아니다. 믈라카에 살던 사람들도 싱가포르 못지않게 다양하다. 원래 살고 있던 말레이족, 인도나 아랍 쪽에서 이주한 사람들, 멀리 중국에서 온 사람들과 포르투갈, 영국에서 온 사람들까지 여러 지역 출신들이 저마다의 관습과 문화를 유지하며 살았기에 도시 역시 복합적인 특성을 보여준다.

오랫동안 가고 싶었던 곳이다, 믈라카. 동방의 베니스라니 궁금하기 짝이 없었다. 대체 어떤 곳이기에 믈라카에 그런 이름이 붙었을까?

일찍이 서구화의 세례를 받다

믈라카는 말레이반도 남쪽 믈라카해협에 인접한 항구도시다. 현지에서는 'Melaka' 혹은 'Malacca'라고 표기하며, 원래 나무 이름이라고 한다. 말레이시아의 수도인 쿠알라룸푸르에서 동남쪽으로 약 148킬로미터 떨어진 도시이며, 믈라카주의 주도다. 도시 경관의 문화적 가치를 인정받아 2008년에 유네스코 세계유산에 등재됐다. 남쪽으로는 조호루, 북쪽으로는 느그리슴빌란과 접해 있다. 말레이반도에서 믈라카의 위치는 쿠알라룸푸르와 싱가포르 사이 중간쯤에 있어서 관광객은 보통 항공편을 이용해 두 나라의 수도로 들어가서 고속버스를 타고 믈라카에 간다. 어느 쪽에서 가도 두세 시간 정도 걸린다. 지정학적으로 배가 오가다 들르기 적당한 위치에 있어서 일찍부터 해상교역의 거점이 되었다.

믈라카 왕국이 있었을 때부터 교역의 거점으로 아시아 일대와 서양에 잘 알려진 까닭에 믈라카를 노리는 이들이 많았다. 발리처럼 살육을 당하거나 큰 전투로 도시가 심하게 파괴되는 정도는 아니었지만, 일찍이 서양의 침입을 받고 몇 세기 동안 지배를 받은 아픈 역사를 지녔다. 서구화의 세례를 일찍 받은 탓에 사회 구조와 문화는 다른 아시아 지역과 차이가 있다. 가장 먼저 믈라카를 점령한 포르투갈을 필두로 네덜란드에 이어 영국의 지배를 몇 세기 동안 받았고, 제2차 세계대전 중에는 일본이 3년간 점령하기도 했으니 기구하다면 참 기구하다고 할 수 있다.

서쪽으로부터 이슬람 세력이 밀고 들어오기 전까지 믈라카는 오랑라우트(Orang Laut)라 불리는 해상 거류민이 들락거리는 그저 그런 어촌 마을에 불과했다. 그런데 싱아푸라의 마지막 왕으로 알려진 파라메스와라(Parameswara), 일명 이스칸다르 샤(Iskandar Shah)가 1402년 믈라카를 거점으로 삼고 왕국을 세웠다. 이것이 비록 짧지만 영화로웠던 믈라카 왕국의 시작이다. 그가 믈라카를 택한 이유는 1년 내내 접근하기 쉽고, 폭이 좁은 믈라카 해협에 위치해 전략적 요충지가 될 수 있다고 생각했기 때문이다.

1년 뒤인 1403년, 인칭 장군이 이끄는 중국의 첫 사절단이 믈라카에 도착한 것을 시작으로 수차례 중국 사절단이 왔다. 이것이 중요한 것은 우선 믈라카가 중국과 상당히 깊은 관계를 맺으며 발전할 수 있는 초석이 되었다는 점과, 중국을 배후에 둔 상업 교류를 통해 부를 축적할 수 있었다는 점이다. 명나라 환관 정화를 통해 파라메스와라는 명나라와 성공적인 우호관계를 맺었는데, 그가 노린 것은 명의 비호를 받아 믈라카를 넘보던 시암(지금의 태국)과 인도네시아에 있던 나라 마자파힛 왕국을 견제할 수 있다고 믿었기 때문이다. 믈라카는 공식적으로 명나라에 조공을 바치는 번국이 되었고, 이는 믈라카가 중국과 인도, 아랍과 아프리카를 잇는 교역의 거점이 되는 데 중요한 역할을 했다.

믈라카 왕국을 세운 파라메스와라 왕자는 싱가포르 방면에서 말레이반도를 따라 북쪽으로 올라왔다고 전해진다. 『말레이 연대기』에는 파라메스와라가 수마트라에 거점을 둔 스리위자야의 왕자였는데 자바의 마자파힛 왕국의 공격을 받아 도망쳤다고 한다. 처음에 그는 떠마섹(Temasek, 지금의 싱가포르)에 다다라 잠시 지형을 살

피다가 더 안전한 곳을 찾아 말레이반도 서안으로 북상했다. 왕자 일행은 1402년경 믈라카에 이르렀다는 이야기가 전해진다. 마침 파라메스와라가 사냥을 하다가 잠시 나무 아래서 쉬고 있었다. 그때 개에게 쫓기다가 절벽 끝에 몰린 작은 쥐사슴을 보았다. 그런데 위기에 몰린 쥐사슴이 개에게 덤벼들어 개를 강에 빠뜨렸다. 그 모습을 본 파라메스와라는 약한 것이 강한 것을 이길 수 있다는 깨달음을 얻었다.[2] 그는 바로 그곳에다 믈라카라는 나라를 세웠다. 나라 이름은 자신이 쉬고 있던 나무인 '믈라카'를 따서 지었다. 이것이 말하자면 믈라카 왕국의 건국 신화다. 하지만 이와 비슷한 신화가 스리랑카와 수마트라에도 전해지고 있어서 남아시아–동남아시아 해양 제국 사이에 비슷한 전승이 확산된 것으로 보인다.

　파라메스와라는 현지에 살고 있던 오랑라우트족(해상 거류민)의 협조를 얻는 데 성공했다. 왕자의 정치력이 꽤 좋았던 모양이다. 오랑라우트는 바다 위에서 거주하는 사람들을 말한다. 바다에서 사는 사람들이니 바다 속 지형과 바람의 방향, 조수 등 바닷길을 누구보다 잘 알았다. 그러니 이들의 도움을 얻어 믈라카 일대의 해상력을 장악하기란 어려운 일이 아니었고, 파라메스와라는 이를 기반으로 믈라카를 중계무역의 거점으로 만드는 데 성공했다. 바야흐로 믈라카는 말레이반도를 오가는 배들이 거쳐 가는 교역 중심지가 된 것이다. 멀리 서아시아나 인도에서 상업적인 목적을 가지고 동남아시아나 중국 방면으로 혹은 그 반대로 향하던 배들이 믈라카로 몰려들었다. 무수한 배가 믈라카에서 물과 음식을 보충하고 다양한 물류창고를 지어 교역품을 보관했다. 물론 믈라카 현지에서 새로운 품목을 사거나 자신들이 가져온 것을 팔기도 했다. 믈라카가 부유해질 수 있었던 이유다.

해상교역의 강자로 등장한 신흥 왕국

1405년 명나라 환관 정화가 함대를 이끌고 와서 비석을 세울 때까지만 해도 믈라카는 시암에 종속된 변두리 항구에 불과했다. 그러나 정화는 믈라카가 일개 항구가 아니라 분명한 나라임을 밝히는 비석을 세웠고, 파라메스와라에게 믈라카를 보호해주겠다고 약속했다. 그뿐 아니라 정화와 함께 온 중국인들은 군대 막사를 세우고 자신들의 물자와 다양한 교역품을 비축하는 관창을 만들었다.[3] 1403년에 즉위한 명 황제 영락제는 정화를 포함한 사절단을 보냈는데, 당시 '다섯 개의 섬'이라는 의미를 지닌 우유(五嶼)라고 알려져 있던 믈라카를 처음 방문한 사절단의 우두머리는 인칭(尹慶)이었다. 인칭이 말레이반도 인근에 도착했을 때 마침 파라메스와라가 왕국을 세웠다는 소문을 들었다. 새로 건립된 왕국을 방문한 인칭은 파라메스와라에게 선물을 했다. 이를 계기로 믈라카는 중국과의 관계를 정립하게 되었다. 오랜 세월 이어진 중국과 믈라카 간의 정치적 관계가 시작된 것이다.

1403년 인칭의 방문에서 시작해 1410년까지 정화가 두 번 방문했으며, 믈라카도 중국에 세 차례 사절을 보냈다. 믈라카를 확실하게 조공국으로 만들고 싶었던 명나라는 1409년 태국의 아유타야에 정화를 보내 믈라카를 공격하지 말라고 경고했으니 믈라카가 친중국적 입장을 취한 것은 당연한 일이다. 파라메스와라와 왕실 가족은 명에 충성을 약속했으며, 정화의 손님 자격으로 중국을 직접 방문했다. 그와 동행한 540명에 이르는 사절단에는 믈라카의 장관, 관료, 상인 등이 있었다. 당시에는 자금성이 막 건설되기 시작한 지 얼마 되지 않았기에 그들은 영락제의 남경(南京) 황궁에 믈라카의 특산물을 가지고 갔다. 파라메스와라는 영락제의 환대를 받았으며, 믈라카로 돌아갈 때 금, 은, 도자기, 비단, 화폐 등을 선물로 받았다. 영락제가 죽은 뒤 명 조정이 해금령(海禁令)을 내려 바다를 통한 동남아시아와의 왕래를 막을 때까지 교류는 계속되었다.

이렇다 할 특산물도, 특별한 자연 자원도 없었다. 그런데 어떻게 이 시기에 갑자기 믈라카가 해상교역의 강자로 등장할 수 있었을까? 아무리 대국 명과의 관계가 돈독했다고 해도 교역을 할 산물이 없으면 부를 일구기 어렵다. 그 어려운 일을 15세기 신흥 왕국 믈라카가 해낸 것이다. 파라메스와라가 처음에 방향을 잘 잡은 것도 있지만 믈라카의 급속한 성장에는 여러 요인이 작용했다. 무엇보다 14세기 말 이래 지속된 동남아시아의 정치적 안정이 배경에 있었다. 믈라카는 왕국이 건설되기 전 그저 그런 어촌 마을이었을 때도 태국의 영토로 취급받았지만 왕국이 수립된 후에도 여전히 태국의 압박에 전전긍긍하고 있었다.

적어도 이 시기 말레이반도에는 태국 아유타야를 제외하면 믈라카를 침입할 나라는 없었다. 믈라카는 계절풍이 시작되고 끝나는 위치에 자리하고 있어서 오가는 선박들이 바람의 방향이 바뀌기를 기다리기에 적당한 곳이었다. 아마도 이러한 입지 조건도 당시 급성장하고 있던 해상교역에서 중요하게 작용했을 것이다. 게다가 믈라카는 한가운데 강이 흐르고 있어 바다로 들어온 선박이 작은 배를 이용해 내륙으로 들어가기에도 유리했다. 이처럼 믈라카는 바람이 바뀌기를 기다리기에 좋은 위치에 있었고, 파라메스와라는 이를 꿰뚫어본 사람이었다. 믈라카의 왕들은 적극적으로 해상교역에 참여했고, 이를 위해 이웃 나라의 공주들과 정략결혼을 하는 것도 마다하지 않았다. 왕실이 추구한 정치적 안정과 공정한 법치(法治) 덕분에 멀리 서아시아부터 인도, 가까이는 말레이 군도에서 상인들이 믈라카로 모여들었다.

이슬람 왕국이 된 믈라카

파라메스와라는 세력을 다지기 위해 여러 지역의 공주를 아내로 맞았을 뿐만 아니라 늦은 나이에 이슬람교로 개종하기도 했다. 이때까지 인도의 영향을 받아 힌두교를 신봉했던 새로운 왕국의 건설자들은 스스로를 라자(raja)라 칭했다. 라자는 인도에서 군주, 즉 왕을 일컫는 말이다.『말레이 연대기』에는 라자 이스칸다르 샤(Raja Iskandar Shah)가 믈라카의 2대 왕이라고 나온다.[4] 명확한 언급이 없기 때문에 파라메스와라가 라자 이스칸다르 샤와 동일 인물이고 호칭이 바뀐 것은 그가 이슬람으로 개종했기 때문이라는 주장도 있고, 라자 이스칸다르 샤는 파라메스와라의 아들로 제2대 믈라카 왕이라는 주장도 있다. 분명한 것은 이제 믈라카가 이슬람 왕국이 되었다는 점이다. 라자는 인도식 호칭이고, 샤는 페르시아의 황제 호칭이다. 그러므로 인도 문화와 이슬람의 정체성을 동시에 보여 주는 이름이고, 라자 이스칸다르 샤는 공식적으로 자신의 왕국이 무엇을 지향하는지를 보여준 셈이다.

그의 아들 라자 틍아(Raja Tengah, 재위 1424~1444)는 믈라카의 3대 왕이다. 처음에는 스스로 스리 마하라자(Seri Maharaja)로 불렀으나 인도 타밀 무슬림의 딸과 결혼하면서 이슬람으로 개종했다. 라자 틍아의 시대에 비로소 말레이 군도에 이슬람이 확산되고 믈라카는 이슬람 왕국으로서 확고하게 자리를 잡게 되었다. 꿈에서 이슬람의 선지자를 만났다는 이야기가 전해질 정도로 독실한 무슬림이었던 라자 틍아는 마침내 자신의 이름을 술탄 무함마드 샤로 바꿨다. 라자에서 술탄이 된 것이다. 아랍어인 술탄은 종교적 색채가 더 강하다. 성속(聖俗)의 지배자를 의미하며, 칼리프에게 승인받은 군주를 뜻하기 때문이다. 이미 3대 술탄이 '믈라카법'을 제정한 바 있지만, 믈라카는 이슬람의 율법과 관습, 규정, 복식, 건축 등을 받아들였고, 이에 따라 사람들의 생활방식도 크게 바뀌었다.[5] 바야흐로 믈라카는 동남아시아에서 이슬람 전파의 중심지 역할을 하게 된다.

동남아시아 해역에서 교역 중심지로 부상하는 데는 정화의 방문이 큰 영향을 주었다. 앞서 말했듯이 정화는 믈라카를 일종의 거점 항구로 삼았다. 그 결과 믈라카에는 남아시아, 동남아시아, 서아시

믈라카 술탄궁

아에서 온 상선들이 몰려들었고, 자연스럽게 국제무역항이 되었다. 하지만 그 영화는 약 100년에 불과했다. 기록에 따르면 정화가 오기 전에도 이미 중국인들이 믈라카로 왔고, 그중 일부는 정착하기도 했다. 중국 정사에는 기록이 남아 있지 않지만 명의 공주 항리포(漢麗寶)가 500명의 중국인을 거느리고 와서 당시 술탄 만수르 샤(Manshur Shah, 1456~1477)와 결혼했다는 이야기가 전설처럼 전해지기도 한다. 현지에서는 믈라카에 중국인 후손들이 많은 이유가 이때 중국 사람들이 대거 들어왔기 때문이라고 믿고 있다.

믿음은 '사실'을 능가한다. 확인할 수 없지만 믈라카에는 항리포 공주가 목욕을 했다는 우물이 남아 있다. 우물은 현재 두꺼운 철망으로 막아놓아서 아무것도 볼 수 없지만 공주의 전설을 되새기며 사람들이 구경하러 가기도 한다. 사람들은 항리포의 우물이 마치 로마의 트레비 분수라도 되는 양 다시 올 것을 약속하듯 동전을 우물에 던지곤 한다.

중국인들이 살았던 과거 역사의 흔적은 믈라카 곳곳에서 발견된다. 대표적인 곳이 부킷시나(Bukit Sina)다. 부킷은 '언덕'이라는 뜻이니 부킷시나는 중국인의 언덕이라는 말이다. 아마도 이곳은 처음에 정화와 그의 군대가 임시로 주둔했던 지역이었을 것이다. 항리포 공주와 술탄 만수르 샤의 결혼이 믈라카에 번영을 가져왔다는 막연한 믿음이 있었을 정도이니 부킷시나 역시 오랫동안 중국인들의 거주지로, 그들의 무덤으로 존중되었던 모양이다. 이때부터 중국인들이 계속 유입돼 현재도 중국계 후손들이 믈라카 인구의 70퍼센트에 달한다.

이슬람교가 믈라카에 미친 영향

번영의 시대에 술탄은 믈라카 왕국을 어떻게 다스렸을까? 믈라카의 술탄은 왕실 직계 왕자들에게 정치권력을 주고 주변 속국의 왕을 다스렸지만, 실질적으로 나라를 통치한 것은 총리였다. 총리는 육군과 해군을 통솔하는 참모총장의 역할을 했을 뿐만 아니라 사법권도 가지고 있었다. 사실 막강한 권력자였던 것이다. 심지어 술탄은 총리의 딸과 결혼해야 했고, 총리는 차기 술탄을 지명할 권리도 가졌다. 이쯤 되면 술탄이 절대적인 권력을 가진 게 맞는지 의심이 들 정도다. 좋게 보면 상호보완적인 관계였고, 어떤 의미에서는 서로 견제하는 사이였다고 볼 수 있다.

믈라카가 해상교역 제국으로 성장할 수 있었던 데는 샤반다르(Syahbandar) 제도가 큰 도움이 되었다. 샤반다르는 일종의 관직으로 항만을 관리하는 항만장에 해당한다.

샤반다르는 항구에 들어오는 배의 운송, 화물을 싣고 내리는 선적 과정을 감시·감독하고, 세금을 매기는 일을 했다. 통상 중국인과 자바인 각 1명, 인도인 2명이 샤반다르로 임명되었다. 4명의 샤반다르 가운데 2명이 인도인이었다는 것은 중국과 자바에서 오는 선박보다 인도에서 오는 선박이 많았음을 시사한다. 당시 지리적으로 좀 더 가까운 수마트라보다 멀리 떨어진 인도에서 오는 배가 더 많았다는 것은 실제 교역량이 많기 때문일 수도 있지만, 수마트라나 자바 등 인도네시아와 다른 동남아시아 일대를 오고 가는 배들은 다른 작은 항구를 이용했기 때문일 수도 있다. 비교적 먼 거리에서 바다를 건너오는 인도 선박이 믈라카를 종착지로 삼아 남아시아-동남아시아 지역 간의 교역을 했다고 봐야 한다.

믈라카가 항구이자 교역의 거점으로 성장할 당시 중국 명나라 정부는 해금령을 내려 바다로 나가지 못하게 했다. 이후 중국 본토에서 정식으로 배가 출발하기는 어려운 상황이었다. 정부의 손이 미치지 않는 곳에 거점을 마련한 중국인들의 배가 몰래 믈라카로 들어오기도 했으나, 그리 많은 수는 아니었을 것이다. 실제 믈라카의 번영에 큰 영향을 미친 것은 중국인들이지만 교역의 양과 드나든 선박의 수는 압도적이지 않았을 것이다.

말레이반도 중부 이남에 있는 나라 대부분이 그랬듯이 믈라카 역시 항상 태국으로부터의 위협에 시달렸다. 1446년과 1456년에 태국의 공격을 받았으나 재상 뚠뻬락(Tun Perak)이 이끄는 믈라카 군대가 격퇴시킨 역사가 있다. 당시 슈리파라메슈바라 데바 샤(재위 1445?~1456?)는 이미 선대에 개종했던 이슬람교도로서 태국과의 싸움을 성전(聖戰)이라고 칭했다. 그도 그럴 것이 태국은 오랫동안 불교 국가였고, 결국 종교가 다른 두 나라가 충돌했던 것이다. 데바 샤는 승리를 거둔 후 스스로 술탄 무자파르 샤라고 일컬었다. 이슬람교가 믈라카에 미친 영향은 상당했다. 이슬람 율법은 물론 국가 체제 역시 이슬람식으로 정착했으며, 일찍이 동남아시아로 교역선을 끌고 왔던 서아시아 상인들을 비롯해 많은 외국 상인들이 정주했다. 왕국은 말레이반도 남부, 즉 현재의 말레이시아 지역과 수마트라섬 중부 해안을 포괄하는 주변 지역으로 영토를 넓히고 하나의 큰 국가를 이루었다.

유럽 열강의 진출과
믈라카 왕국의 운명

하지만 국제 교역 항으로서 믈라카 왕국의 영화는 길지 않았다. 믈라카가 차지하는 지리적 이점을 눈여겨본 포르투갈의 침입이 치명타였다. 향신료 무역을 위해 유럽에서 동진해온 포르투갈은 인도에 머무르지 않고 동남아시아로 배를 돌렸다. 1509년 포르투갈 함대가 믈라카에 나타나 무역권을 요구했을 때, 믈라카는 인도인과 이슬람 상인들의 반대로 이를 거절했다. 그러자 1511년에 알부케르크가 18척의 전함을 이끌고 와서 믈라카를 공격했다.[6] 포르투갈의 수중에 떨어진 믈라카는 왕국 시절의 영화를 되찾을 길이 없었지만 그렇다고 해서 교역 항으로서의 중요성이 떨어진 것은 아니었다. 다만 중요한 향신료 수출항이 되었을 뿐이다. 믈라카에서 주요 향신료를 재배하거나 수확한 것은 아니다. 인근 지역의 산물이 모여드는 집산지가 믈라카였던 것이다.

믈라카 중심의 야트막한 언덕인 세인트폴 입구에는 파모사(A' Famosa)라 불리는 요새가 있다. 1511년에 포르투갈 함대가 세운 요새로 믈라카 해협을 한눈에 내다볼 수 있는 위치에 있다. 맑은 날에는 멀리 수마트라까지 보인다고는 하지만, 사실 그러기에는 언덕이 좀 낮다. 붉은 벽돌로 지은 세인트폴 성당 앞에는 흰색 종루가 있고, 그 앞에는 예수회의 사비에르 신부 동상이 있다. 지금은 성당 건물이 파괴되어 지붕도 없고 황폐하기 이를 데 없다. 포르투갈과 네덜란드, 믈라카 간의 전투가 얼마나 치열했는지를 보여주는 신산한 역사의 흔적인 셈이다. 도시 전체가 저지대인 믈라카에서 그나마 언덕에 세워졌기 때문에 관광객의 발길이 끊이지 않는 명소이자 전망대 역할을 하는 곳이다. 한국처럼 뭐든 빠르게 고치고 복원하는 나라에서 보면 이렇게 황폐하게 놔둔다는 것은 이해하기 어려운 일일 수 있다. 한국 사람들은 역사의 흔적인 문화유산을 깔끔하고 번듯하게 보여주길 좋아하니 말이다. 말끔하지는 않지만 세인트폴 성당은 그 자체로 역사의 한 장을 보여주는 역할을 하기에 부족함이 없다.

믈라카 중심지에서 좀 떨어져 있지만 포르투갈 사람들이 들어와 마을을 짓고 살던 곳에 지금도 문자 그대로 포르투갈 마을과 광장이 있다. 시내에서 약 3킬로미터 떨어진 바닷가에 있는 이 마을은 포르투갈이 믈라카에서 쫓겨난 역사를 반영하듯 한적하고 쇠락한 느낌을 준다. 작은 대학과 믈라카 관광청이 들어선 곳은 이전에 포르투갈 식민 행정부가 있었던 곳이라고 하는데 건물 자체가 포르투갈 건축처럼 보이기는 한다. 그러나 포르투갈 마을은 물론이고, 세인트폴의 요새와 성당 역시 그 수명은 믈라카 왕국만큼이나 길지 못했다. 약 130년 후인 1641년에 항구로서 믈라카의 중요성에 주목한 네덜란드가 믈라카를 침공하면서 포르투갈이 세운 요새와 교회는 전부 폐허가 되었다. 포르투갈을 몰아낸 네덜란드도, 네덜란드에 뒤이어 믈라카를 접수한 영국도 전투로 파괴된 세인트폴 성당을 수리하거나 새로 짓지 않았다. 어차피 서로 종교도 다르고 적대적인 관계였으니 요새는 물론이고, 성당 역시 굳이 수리할 이유가 없었을 것이다. 포르투갈은 가톨릭, 즉 구교였고, 네덜란드는

세인트폴 성당과 사비에르 신부 동상　　파모사 요새

대표적인 신교 국가였다. 후에 들어온 영국은 성공회였으니 애초에 성당을 수리하지 않는 게 자신들의 종교적 입장에 더 맞았는지도 모른다.

네덜란드 동인도회사는 포르투갈에 쫓겨 조호르로 도망갔던 술탄과 손을 잡고 믈라카를 점령하고, 이미 자신들이 세운 인도네시아의 바타비아(지금의 자카르타), 아체와 함께 지역 내 교역망을 구축했다. 그리고 1650년에 세인트폴 언덕 아래, 믈라카강에서 멀지 않은 평지에 행정 업무를 위한 건물을 지었다. 현재 네덜란드 광장에 있는 랜드마크인 이 건물은 스타다이스(Stathuys)라 불리는 총독의 공관이었다. 1795년 믈라카의 지배권이 영국으로 넘어가기 전까지 총독 공관이자 사무실로 사용되었으며, 현재 동남아시아에 남아 있는 초기 네덜란드식 건축물로 역사적 가치가 높다. 스타다이스 앞에는 큰 시계가 달린 높은 시계탑이 있고, 스타다이스 옆으로 믈라카 박물관 입구가 있다. 성공회 교회나 스타다이스, 시계탑 모두 붉은 벽돌로 지어졌고 붉은색 칠을 해서 강한 인상을 준다. 총독 공관 스타다이스는 지금은 공공기관 역할은 하지 않고 믈라카에 남은 네덜란드 문화의 흔적을 보여준다. 박물관 내부에서는 주로 식민지 시기의 유물이나 공관이었을 당시의 응접실, 사무실 등을 재현해 보여주고 있다. 포르투갈이나 네덜란드는 물론이고 영국의 군복과 훈장, 깃발도 있고, 현지에서 만든 수공예품도 있다. 식민지 정부 때 쓰던 건물이라 당시의 창문이나 문, 가구를 보는 재미도 쏠쏠하다.

스타다이스 옆에는 영국 성공회 교회가 있다. 원래는 네덜란드

스타다이스 네덜란드 총독 공관

에서 자재를 가져다 지은 신교 교회였다. 본국에서 자재를 가져다가 건축물을 짓는 것이 자주 있는 일은 아니었지만 아주 없는 일도 아니었다. 믈라카의 정화 사당인 쳉훈텡 역시 중국에서 실어온 건축 자재로 지은 건물이었다. 18세기경에는 본국에서 무겁고 운반하기 어려운 자재들을 가져와서 짓는 것이 능력과 부를 과시하는 방법 중 하나였을지도 모른다. 사람들이 모여 웅성거리는 모습을 상상하기는 어렵지 않다. 거대한 범선에서 항구 가득 짐을 부리고 '이게 다 중국에서 온 물건'이라고, 혹은 '네덜란드에서 실어온 엄청난 물건을 보라'고 수군대는 사람들의 모습이 눈에 선하다. 그러니 여러 면에서 건축에 필요한 벽돌이나 나무 등의 자재를 가져오는 것이 현지에서 조달하는 것보다 나았을 것이다. 결국 네덜란드가 믈라카 점령 100년을 기념해서 짓기 시작한 교회는 12년 만인 1753년에 완공되었다. 하지만 교회는 오래가지 못했다. 신교 국가였던 네덜란드에 이어 영국이 믈라카를 지배하게 되면서 이 교회는 성공회 교회로 바뀌었다. 믈라카의 정치적 상황과 역사의 부침에 따라 교회의 성격이 달라진 것도 흥미로운 일이다. 피할 수 없는 교회의 운명이었다고나 할까? 힌두교부터 시작해서 도교, 이슬람교, 가톨릭, 기독교까지 믈라카라는 작은 도시에 얼마나 많은 종교가 들어왔는지 알 수 있다. 믈라카는 동남아시아에서도 손꼽히는 다문화 도시였다는 것을 알 수 있다.

믈라카를 교역 거점으로 삼았던 네덜란드는 남쪽으로는 인도네시아 아체와 수마트라 북부, 북쪽으로는 말레이반도 서안에서 태국 남부를 잇는 지역 교역망을 완성했다. 믈라카가 후추와 향료 무

성공회 교회

역의 중심지로 발전할 수 있었던 데는 당시 네덜란드가 인도네시아에 건설한 도시 자카르타와의 연결도 중요한 역할을 했다. 하지만 식민지의 운명은 식민본국의 운명에 연동되는 법이다. 나폴레옹 전쟁에서 패한 네덜란드의 여왕이 영국으로 피신하면서 네덜란드의 운이 기울었다. 대항해시대 이래 막대한 부를 축적했던 네덜란드도 쇠락의 길에 들어선 것이다. 결국 네덜란드는 영국과 협상했고 1824년에 영란조약을 맺었다. 이미 네덜란드 동인도회사가 망해서 국가가 그 빚을 떠안게 되어 재정적으로도 휘청거리던 참이었다. 두 나라는 가신들이 점유하고 있던 식민지를 맞바꾸는 데 동의했다. 싱가포르 해협을 기준으로 말레이반도와 싱가포르는 영국령, 인도네시아 쪽은 네덜란드령이 되었다. 믈라카는 영국령이 되었다. 영국은 페낭과 믈라카, 싱가포르를 묶어 해협식민지로 만들어 통치했다. 믈라카는 더 이상 해상교역의 구심점 역할을 하지 못했다. 네덜란드 지배기와 달리 수마트라 북부를 포괄하는 해역망이 끊어진 데다 영국은 새로 개발한 항구인 싱가포르를 거점으로 삼았기 때문이다. 또 한편으로는 아편의 생산과 판매를 통해 이윤을 남기고자 하는 사람들이 페낭으로 몰려간 것도 한몫을 했다.

바다가 무엇보다 중요했던 시절, 지리적인 위치로 인해 많은 나라가 눈독을 들였던 믈라카. 바로 그 위치 때문에 부를 축적했고, 사람들이 몰려들어 영화를 누릴 수 있었지만 그게 재앙이 되기도 했다. 열강들이 함대를 이끌고 와서 믈라카 쟁탈전을 벌였으니 말이다. 그 덕분에 복합적인 다문화를 고스란히 간직한 문화유산을 갖게 되었고 유명한 관광지가 되기도 했으니, 새옹지마란 말이 여

기에도 딱 들어맞는다고 할 수 있겠다.[7]

　믈라카는 2008년 페낭 조지타운과 함께 유네스코 세계문화유산에 등재되었다. 위에서 언급한 역사유적의 가치를 인정받았고, 현지 시민들이 보존하고 보호하려는 의지가 명확했던 까닭이다. 유네스코가 세계유산의 기준으로 삼는 '탁월한 가치(outstanding universal value)'를 인정받은 것이다. 도시 자체가 세계유산이니 가는 곳마다 다른 동남아시아 도시에서는 볼 수 없는 신선한 볼거리를 만날 수 있다. 네덜란드 광장의 스타다이스와 성공회 교회는 물론이고, 마치 유럽에 온 듯한 착각을 불러일으키는 포르투갈 마을까지 기대 이상의 근대 유산들이 반겨줄 것이다.

★강희정

02

페낭,
매력 넘치는 세계문화유산의 도시

Penang

페낭은 동남아시아 여느 도시와는 어딘지 조금 다른 분위기를 지닌 곳으로 1990년대 후반 한국인의 신혼여행지로 제법 인기가 많았다. 일찍이 유럽인들은 페낭을 아시아의 진주 또는 인도양의 에메랄드라고 불렀다. 그만큼 서구에는 전근대부터 알려진 곳이었다. 사실 섬 전체 면적이 강화도 정도밖에 되지 않는 크기지만 그 중심지 페낭은 잘 알려진 관광도시다. 특히 페낭 조지타운이 2008년 세계문화유산에 등재된 이후 관광객의 발길이 끊이지 않는다. 유네스코는 여러 인종이 정착해 각기 제 나름의 문화를 보여주는 동·서양의 건축과 생활문화가 공존하는 조지타운의 가치를 높게 평가해 이곳을 세계문화유산으로 지정했다. 그러니 작은 시가에 불과하지만 페낭을 대표하는 곳은 조지타운이라 할 수 있다.

조지타운은 영국 국왕 조지 3세의 이름을 따서 지은 것이다. 마치 유럽 어느 도시에 온 것처럼 알록달록한 숍하우스가 늘어서 있고, 울긋불긋한 중국식 사당과 유대교 회당, 곳곳에 그려진 재미난 벽화까지 한데 어우러져 자아내는 이국적인 풍취야말로 조지타운의 매력이다. 조지타운만이 아니라 어디서도 볼 수 없는 특이한 구조의 사찰인 켁록시, 페낭힐, 현대건설이 세운 페낭대교까지 어울리기 힘든 경물들이 자아내는 묘한 이국적인 광경이 페낭의 매력이라고 해도 과언이 아니다.

  말레이시아는 우리나라 면적의 세 배에 이르는 큰 나라지만 인구가 그다지 많지 않고 전체 인구의 25퍼센트 이상이 중국계다. 과거 말레이시아는 영국의 식민지였는데, 영국이 인도와 미얀마에서 말레이시아로 진출하려고 했을 때 식민지 건설의 교두보로 삼았던 곳이 페낭이다. 그에 따라 페낭은 일찍부터 유럽 문화와 자본주의적 경제가 이식된 것은 물론이고 인도, 중국, 아랍계 이주민들의 디아스포라가 짧은 시간에 걸쳐 형성된 곳이라고 해도 과언이 아니다. 영국이 섬을 개발하면서 새로운 인구가 유입되었고 작은 섬이 급속도로 발전했기 때문이다. 게다가 섬이면서도 다른 섬 혹은 바다에 인접한 동남아시아의 다른 지역과는 달리 지진이나 화산도 없다. 그래서 말레이시아 사람들도 페낭을 신의 은총으로 가득한 땅이라 부른다. 도시 역시 다양한 역사와 문화의 흔적을 고스란히 안고 있어서 매우 이국적인 분위기를 풍긴다. 헤르만 헤세가 인도를 여행한 후, 페낭에서 휴식을 취하며 머물렀다고 해서 유명해지기도 했다.

세 척의 배로 페낭을 점령한 영국

1786년 8월 11일 영국은 페낭을 점령했다. 사실상 네덜란드나 스

1814년의 페낭을 묘사한 그림

페인, 포르투갈에 비하면 영국의 동남아시아 진출은 상당히 늦은 편이었다. 영국은 당시 페낭을 지배하던 끄다(Kedah)의 술탄과 협약을 맺었다. 처음에 영국은 끄다 술탄에게 스페인 통화로 매년 3만 달러를 지급하고, 태국이 공격하면 바로 끄다를 지원하겠다고 약속했다.[1] 대대로 태국의 공격에 시달려온 말레이의 술탄들은 영국이 내민 조건에 반색할 수밖에 없었고, 돈까지 얹어준다는 말에 기꺼이 페낭을 내줬다. 대부분의 동남아시아 술탄들이 그렇듯이 끄다의 술탄 역시 넓은 땅을 차지하고 있었으므로 작은 섬 정도는 우습게 생각했던 것이다. 하지만 영국 동인도회사는 페낭을 군사적·상업적 목적으로 접근했기 때문에 이 약속을 지키지 않았다. 페낭에 영국의 유니온잭 깃발이 오르자 영국은 자신의 약속을 저버렸다. 표면적으로는 동인도회사의 부패와 매관매직이 성행하자 이에 대응하기 위해 영국 정부가 피트법을 제정한 데 따랐다고 한다.[2] 피트법은 인도 식민지 경영에 규제와 감독을 강화해 주변 국가에 대한 정치적·군사적 개입을 금지한 법이다.

1788년에 쿠알라프라이(Kuala Prai) 전쟁과 요새 파괴 사건이 발생했다. 영국은 애초에 끄다의 술탄에게 분쟁 시 군사 지원을 약속했으나 이를 지키지 않았다. 그러자 술탄은 섬을 떠나라고 영국에 요구하면서 약 8000명가량 되는 군사를 소집해서 프라이강 어귀에 집결했다. 이에 프랜시스 라이트(Francis Wright)가 이 요새를 급습해 술탄의 군대를 진압했고, 1791년 5월 1일 영국과 끄다 술탄은 조약을 체결했다. 라이트는 페낭 점령권을 확보했다. 바야흐로 영국의 말레이시아 진출이 시작된 것이다. 영국은 단 세 척의 배로 페낭을 점령했다.

라이트는 페낭에 상륙하자마자 곧바로 섬 북동쪽 곶에 요새를 구축했다. 이것이 나중에 포트 콘윌리스가 되는데, 당시 인도 벵골 총독의 이름을 딴 것이다. 이 시기 영국 동인도회사의 지도나 서신에서 포트 콘윌리스는 그 자체로 페낭을 의미했다. 하지만 포트 콘윌리스는 방어보다는 행정적인 용도로 쓰였다. 1805년에 페낭은 네 번째 인도 총독의 네 번째 직할 식민지가 됐고, 섬의 요새화가 추진됐다. 그러나 요새를 제대로 만들려면 기존의 요새와 상업시설의 절반을 파괴해야 했고, 그러자면 비용이 너무 많이 들었다. 결국 섬의 요새화는 실행되지 않았고, 1810년에 지금의 모습으로 재건되었다.

페낭을 점령했던 시절에 라이트는 인도인 세포이를 활용해서 섬을 개발했다. 그는 측근인 나코다 꺼칠(Nacodah Kechil)에게 페낭의 정글을 정비하는 일을 맡겼다.³ 정글에 우거진 거목을 베어내고 뿌리를 파내는 데 15달러를 지급하기로 했다. 꺼칠의 지시에 따라 마호메드 살레는 정글을 없애고 요새를 구축해 페낭의 도시를 정비하고 시가의 기초를 닦았다. 브루나이 사람인 살레는 아라비아에서 성지순례를 하고 프라이 항구에서 보르네오로 가는 배편을 기다리던 중에 스카우트되었다. 페낭은 언제 적의 공격을 받을지 모르는 상황이었다. 말레이 술탄이 다시 페낭을 탈환하고자 덤벼들 수도 있었고, 네덜란드가 기세를 몰아 말레이반도로 북상할 수도 있었다. 비록 당시 네덜란드 동인도회사가 거의 거덜이 난 상태였지만 방어는 항상 든든할수록 좋은 법이다. 살레는 단단한 나무로 정방형 울타리를 만들고, 폭 9미터의 울타리 사이에 흙을 채워 내부에 유럽인들이 거주할 집을 지었다. 라이트를 따라 페낭에 건너간 말레이인들은 토지를 무상으로 제공받았다. 그러자 이들은 앞다퉈 무성한 정글을 없애고 도시를 만들었고, 자신들이 거주할 집을 짓거나 농장을 개간했다. 이것이 페낭의 시작이다.

다인종, 다종족 도시의 형성

열대우림이 우거진 미개척지였던 페낭에서 비교적 먼저 건설된 곳이 조지타운이다. 조지타운 건설 초기의 과제는 늪지대를 메우는 것이었다. 항구를 건설하기 위해 영국 해협식민지 정부는 중국과 인도 출신의 계약노동자들을 투입했다. 여기에 유럽 아르메니아인까지 들어가 다인종, 다종족의 도시가 형성되었다. 그 결과 조지타운에는 소위 숍하우스라 불리는 유럽풍 건물과 중국식 건물이 공존하게 됐다. 1980년대 이후 한동안 쇠락했던 페낭은 세계문화유산으로 등재되면서 다시금 활기를 띠기 시작했다. 말레이반도와 달리 페낭섬은 지대가 낮다. 특히 사람들이 많이 거주하고 방문하는 동쪽은 높은 언덕이 없어서 페낭힐이 전망대 역할을 하는 정도다. 페낭힐 중턱에는 켁록시 사원이 있는데, 중국식도 말레이식도 아닌 특이한 모습이 방문객들의 이목을 끈다. 바투 페링기 해변을 비롯해 섬의 서쪽 지대는 개발이 거의 안 된 곳으로 밀림이 우거진 편이고, 섬 중간 지역에 페낭국립공원과 식물원이 있다.

켁록시 사원

1807년의 영국 보고서에 따르면 페낭 주민은 모두 말레이인이며, 대략 35~40명이 살았다고 하니 얼마나 인구가 적었는지를 알 수 있다. 페낭 주민들은 쌀, 사탕수수, 호박, 채소 등을 재배해 자급자족하고, 남는 것은 판매했다고 한다. 1818년의 인구조사에 따르면, 일곱 개 마을에 986명이 거주했는데 말레이인이 다수였고, 나머지는 수마트라 북부에서 온 사람들, 중국인, 시암인 등이었다. 1820년대에는 페낭섬을 동과 서로 갈라놓았던 산을 관통하는 도로가 뚫리면서 사람들의 이동이 늘고, 비로소 밀림의 농경지화가 가속화됐다. 이후의 인구조사를 보면 빠르게 인구가 늘었는데 그중에서도 중국인의 유입이 가장 많았다. 영국이 지배한 이래 각지에서 몰려든 이민자들이 마을을 만들고 자신들의 종교를 유지한 까닭에 작은 섬임에도 불구하고 페낭에는 온갖 종교 사원이 존재한다. 힌두교, 불교는 물론이고 이슬람교 모스크와 상좌부 불교 사원도 있다. 그러니 어느 한 가지 성격으로 페낭이라는 곳을 규정하기는 어렵다.

인도네시아 수마트라 북부의 아체를 거점으로 성공한 무역상 틍쿠 사이예드 후세인 알아이디드(Tengku Syed Hussain Al-Aidid)가 페낭을 국제무역항으로 만들고자 했던 프랜시스 라이트의 요청을 받아들여 페낭에 정착했던 것은 특기할 만하다. 1792년의 일이다. 이후 아체와 인도와 중국인 무역상까지 몰려들면서 페낭은 단기간에 국제적인 무역상들의 섬이 되기 시작했다. 후세인 알아이디드는 1808년 페낭에 오늘날 아체 스트리트 말레이 모스크(Acheen Street Malay Mosque)라 불리는 이슬람 사원을 세웠고, 이곳은 곧 아체 무역상의 중심지가 됐다. 멀리서도 잘 보이는 모스크의 이슬람식 첨탑 미나렛(minaret)은 아이보리색으로 칠을 했다. 인도의 미나렛에 비하면 소박한 아랍식 건축이다.

알아이디드가 세운 모스크 인근에는 남인도에서 건너온 무역상이 세운 카피탄클링 모스크(Masjid Kapitan Keling)가 있다. 페낭에서 가장 일찍 지어진 모스크다.[4] 1801년 페낭 부지사 조지 리스(George Leith)는 인도에서 온 무슬림 지도자 코다 마이든 메리칸(Cauder Mydin Merican)을 남인도에서 이주한 '클링' 지역사회의 수장, 즉 카피탄으로 임명하고 모스크를 지을 땅을 주었다. 클링은 '인도에서 온 사람'이라는 뜻의 말레이어다. 코다는 영국 동인도회사 소속 상인이었고 페낭으로 이주한 인도 무슬림 최초의 카피탄이었다. 그는 자신에게 주어진 본분대로 버킹엄가와 피트가의 교차 지점에 모스크를 세워 남인도 타밀 무슬림의 예배 장소를 만들었다. 흰색 벽 위로 동남아시아 특유의 주황빛이 도는 갈색 지붕을 올린 깔끔한 모스크는 명실공히 조지타운의 랜드마크 역할을 한다. 페낭이 다종족, 다종교를 수용하고 있지만 이슬람 문화 역시 한몫 단단히 했음을 알 수 있다. 사우디아라비아의 메카로 성지순례를 떠나던 무슬림들도 조지타운에 체류했다는 기록이 있을 정도다.

물론 인도 사람들이 모두 이슬람교도는 아니었다. 힌두교 역시 그 역사와 전통을 자랑하는 만큼 힌두교도도 상당히 많이 페낭으로 건너갔다. 그들 중에는 페낭을 개발하고 도시를 건설하기 위해 인도에서 데려온 노동자들, 즉 쿨리도 많았다. 이들은 조지타운 인근에 모여 살며 자연스럽게 리틀인디아 구역을 조성했고, 1800년대 들어 힌두교 사원인 스리 마하마리암만(Sri Maha Mariamman)을 건설했다. 처음 사원을 건립한 사람들에 대해서는 잘 알려지지 않았지만 적어도 1801년경에 이미 이곳에서 힌두교 의례가 진행되었고, 사람들이 종교적인 목적으로 모여들었던 것은 분명하다. 이때 영국이 남인도에서 이주한 카피탄 베티 링감에게 그들의 종교인 힌두교를 위해 땅을 준 것이 마리암만 사원의 시작이다. 처음에는 단순한 사당이나 신상 한두 개만 있던 이곳에 1833년에 스리 마하마리암만 사원이 세워졌다.

이 사원은 인도의 거대한 힌두교 사원에 비하면 규모는 작지만 동남아시아에 세워진 다른 힌두교 사원과 큰 차이가 없는 구조와 규모를 보여준다. 중앙에 있는 높은 고푸라 아래로 들어가면 예배 공간이 나오는 구조다. 고푸라에는 믿기 어려울 정도로 다종다양한 신과 동물, 자연물을 조각하고 명도가 높은 색으로 화려하게 색칠을 했다. 어쩌면 밋밋한 조지타운 도시 공간에 활력을 불어넣을 신전을 만들고 싶었는지도 모른다. 아니면 누구나 쉽게 사원을 잘 찾아오라고 눈에 확 띄게 만들었을 수도 있다. 어느 쪽이든지 호화찬란한 색은 역시 인도적인 특징을 드러낸다. 스리 마하마리암만 사원의 고푸라 역시 페낭의 다문화적이고 이국적인 정취를 자아내는 데 톡톡히 한몫을 하고 있다.

1980년대 페낭 스트리트 숍하우스
(출처: 위키피디아)

페낭신학교와 한국 가톨릭

그다지 잘 알려지진 않았지만 1807년에 건립된 페낭신학교 역시 빼놓을 수 없다. 파리외방전교회가 세운 페낭신학교는 가톨릭 사제들을 양성하는 기관이다. 1807년 12월 신학교의 초대 교장으로 롤리비에(M. Lolivier, 1764~1833) 신부가 부임한 다음 해에 조지타운의 플라우티쿠스에 신학교를 세웠다. 개교 당시에는 학생이 20명뿐이었지만 점차 수가 늘어 1855년에는 128명이나 됐다고 한다. 1665년 시암의 아유타야에 개교한 '천사들의 신학교'의 후신으로 시암은 물론이고, 중국·인도차이나·인도·일본 등 여러 지역에서 온 신학생들을 받아들였다. 특히 가톨릭이 처음 전해진 후 조정의 박해로 신학교를 개설할 수 없었던 중국과 조선의 학생들도 페낭까지 와서 신학 교육을 받았다.

페낭신학교는 한국 가톨릭교회의 성직자 양성과도 깊은 관계가 있다.[5] 1855년 이만돌, 김요한, 김빈첸시오 등 3명의 신학생을 시작으로 1884년까지 여러 명의 신학생이 페낭에서 사제 교육을 받고 돌아갔으며, 이 중 12명이 사제 서품을 받았다. 페낭신학교에는 조선에서 활동하다 순교한 앵베르 주교, 모방, 샤스탕, 김대건 신부의 유해가 보관되어 있으며, 교정에는 페낭신학교 교수였던 앵베르 주교와 샤스탕 신부의 동상이 있다. 조지타운의 페낭교구박물관에는 박해를 받아 순교한 김대건 신부의 유해와 '황사영 백서' 사본이 있다. '황사영 백서'는 황사영(1775~1801)이 신유박해(1801)의 전말과 순교자들의 행적을 소상히 적은 기록이다.[6] 지금은 페낭신학교의 옛 모습은 거의 사라지고 거니플라자와 거니파라곤 쇼핑몰이 들어서 있다. 신학교의 일부였던 성요셉학교만 보존된 상태다.

중국 이주민들이 몰려들다

영국이 페낭을 거점 항구도시로 삼은 데는 이유가 있었다. 네덜란드와 달리, 동아시아 식민지 건설에서 영국의 핵심 전략은 교역 거점으로서의 항구도시를 확보하는 것이었다. 18세기 말 영국은 아시아 진출에 적극적이었는데, 포르투갈과 네덜란드를 인도에서 축출하면서 먼저 인도 식민화에 성공했다. 영국은 마드라스, 나가파티남, 콜카타 등 다양한 항구를 점령하면서 압도적인 지위를 차지한 것이다. 이어서 수마트라 서안의 벤쿨렌(지금의 븡쿨르)을 장악했지만 주요 해상 교역로에서 비껴나 있던 탓에 전략적인 위상을 갖지 못했다. 그러다가 페낭을 획득함으로써 영국은 인도양에서 프랑스 해군의 동향을 감시할 수 있게 됐을뿐더러, 인도-중국 간 교역 선박 기항지를 확보하게 되었다. 당시 영국 동인도회사는 페낭이 인도와 중국을 오가는 해로에 있어서 더 이상 영국 선박이 네덜란드 점령 항구에 기항하지 않아도 될 것이라 믿었다. 영국에게 페낭 획득은 믈라카 해협에서 네덜란드의 해상 독점권을 끝낼 절호의 기회였던 것이다. 페낭을 교역 항구로 개발해 그곳에서 발생한 수입으로 동인도회사의 지원 없이 자체 식민지 행정의 비용을 감당할 생각이었다. 그러나 되도록 들고나는 것이 자유롭고 세금을 내지 않는 자유무역항을 만들려고 했던 영국 행정부의 정책으로 오히려 적자는 늘어만 갔다.

1805년 트라팔가 해전에서 프랑스와 스페인의 연합함대를 격퇴하면서 영국은 막강한 제해권을 확보했다. 자신감을 얻은 영국은 이제 동남아시아 해역에서 경쟁하던 네덜란드의 공격을 방어하기 위해 만들었던 '요새 항구(Fort Port)'가 더 이상 중요하지 않았다. 페낭 점령 후에 구축했던 포트 콘월리스를 보강하거나 확충할 필요도 없어지자 해상전에 대비해 선박을 건조하거나 보수할 도크를 건설해 든든한 요새로 만들려고 했던 구상도 포기했다. 페낭 바닷가의 포트 콘월리스가 딱히 인상적일 게 없는 이유다. 페낭에 이어 1819년에 싱가포르를 새로 개발했지만 전략적인 요새로서보다는 상업적 이해를 따져 도시를 건설한 것도 이런 이유에서다. 영국은 말레이반도 최남단의 싱가포르와 믈라카, 페낭을 수중에 넣고 해협식민지를 건설했지만 이 세 도시는 제각각 성격이 달랐다. 영국 식민지라는 공통점이 있었을 뿐이다. 믈라카는 믈라카 왕국의 토대 위에 16세기에는 포르투갈, 17세기에는 네덜란드가 각각 자신들의 구미에 맞게 틀을 잡아놓은 항구도시였고, 그 뒤에는 영국 식민지가 됐을 뿐, 새롭게 건설한 식민지 항구도시는 아니다. 하지만 싱가포르는 항구로서의 중요성이 페낭에 비해 훨씬 컸다.

실제로 페낭은 말레이반도 북단에 위치한 까닭에 건설 초기에 믈라카 해협의 무역상들에게도 그다지 매력적인 곳이 아니었다. 말레이반도의 무역상들과 영국의 무역상들 모두 믈라카를 기항지로 삼았다. 더구나 아시아계 무역상 중에는 중국계가 많았고, 이들은 해협 남쪽의 믈라카를 더 선호했다. 심지어 영국이 믈라카를 통치하는 동안에도 영국은 아시아계 무역상들에게 페낭을 이용하라고 종용했을 정도였다. 그러다 상황이 역전됐다. 페낭이 무역항으로서가 아니라 아편과 주석의 생산 및 수출 기지가 되면서 중국 이주민들이 몰려들었고 부가 형성됐다. 오히려 사람들의 유입 유인이 적었던 믈라카는 교역항으로서의 전성기를 되찾지 못했다.

실제로 지금까지 알려진 지도 가운데 페낭이 표시된 가장 이른 시기의 것은 중국 기록이다. 1621년 모원위(茅元儀)가 편찬한 『무비지(武備志)』에 빈랑서(檳榔嶼)로 나오는 것이 페낭에 관한 최초 기록이다. 17세기 초에 이미 중국에 알려져 있었는데, 이보다 늦게 쓰인 영국의 보고서에서 불과 40명 정도의 말레이인이 거주한다고 했던 기록이 의아하게 여겨질 정도다. 관심의 차이였을까? 믈라카에 이어 페낭에도 중국인들의 이주 물결이 급격하게 몰아닥쳤다. 영국령이 되고 나서다. 페낭은 말레이에서 풀라우피낭으로 불린다. 풀라우(pulau)는 말레이어로 '섬'을 뜻한다. 그러므로 15세기 이래 중국에서 빈랑서라고 쓴 것은 당시에도 페낭이 '풀라우피낭'이라 불리던 것을 그대로 음역했기 때문일 것이다.

1798년에 영국이 제작한 지도에서 페낭은 '프린스 오브 웨일스 섬'으로, 이곳에 건설될 도시의 이름은 '조지타운'으로 표기되어 있다. 바야흐로 페낭의 명물 거리 조지타운의 탄생이다. 페낭 동쪽 해안 곶에 포트 콘월리스를 구축한 뒤, 그 서남쪽에 직사각형의 격자형 도시를 건설했다. 이처럼 조지타운은 처음부터 계획도시로 조성되었다. 조지타운 시가에 지금도 건설 당시의 이름이 그대로

관광객으로 북적이는
조지타운

존재한다. 애초에 지금처럼 라이트 스트리트, 비치 스트리트, 피트 스트리트와 줄리아 스트리트를 중심으로 도로를 격자형으로 배치해 도시를 구획했다.[7] 격자형 도시에 도로를 경계로 삼아 다양한 이민자들이 집단으로 거주할 수 있도록 유도했던 것이다. 아시아 각지에서 이주해온 다양한 사람들을 따로 격리하지 않고 도심에서 격자형 공간에 어울려 살게끔 만든 것이다. 하지만 시가지의 구역은 좁고 주민은 많다 보니 이 경계를 넘어 도로망이 어지럽게 뻗어 나갔다. 지금 보는 것과 다른 이유다.

라이트 이후 들어선 페낭 당국은 도시계획 설계가 아예 없었다. 조지타운에 도시계획이 적용된 것은 영국이 점령하고 100년이 지난 뒤인 19세기 후반의 일이다. 인종과 문화적 다양성이 두드러지는 조지타운의 독특한 풍경은 이렇게 만들어졌다. 도로를 사이에 두거나, 하나의 격자형 블록 안에 말레이인의 주거지와 이슬람 모스크가 있는가 하면, 중국인들의 사당과 불교 사원이 있고, 인도인들의 힌두교 사원과 기독교 교회가 뒤섞여 있는 진기한 풍경이 조지타운 건설 처음부터 배태되어 있었던 셈이다. 똑같은 영국령 싱가포르가 1819년 인종 간의 주거 공간을 별도로 구획하는 방식으로 도시 설계를 했던 것과는 대비된다.

잦은 화재와 개보수가 낳은 명성

도시 구획과 그 기본 틀은 다문화의 온실이 되기에 충분했지만 도시는 그다지 오래가지 못했다. 새로 건설된 도시 조지타운에는 구하기 쉬운 나무로 지은 목조건물들이 들어섰다. 그 때문에 화재에 취약했다. 나무로 지어지고 야자나무 잎으로 엮은 지붕을 얹은 건물들은 심심치 않게 일어나는 화재에 속수무책이었다. 한번 불이 붙으면 삽시간에 번져 거리가 통째로 전소되고 건물들이 단번에 무너졌다. 화재가 반복되자 시가는 화재에 대비해 재설계되었다. 건물을 지을 때는 반드시 일정한 간격을 두어 벽돌집을 짓도록 유도하는 한편, 도로 폭을 넓혀 한번에 불길에 휩싸이는 일을 막으려 했다. 어떤 의미에서는 잦은 화재로 계속 고쳐 지은 덕에 조지타운의 명성이 유지될 수 있었는지도 모른다. 시가 구성의 큰 틀은 바뀌지 않았지만 건물을 고쳐 짓고 계속 관리해왔기 때문에 옛 정취를 간직한 고색창연한 유럽풍 숍하우스가 살아남은 셈이다.

페낭은 믈라카에 비해 훨씬 더 유럽적이었다고 할 수 있다. 믈라카로 간 유럽인들은 이미 네덜란드령 동인도에서 아시아 문화에 적응한 상태에서 믈라카로 이주했지만, 영국인들의 경우는 조금 달랐다. 네덜란드나 스페인보다 동남아시아로 늦게 진출한 까닭에 적응할 기간이 짧았던 것이다. 물론 영국인들도 영국에서 페낭으로 곧바로 이주한 것이 아니라 인도에서 이주한 경우가 많았다. 아시아의 문화와 가치가 전혀 낯선 것은 아니었지만 영국인들은 고작해야 몇 년, 몇 개월의 인도 경험만 가진 채 페낭에 거주했던 탓이다.

페낭은 믈라카와 달리 거주하는 유럽인의 수도 적었고, 거주 기간도 짧았다. 영국 식민지 정부에 그다지 협조적이지도 않았다. 애초에 구상한 대로 해군기지로 만들었다면 거주하는 유럽인 관리와 장교들의 수가 늘어나서 페낭의 유럽인 비중이 그렇게 낮진 않았을 것이다. 그래도 페낭 도시의 토지와 내지 농토 대부분은 유럽인이 소유했다. 페낭의 유럽인 상인들은 도시의 지배집단을 형성하고, 자신들의 취향대로 유럽식 대저택을 짓고 막강한 영향력을 행사했다. 1841년 페낭의 조사관 존 턴불 톰슨은 "유럽인의 저택은 정면으로 짙은 녹음의 산책로와 요새, 항구를 바라본다. 요새의 나무들이 아름답다"라고 썼다. 한마디로 배산임수의 입지였던 모양이다. 그래도 이들은 믈라카와 달리 도시를 구획하지 않고, 아시아계 주민들과 섞여 살았다.

유럽보다 아시아에 정착하기로 한 무역업자들과 상인들이 식민지 정부를 도와 비정부활동에 관여했다. 이들은 도시의 주요 의사결정에 참여하고, 공공시설의 개선에 관한 행정에도 개입해 페낭과 조지타운의 큰 틀이 형성되는 데 영향을 미쳤다. 도로와 교량 건설에도 관여했다. 페낭의 특징은 이렇게 유럽식으로 근대적인 도시가 형성되며 만들어진 것이다.

영국인이나 유럽인만이 아니라 아시아인들도 같은 공간에서 섞여 살았다. 이들의 거주 자체는 같은 공간을 공유하는 것이었지만 문화적으로 교류하고 소통할 수 있는 공적 공간은 많지 않았다. 무엇보다 언어가 달라서 소통하는 데 어려움을 겪을 수밖에 없었다. 때로 유럽인 농장주가 인근의 이웃들을 초대해 파티를 열곤 했고, 다양한 아시아계 주민들이 참석했다. 이때 파티를 연 농장주가 다양한 음식을 차려놓고 어울릴 기회를 제공하기도 했다. 물론 참석한 아시아계 사람들 역시 쿨리는 아니었다. 다양한 인종과 종족이 섞여 사는 곳이었기에 필요에 따른 모임이었고, 그들은 자연스럽게 서구 문화에 물들었다.

수상가옥에서 살아간 중국인 이주민들의 신산한 삶

여러 인종과 종족이 모여 살던 조지타운보다 뒤늦게 건설된 곳이 제티다. 특히 아편전쟁 이후 페낭으로 몰려든 중국인 이주민들은 돈이 없어 고향을 등진 사람들이라서 마땅한 거주지를 찾지 못했다. 그들 중 일부는 조지타운의 숍하우스에 들어가기도 했는데, 몰아닥친 이주민들을 수용하기 위해 숍하우스는 주로 2층에 있던 방을 쪼개서 임대를 주었다. 좁은 방에 여러 명이 살아야 할 정도로 주거 환경은 열악했고, 화재나 각종 재난에 취약했다. 더 늦은 19세기에 이주한 중국인들은 수상가옥 집성촌인 '클랜 제티'로 모여들었다. 현지에서는 그들의 성을 따서 다양하게 부른다. 림 제티(Lim Jetty), 츄 제티(Chew Jetty), 옹 제티(Ong Jetty), 탄 제티(Tan Jetty) 같은 식이다. 주로 중국 푸젠성과 광둥성에서 온 사람들이기에 현재 베이징 중국어와는 발음이 다르다.

클랜 제티는 바닷속 깊이 기둥을 박고 그 위에 뗏목 같은 구조물을 올려 평평하게 만든 후에 지은 집들이다. 지상에서 보면 다른 집과 별 차이가 없다. 물결에 따라 살짝 움직이는 듯한 느낌은 있지만 전기도 끌어다 놓고 수도도 있어서 얼핏 보면 수상가옥처럼 보이지 않는다. 하지만 1957년까지는 전기도, 수도도 없었다고 하니, 그 물 위에서의 삶이 녹록하지 않았을 것이다. 바다처럼 깊은 가난이라고 할까? 그러니 처음 중국계 이주민들이 삼삼오오 모여들어 이곳에 마을을 형성할 때는 상당히 어려운 상황이었으리라. 외지에서 온 이방인들이기에 차별을 받았을 것이고, 게다가 영국 식민지이던 시절이니 잘살아보겠다는 이주민들의 희망은 밤하늘의 별처럼 아득하기만 했을 것이다.

성공한 중국인 화상의 화려한 유산

굶주림을 피해 동남아시아로 이주한 중국인들의 삶이 모두 강퍅하기만 했던 것은 아니다. 삼삼오오 고향 사람들끼리 혹은 친척들을 찾아 떠나온 경우가 대부분이었고, 가진 것이 아무것도 없어 하루 벌어 하루 먹고살기에도 빠듯한 삶이었다. 그럼에도 부와 행운을 거머쥔 사람들이 있었고, 인근 믈라카나 푸켓 혹은 아체에서 상당한 기반을 쌓아 더 많은 돈을 벌기 위해 이주한 사람도 있었다. 이들 중에는 대표적인 화인 거상으로 거듭나 페낭 지역사회의 경제권을 장악하고 유럽인, 아랍계 거상들과 친분을 쌓은 사람들도 있었다. 이들은 자신들의 공동체를 강화하기 위해 회관을 만들고 비밀결사를 유지하며 내부 결속을 다지고 스스로 자치를 했다.

대표적인 이주민 가문 중 하나인 구씨 집안에서 만든 일종의 회관이 쿠콩시(Khoo Kongsi)다. 1906년에 완공된 뒤 지속적인 보수를 거쳐 오늘날에 이르렀다. 정식 명칭은 용산당(龍山堂) 쿠콩시(邱公司)다. 외부적으로는 조상을 섬기기 위한 사당이자 모임 장소이지만, 내부적으로는 비밀결사를 유지하기 위한 회합 장소로 쓰였던 회관이다.

조지타운 일대에는 19세기부터 20세기 전반에 걸쳐 세력을 떨친 5대 가문들의 공사와 사당이 있다. 이들 역시 내부에 있는 사당은 중국 남부의 목조건물을 본뜬 중국식 건물로 화려한 단청에다 기둥 주두와 처마 끝을 장식한 금박 등으로 대단히 화려한 자태를 뽐낸다. 번체자 한자로 쓴 현판은 물론이고, 건물 외벽과 내부 기둥 및 벽면 장식 역시 중국적인 상징과 모티프로 가득하다. 때로는 『삼국지』, 『수호전』, 『서유기』 등 유명한 중국 소설이나 민담 속의 일화들을 회화적으로 묘사하기도 했다. 5대 가문의 콩시들은 조지타운 거리에 즐비한 숍하우스와 기묘하게 어우러져 조지타운 특유의 이색적인 분위기를 자아내는 데 일조한다.

아마도 중국인 화상(華商)의 유산 가운데 압권은 청켕퀴의 페라나칸 맨션과 총파츠의 블루맨션일 것이다. 청켕퀴는 중국인 사회의 수장을 의미하는 카피탄 시나이자 주석 광산 개발로 막대한 부를 축적한 부호였다. 19세기 후반 말레이반도 페락 지역에서 어마어마한 양의 주석이 발견되자 중국인 쿨리들이 대거 광산 노동자로 투입되었다. 그 가운데 대표적인 광산이었던 타이핑 광산을 개발한 사람이 바로 청켕퀴다. 그는 유럽식 숍하우스를 사서 저택으로 삼았는데 그 뒤 후손들이 이 집을 팔아서 지금은 가문의 소유가 아니다.[8] 현재는 페라나칸박물관으로 개조되어 19~20세기의 도자

쿠콩시 입구   쿠콩시

기, 유리 제품, 자수, 복식 및 가구들을 전시하고 있다. 동남아시아의 많은 주택이 그렇듯이 저택 정면은 숍하우스와 같아서 지붕을 길게 빼서 통로를 만들고 중앙에 정원이 있는 중정식 건물이다. 값비싼 자단목에 자개로 장식한 중국 남부식 가구들이 빼곡한 가운데 영국에서 수입한 서양식 가구들이 섞여 있다. 거실과 일부 방에 가득 찬 유리 장식장 안에는 중국에서 수입한 뇨냐자기와 프랑스에서 유행했던 유리 다기와 그릇들이 영롱한 빛을 내고 있다. 그러니 페라나칸박물관 내부에 들어서면 마치 이국적인 혼합문화로 가득한 페낭의 축소판을 보는 듯하다.

페낭에서 가장 눈에 띄는 저택은 총파츠 맨션일 것이다.[9] 엄밀히 말해서 총파츠 맨션은 페라나칸박물관과 달리 조지타운에서 벗어나 있다. 이는 총파츠가 청켕퀴 세대보다 더 후대 사람이므로 나중에 저택을 구매했기 때문이다. 총파츠는 수마트라와 말라야, 싱가포르, 중국에 걸쳐 동남아시아와 중국을 포함하는 넓은 무대에서 교역을 했던 거상으로 남양 화인을 대표하는 인물이다. 자카르타에서 쌀가게 점원으로 일하다가 주인 딸과 결혼했으며, 장인의 도움을 받아 사업을 시작했다. 막대한 부를 일구고 마침내 페낭 주재 중국 부영사, 싱가포르 주재 중국 총영사의 자리에까지 올랐으니 입지전적인 인물이라 하지 않을 수 없다. 1897년에 착공해서 1904년에 완공된 그의 저택은 당시로서는 상당히 비싼 염료였던 인디고블루를 써서 짙푸른색으로 외벽 전체를 칠해 블루맨션으로 불린다. 원래는 대지 1490평에 건평 955평이었다고 하나, 그의 후손들이 이 저택을 지키지는 못해서 지금은 푸른 본채 건물만 남아 있을 뿐이다. 건물에 지붕을 올리고, 곳곳에 한자 현판을 다는 등 중국색이 농후하지만 시대의 흐름을 거스르지 않고, 기둥과 계단에 영국산 철제장식을 다는 등 유럽풍이 가미되어 있어 페낭의 혼합문화를 잘 보여준다. 비록 일부만 명맥을 유지하고 있으나 푸른색의 저택은 멀리서도 눈에 잘 띄어서 지금도 페낭의 명소로 남았다.

19세기 말 인도네시아 메단 부동산의 75퍼센트를 소유했던 거상 총아피의 딸 퀴니 창(Queeny Chang)이 페낭에 놀러왔을 때, 열세 살의 소녀는 페낭 거부들의 생활을 보고 깜짝 놀랐다.[10] "나는 돈으로 할 수 있는 게 어떤 것인지 상상도 하지 못했다. 여기 와서야 페낭 부자들이 어떻게 사는지, 인생을 어떻게 즐기는지 비로소 알게 됐다. 이 모든 걸 보니 메단의 우리 집은 초라하게 느껴질 정도다"라고 썼다. 무엇을 상상하든 그 이상이었음은 분명해 보인다.

조지타운의 반듯반듯한 격자형 거리 사이사이에는 말레이인은 물론이고, 아체, 아르메니아, 중국, 인도, 아랍에서 건너온 사람들이 저마다의 사연을 가지고 살아간 흔적들이 남아 있다. 세계문화유산으로 등재되면서 낡은 벽에 벽화를 그려 도시에 생기를 불어넣기는 했지만 그에 앞서 살았던 사람들의 격동과 역정이 속속들이 스며들어 있는 곳이 바로 페낭이다. 모스크를 가도, 켁록시 같은 중국계 사원이나 태국 상좌부 불교 사원을 가도 모든 것이 뒤섞여 있지만 서로 간섭하지 않고, 그렇다고 어느 하나로 통일되지도 않는 것이 페낭의 매력이다.

★ 강희정

03

쿠칭,
고즈넉한 고양이의 도시

Kuching

서울특별시 구로구 새말로18길은 2020년부터 행정구역상의 도로명 외에 다른 명칭을 함께 사용하기 시작했는데, 바로 남쿠칭로다. 구로구는 최근 활발히 교류를 이어가고 있는 해외 자매도시인 말레이시아 남쿠칭시(South Kuching)의 이름을 딴 도로명을 선정함으로써 상호 우호 증진, 관내 기업의 해외 판로 확보, 관광객 유치 등을 도모하고 있다. 우리에게 잘 알려지지 않았던 쿠칭이라는 이름이 뜻밖의 장소에서 등장한 것이다. 쿠칭은 동남아시아의 대표적인 도시이지만 그중 가장 덜 알려진 도시이기도 하다. 휴양지로 유명한 코타키나발루와 같은 섬에 위치해 있는데, 두 도시의 인지도를 비교해보면 더욱 그렇다. 보르네오섬의 숨은 보석, 쿠칭은 어떤 도시일까?

쿠칭은 밀림으로 가득 찬 거대한 섬인 보르네오로 향하는 관문이다. 흥미롭게도 쿠칭은 '고양이의 도시'로 불린다. 언제부터인지 알 수 없지만, 고양이가 많기 때문이다. 거리와 상점을 활보하고 다니는 고양이들의 모습은 관광객에게 볼거리를 제공한다. '쿠칭(Kuching)'이라는 발음 자체가 말레이어로 고양이를 가리키는 '쿠칭(Kucing)'과 같다. 때문에 여러 전설이 전해진다. 나중에 사라왁 왕국

'고양이의 도시'로 불리는 쿠칭은
그 상징을 관광상품으로 이용한다.
(출처: 위키미디어 커먼스)

의 라자가 되는 영국인 제임스 브룩(James Brooke)이 쿠칭에 처음 도착했을 때 현지인에게 이 땅의 이름을 물었는데, 고양이를 가리키는 것으로 오해하고 '쿠칭'이라고 대답한 이래로 '쿠칭'이 되었다는 이야기, 이 지역의 특산물인 리치(lychee)를 고양이 눈(mata kucing)이라고 부른 데서 유래했다는 이야기 등이 있다.

다만 이 이야기들은 그리 신빙성 있게 들리지 않는다. 말레이어라도 말레이반도의 말레이어와 쿠칭의 말레이어는 조금 다르기 때문이다. 쿠칭에서는 고양이를 '푸삭(pusak)'이라고 부른다. 그럼 쿠칭이라는 지명은 어디에서 왔을까? 뒤에서 소개하겠지만, 주도(州都)인 쿠칭을 포함한 사라왁 지역은 100여 년간 영국 브룩 가문의 통치를 받았다. 이때부터 서구 근대 문물을 받아들이기 시작했다. 쿠칭은 관문 도시답게 19세기 중후반에 상업이 활발했던 화인 거리를 중심으로 상수도 시설을 갖추게 된다. 여기에서부터 도시 전역에 깨끗한 물이 공급되었는데, 이때부터 'Ku Ching', 한자로 '고정(古井)', 즉 오래된 우물이라고 불렀다는 설이 있다.

지명의 유래가 어떠하든, 중요한 것은 현재 쿠칭이 고양이의 도시로 불린다는 것이고, 실제로 거리 곳곳에서 고양이를 심심찮게 볼 수 있다. 서울 면적의 3분의 2 크기에 60만 명도 안 되는 인구가 거주하는 도시 쿠칭은 고양이마저도 고즈넉하게 다닐 정도로 조용하고 변화가 없는 도시다. 도심에서도 높은 빌딩을 거의 볼 수 없으며, 19세기와 20세기에 걸쳐 상업을 담당해온 화인들이 주로 거주하던 곳이었다. 물론 지금은 말레이인과 화인이 섞여 살지만, 거리 풍경은 100여 년 전의 모습을 많이 간직하고 있다. 역사문화 기행을 선호

쿠칭 차이나타운 입구.
역시나 고양이가 있다.
(출처: 위키미디어 커먼스)

하는 여행객들에게 쿠칭은 100여 년 동안 이어진 화인 거리의 원형을 짐작해볼 수 있는 흥미로운 도시일 것이다.

사라왁의 주도

말레이시아는 크게 말레이반도와 보르네오섬의 일부를 포함한 영토를 보유하고 있고, 13개 주로 구성되어 있다. 그 가운데 보르네오섬에 위치한 2개의 주가 바로 사라왁과 사바주다. 흔히 말레이반도의 말레이시아 영역을 서말레이시아, 보르네오섬의 말레이시아 영역을 동말레이시아라고 부른다. 참고로 보르네오섬은 동말레이시아와 독립 술탄국인 브루나이, 인도네시아의 영토인 중부와 남부의 칼리만탄으로 구성된 거대한 섬이다.

사라왁은 총면적 12만 4450제곱킬로미터로 말레이시아의 전체 주 가운데 가장 큰 면적을 자랑한다. 대한민국 면적보다 크지만 거주 인구는 290만 명에 불과해 인구 밀도가 매우 낮고, 상당수가 몇몇 도시 지역에 모여 산다. 이웃한 사바주의 경우 신혼여행지로 유명한 코타키나발루가 위치해 우리에게도 어느 정도 익숙한 데 비해, 사라왁주는 상대적으로 낯설다. 사라왁은 싱가포르 및 말레이반도와 바다를 경계로 면해 있고, 거리도 매우 가깝다. 그 영향으로 말레이인과 화인의 수가 필리핀과 면해 있는 사바보다 많은 편이다.

사라왁은 19세기 초 광물자원이 발견되면서 유명해졌고, 19세기 중후반 영국인들이 들어와 고무, 후추, 코코넛 등의 대농장을 조성

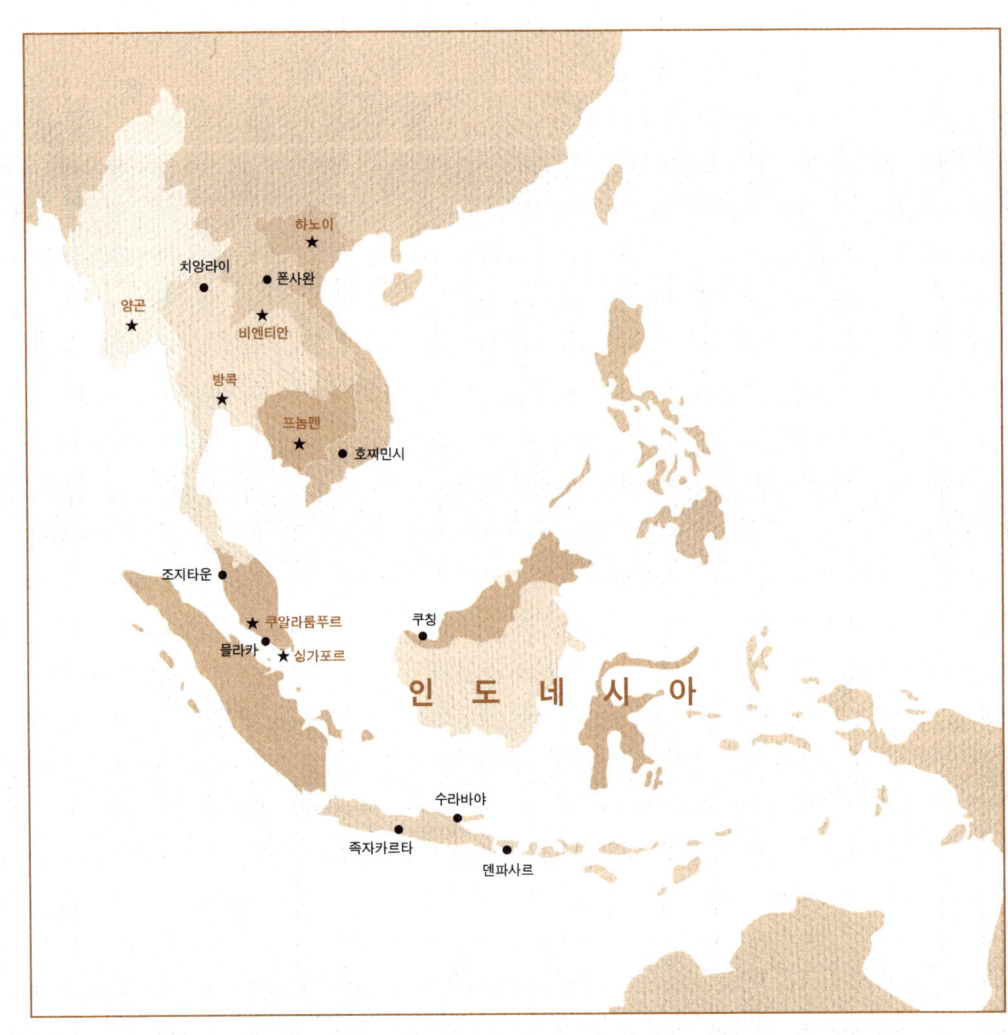

말레이반도와 보르네오섬의 2개 주로 이루어진
말레이시아 영역과 쿠칭의 위치

했다.[1] 20세기에 들어서는 석유가 발견되면서 자원의 보고로 여겨지고 있다. 이처럼 서말레이시아와는 정치적 공동체로 엮인 역사가 없었다. 그럼에도 불구하고 영국의 영향 아래 1963년 말레이시아 연방의 일원으로 편입되었다. 말레이시아의 현대사는 무슬림 말레이 위주의 국민국가 건설을 목표로 서말레이시아를 중심으로 발전했고, 사라왁과 사바로 이루어진 동말레이시아는 자원창고 정도로만 여겨졌다. 그 때문에 동·서말레이시아 사이에는 경제적 격차가 크고, 이는 지역 갈등의 주요 요인이다. 이러한 이유로 소수이기는 하지만, 일부 극단적인 단체들이 사라왁과 사바의 분리독립을 주장하며 활동하기도 한다.

그 사라왁주의 주도가 바로 쿠칭이다. 쿠칭을 포함한 사라왁 지역의 인구 구성은 말레이반도와는 차이가 있다. 서말레이시아는 주로 말레이계, 중국계, 인도계, 소수의 아랍계를 포함한 기타 종족으로 이루어져 있다. 반면 동말레이시아에 속하는 사라왁의 경우 주요 종족은 다약족(Dayaks)의 일족인 이반인(Ibans)이다. 그다음으로 중국계와 말레이계가 많고, 그 외에 주로 산지에 분포하고 있는 다약족, 소수의 해상민족 등이 있다. 사라왁의 경우 2014년 기준 다약족이 43퍼센트, 말레이와 중국계가 각각 24퍼센트로 이 세 종족이 전체 인구의 90퍼센트 이상을 차지하고 있다.

쿠칭의 인구 구성은 사라왁과 거의 동일하지만, 도시 지역인 만큼 말레이계와 중국계가 과반을 차지한다. 이는 여전히 농촌과 정글, 해안가에서 전통적인 생활방식과 관습을 유지하며 사는 이반족을 비롯한 다약족이 많다는 의미이기도 하다. 사라왁주 전체와

사라왁 해상 다약족으로 분류되는 이반족의 모습.
이들은 정글과 습지에 마을을 이루어 살아왔다. 적대적인 외부인을 만나면 화살로 쏘아 죽인 뒤
그 해골을 주렁주렁 달고 다니는 '헤드헌팅' 관습을 가지고 있었다.
식민시기 사라왁을 다스린 영국계 브룩가의 세 번째 왕,
바이너 브룩의 왕비인 실비아 브룩(Sylvia Brooke)이 1970년에 전기를 출간했는데,
책 제목이 『헤드헌터들의 여왕(Queen of Head-Hunters)』이었다.
(출처: 위키미디어 커먼스)

쿠칭의 인구 구성의 차이는 19세기부터 지금까지 계속되고 있다. 심지어 1970년 이후 정책적 고려에 따라 말레이인의 사라왁 이주가 시작되기 전, 쿠칭 인구의 과반은 중국계였다. 쿠칭은 사라왁강을 통해 남중국해, 믈라카 해협과 연결되는데, 이러한 지리적 위치 때문에 무역과 상업, 서비스업에 종사하는 중국계가 몰려든 것으로 풀이된다. 화인의 역할을 빼놓고는 쿠칭의 역사를 설명하기 어려운 이유가 여기에 있다. 아울러 쿠칭의 역사 유적은 대부분 화인과 연관되어 있고, 말레이인을 상징하는 술탄 모스크와 같은 이국적 건축물은 상당수가 현대에 지어진 것들이다.

쿠칭의 역사와 화인 이주

쿠칭이 본격적으로 개발되기 시작한 시기는 19세기 초로 알려져 있다. 그전까지 쿠칭과 사라왁강 유역은 소수의 다약족 원주민과 말레이인들이 거주하는 거의 알려지지 않은 지역이었다. 1839년 기준 사라왁강 유역의 인구는 다약족 8000명, 말레이계 2000명, 소수의 중국계로 구성되어 있었다. 정치적으로는 브루나이 술탄의 영향력 아래 있었지만, 그리 중요한 지역으로 여겨지지는 않았다. 그런 쿠칭이 크게 두 가지 사건을 기점으로 도시로서의 역사를 시작하게 된다.

첫 번째는 1820년대에 안티몬 광석이 발견되면서 유럽인들의 눈에 띈 것이고, 두 번째는 1819년 인근 싱가포르섬이 영국 동인도회사에 의해 자유무역항으로 개발되기 시작한 것이다. 싱가포르가 당시 조금씩 발견되기 시작한 사라왁강 인근의 광물자원을 수출하기 위한 시장이 되면서 쿠칭이 그 연결 지점으로 주목받았다. 이러한 변화에 민감하게 반응한 브루나이의 왕자 마코타(Makota)가 1824년에 최초의 마을을 조성하게 되는데, 바로 쿠칭의 시작이다.[2]

마코타 왕자는 사라왁강 인근을 자신의 영역으로 설정하면서 쿠칭을 행정 중심지로 삼았다. 동시에 안티몬 광석을 수출하기 위한 무역항으로 만들었다. 그의 통치는 1841년까지 이어졌다. 부유한 영국인 탐험가 제임스 브룩이 1839년에 처음으로 쿠칭을 방문했을 때, 그곳은 마코타 왕자의 통치에 반발한 현지 말레이인들 간에 내전이 한창이었다. 마코타 왕자는 내전을 진압할 능력이 없었다. 브루나이 왕실은 제임스 브룩에게 도움을 요청했다. 이에 제임스 브룩은 1840년 말레이, 다약, 중국계 용병으로 구성된 군대를 이끌고 와서 내전을 진압해 구원자로 등장하게 된다. 이후 브루나이 왕실과의 협상 끝에 제임스 브룩은 쿠칭을 비롯한 사라왁강 인근 지역의 통치를 인정받게 되고, 1841년 라자(Rajah, 왕)로 즉위했다. 향후 100여 년 동안 이어질 브룩가 통치의 시작이었다.

사라왁은 2대 라자인 찰스 브룩(Charles Brooke), 3대 라자 바이너 브룩(Vyner Brooke)까지 총 3명의 백인 라자 통치기를 거치게 된다. 1941년 일본이 침략해 사라왁을 점령하면서 브룩가의 통치가 잠시 끊어졌고, 전후(戰後)인 1946년에 바이너 브룩이 사라왁의 통치권을 영국 왕실에 넘김으로써 브룩가의 통치는 공식적으로 종료되었다. 영국령으로부터의 독립 혹은 말레이반도로의 편입 등 미래를

사라왁 최초의 백인 왕, 제임스 브룩.
1803년생인 제임스 브룩은 영국령 인도에서 태어났으며, 열두 살 때부터 4년간 영국에서 교육을 받았다.
1819년에 인도로 돌아와 동인도회사의 군인으로 복무하기도 했다.
버마-영국 전쟁에 참전했다가 부상으로 전역하고 동남아시아 인근에서
무역에 종사했으나 그리 성공하지는 못했다.
1841년에 그는 37세의 나이로 사라왁의 왕으로 등극했다.
(출처: 위키미디어 커먼스)

모색하던 사라왁은 1963년 영국이 그 권한을 말레이시아 연방으로 넘기면서 말레이시아의 주가 되었다.

제임스 브룩이 도착하기 전에는 소수의 화인이 이 지역에 거주하고 있었다고 한다.[3] 1823년 네덜란드의 기록을 보면, 중국계 상인이 운영하는 상점 세 곳이 발견되었다고 하니 마코타 왕자가 정착하기 이전, 심지어는 광물자원이 발견되기 이전부터 소수의 중국계 이주민이 말레이인 및 다약족과 혼거하고 있었음을 알 수 있다. 다만 중국계 이주민이 본격적으로 쿠칭으로 들어온 시기는 마코타 왕자 통치 시기부터라고 할 수 있다. 기록에 따르면 이 시기 최초의 중국계 이주민은 1830년에 입항한 광둥 출신 라우아쳌(Lau Ah Chek)이다. 그는 이후 브룩가 통치 초창기에 쿠칭 지역의 중국계 이주민 집단을 이끌게 된다. 초기 중국계 이주민은 대부분 광산 노동자로 동원되었다. 19세기 초 중국계 이주민이 거주하던 곳은 주로 광산이 있던 바우(Bau) 지역이었다. 바우는 현재 쿠칭과 면해 있는 배후 지역이다.

브룩가의 통치로 촉발된 유럽인의 진출은 쿠칭의 발전 경로를 주변 지역과는 완전히 다른 방향으로 이끌었다. 각종 광물자원과 고무를 비롯한 산품을 싱가포르를 거쳐 세계 시장으로 수출하기 위한 항구도시로 변모한 것이다. 쿠칭은 보르네오섬에서 드물게 서구식 건축물과 각종 도시 인프라를 갖춘 근대 도시로 발전했다. 그 과정에서 중국계 이주민이 꾸준히 들어와 시장과 각종 상업 및 서비스 분야의 주도권을 잡아가고 있었다.

브룩가 통치기에 쿠칭으로 이주해온 중국계 이주민들은 중국 대륙에서 곧바로 넘어오거나, 주변의 해협식민지(페낭, 싱가포르, 믈라카로 구성된 영국의 식민지 행정구역)나 보르네오섬의 다른 지역에서 온 경우가 대부분이었다. 다른 동남아시아 식민도시의 중국계 이주민들처럼 이들 역시 출신 지역과 사용하는 방언에 따라 몇 개의 그룹으로 나뉘었는데, 푸젠(福建, Hokkien), 차오저우(潮州, Teochew), 광둥(廣東, Catonese), 객가(客家, Hakka) 등이었다. 1844년에 이르면 대략 40여 개의 화상(華商) 상점이 모여 있었고, 그들이 모여 사는 거리가 사라왁강을 따라 조성된 초기의 시장, 현지어로는 '바자(Bazaar, Pasar)'였다. 현재 올드 바자(Old Bazaar), 즉 구시가로 불리는 이 거리는 1860년대 중국계 이주민의 증가와 함께 본격적으로 상업지구로 발전하게 된다. 이 시기 쿠칭의 중국계 이주민들은 크게 두 그룹으로 나뉜다. '바자'를 중심으로 상업지구를 형성한 그룹과, 쿠칭의 배후지인 바우 지역에서 광부로 동원된 객가 출신 노동자 그룹이다. 중국계의 쿠칭 이주는 20세기 초에 급증했다. 1877년 7000명이던 화인 인구가 1909년 4만 5000명, 1939년 12만 명, 1960년 22만 명, 1980년 38만 명, 1991년 47만 명으로 꾸준히 증가했다.

이주 인구 증가세를 바탕으로 화인 공동체는 쿠칭뿐 아니라 사라왁 전체에 걸쳐 최소한 경제적 측면에서는 주도권을 가질 수 있었다. 이러한 경향은 브룩가 통치기, 영국 통치기, 말레이시아 연방 시기까지 백 수십 년에 걸쳐 이어졌다. 그동안 화인은 은행업, 금융, 무역 등의 핵심 상업 분야뿐만 아니라 농업, 잡화상, 서비스업 등에도 종사했다.[4] 화인의 경제적 역량은 쿠칭과 사라왁 전역에 걸

20세기 초 쿠칭의 거리.
춘절을 맞아 차려입은 어린아이들이
인력거를 타고 이동하고 있다.
(출처: 위키미디어 커먼스)

쳐 있으며, 지금도 제조업과 무역, 서비스업을 장악하고 있다.

구시가에서 발견하는 쿠칭의 화인 거부들

100년 넘게 이어진 쿠칭 화인 공동체의 경제적 역량과 영향력 때문인지, 쿠칭을 기반으로 한 걸출한 기업가도 다수 배출되었다. 특히 그들은 금융 분야에서 쿠칭뿐 아니라 싱가포르, 말레이반도 전역에 걸쳐 존재감을 과시하고 있다. 그들의 이름은 쿠칭 구시가와 주변 지역의 지명에서 등장한다. 유하이 스트리트(Ewe Hai Street)의 옹유하이(Ong Ewe Hai, 王友海), 잘란 다툭 위컹치앙(Jalan Datuk Wee Kheng Chiang)의 위컹치앙(Wee Kheng Chiang, 黃慶昌)이 대표적이다. 잘란(Jalan)은 길, 다툭(Datuk)은 지도자를 의미한다.

 화상의 성공기는 무일푼에서 거부가 된 인생 역전 스토리가 많다. 이는 대륙의 고향에서는 기회를 잡지 못한 가난한 소년과 청년이 많았다는 뜻이지만, 다른 한편으로는 그만큼 흙수저가 성공할 기회가 많았다는 의미이기도 하다. 물론 그 이면에는 건강한 몸 하나 믿고 이역만리 바다를 건너와 번 돈을 아편과 도박으로 탕진한 청년들도 있다. 오히려 실패한 사람이 대부분일 것이다. 흙수저로 태어났으나 자수성가한 화상은 극히 일부에 불과하다. 아이러니하게도 그렇기 때문에 그들이 현지 화인 사회와 고향에 미치는 영향력도 크다. 옹유하이와 위컹치앙이 바로 그런 사례다.

옹유하이는 1830년 2월 싱가포르에서 태어났다. 열여섯 살에 쿠칭으로 건너와 그보다 나이가 많은 무역업자인 림응모(Lim Eng Moh)와 함께 작은 회사를 차렸다. 성실함과 약간의 운이 도와준 덕분에 싱가포르와 쿠칭 두 지역에서 신뢰를 쌓아 자본을 모으게 된다. 옹유하이는 1867년까지, 그리고 1885~1888년 식민정부에서 발행하는 아편과 알코올 판매권을 소유하기도 했다.[5] 현재 쿠칭 구시가의 핵심이자 메인 바자(Main Bazaar) 거리 바로 뒤에 위치한 유하이 스트리트의 숍하우스 건축군은 대부분 그의 후원으로 조성된 것이다.

옹유하이가 19세기 중후반에 쿠칭 화인 공동체의 리더였다면, 위컹치앙은 20세기 초중반에 쿠칭 화인 경제를 이끈 기업가라고 할 수 있다. 3대 라자인 바이너 브룩의 부인인 실비아 브룩이 1970년에 펴낸 전기 『헤드헌터들의 여왕』에서 그를 '사라왁의 무관의 왕(Uncrowned King of Sarawak)'이라고 칭한 데서 그의 위상을 가늠할 수 있다.[6]

1890년 7월 쿠칭에서 태어난 위컹치앙은 영국계 학교(St. Thomas's Secondary School)에서 수학해 영어를 능숙하게 구사했다. 중국식 교육과 영국식 교육을 동시에 받은 것이 그가 향후 사업에서 화인 커뮤니티와 영국계 및 브룩 왕실 모두로부터 신임을 얻는 데 큰 도움이 되었다. 옹유하이와 마찬가지로 그 역시 화인 공동체를 강화하는 데 힘을 기울였다. 1930년 중화총상회(Chinese General Chamber of Commerce)가 설립되는 데도 그가 기여한 바 있다.

쿠칭 구시가의 화인 유산

동남아시아의 화인 거리는 대부분 물가에 위치해 있다. 화인들은 강이든 바다든 배를 댈 수 있는 수변에 거주구역을 조성했다. 이는 화인들이 주로 무역에 종사했기 때문이기도 하지만 신입 이민자(新客)들을 쉽게 받아들이기 위한 측면도 있다. 위기 시에 바로 떠날 수 있기 때문이기도 하다. 사람이든 물자든 드나들기 용이한 위치에 자리 잡는 것이 차이나타운이라 불리는 화인 거리의 특징 중 하나다.

같은 맥락으로 믈라카 해협이나 남중국해로 통하는 사라왁강변에 자리 잡은 쿠칭의 구시가지(Old Bazaar)를 거닐다 보면 싱가포르나 페낭, 믈라카의 화인 거리에 와 있는 듯한 착각에 빠지게 된다. 사라왁강을 따라 형성된 두 블록에는 화인 거리 특유의 숍하우스와 베란다 공간이 그대로 보존되어 있다. 1886년 유하이 스트리트에서 숍하우스 건축군을 짓기 시작하면서 조성된 화인 거리는 상대적으로 덜 개발되어 그 유산이 그대로 남아 있다.

쿠칭 구시가지에는 숍하우스 건축군 외에 다양한 화인의 유산이 남아 있는데, 가장 먼저 주목할 곳은 화족역사문물관(華族歷史文物館)이다. 1912년에 지어진 이 건물은 식민지풍의 단층 건물로 초기 중국계 커뮤니티에서 벌어지는 각종 사건·사고와 분쟁을 해결하는 법원의 역할을 했다. 1993년에 지금의 이름인 '화족역사문물관'으로 재개장했다.

그 외에 구시가를 중심으로 곳곳에 화인 방언 그룹 및 성씨 그룹

쿠칭 구시가지 숍하우스 거리.
1945년(위)과 현재의 모습(아래)이다.
숍하우스라는 이름 그대로 보행로(베란다)를 낀 주상복합 건축군은
과거에도 그랬고, 지금도 쿠칭 화인 공동체의 삶의 터전이다.
(출처: 위키미디어 커먼스)

을 대표하는 협회 건물이 난립해 있다. 그룹의 영향력에 따라 건축물이 눈에 띄게 큰 경우도 있고, 모르면 그냥 지나칠 정도로 작은 규모도 있다. 큰 규모의 협회는 쿠칭의 거대 방언 그룹인 푸젠계(Kuching Hockien Association, 古晉福建公會), 차오저우계(Kuching Teochew Association, 古晉潮州公會), 광둥계(Kwong Wai Siew Association, 古晉廣惠肇公會)가 대표적이다. 모두 20세기 초에 설립된 협회로 자신들의 이익을 도모하거나 새로운 이민자들에게 직업을 구해주는 과정에서 영향력을 확보하기 위해 서로 경쟁하기도 한다. 하지만 공동의 이익을 위해서는 중화 공동체라는 명분 아래 서로 협력하기도 했다. 쿠칭 화인의 역사는 바로 이 방언 그룹 간의 갈등과 대립, 협력의 역사라고 봐도 과언이 아니다.

화인 거주구역에서 또 한 가지 빼놓을 수 없는 부분이 종교 시설이다. 주로 도교 및 불교 관련 신들을 모신 화인 사원들은 각 방언 그룹이 설립한 사원과 전체 화인을 통합하는 사원으로 구분된다. 사원 건물이 중요한 이유는 19~20세기에 걸쳐 화인 공동체 간의 동질성과 소속감을 강화하는 역할뿐만 아니라 화인 자녀들을 교육하는 기능, 새로운 이민자들을 받아들이고 직업을 알선하는 기능, 상인들 사이의 정보 교환 및 협상 공간을 제공하는 기능, 명절에 행사가 치러지는 광장의 기능 등 공동체의 중심 역할을 담당했기 때문이다. 일반적으로 화인이 외지에 정착하게 되면 가장 먼저 짓는 것이 사원 건물이다.

그런 이유로 쿠칭 구시가의 종교 시설 역시 이르면 19세기 초, 늦어도 19세기 중후반에 지어진 것들이다.[7] 모든 사원이 구시가지

대백공묘의 과거(위)와 현재(아래)
(출처: 위키미디어 커먼스)

에 남아 있다. 가장 이른 시기에 설립된 사원은 쿠칭의 전체 화인들을 통합하기 위한 '수산정 복덕사 대백공묘(Tua Pek Kong temple 壽山亭福德祠大伯公廟, 줄여서 대백공묘)'로 1820년대에 설립된 것으로 알려져 있다. 대백공묘는 메인 바자 입구 맞은편, 사라왁강을 굽어보는 자리에 있고, 200여 년 동안 쿠칭 및 사라왁에 거주하는 화인들의 정신적 지주 역할을 했던 중요한 유산이다.

동남아시아 다른 지역의 차이나타운이 근대화와 개발의 바람을 타고 현대화되거나 세련된 외관으로 바뀌어가는 동안, 쿠칭의 구시가지와 화인들의 일터는 개발의 뒤안길에서 과거의 모습을 거의 그대로 유지하고 있다. 도시 근대화와 관광산업이 발달함에 따라 화려하게 꾸민 다른 지역들의 차이나타운과는 달리, 쿠칭의 화인 거주구역에는 그들의 삶의 흔적이 고스란히 남아 있다. 따라서 화려한 겉모습보다는 지역의 현재와 그 역사적 맥락을 내밀하게 들여다볼 수 있는 인문학적 관광코스를 중시하는 현재의 트렌드와 부합하는 관광자원이라 할 수 있다. 그런 이유로 현지에서도 새로운 여행 포인트로 떠오르고 있고, 조금씩 주목받고 있다. 포스트 코로나 시대, 동남아시아의 웬만한 도시와 휴양지는 이제 좀 지겨워셨다면 화인의 과거와 현재가 공존하는 도시, 쿠칭을 여행지 목록에 추가할 것을 추천한다.

★김종호

04

족자카르타,
인도네시아의 숨은 보석

Yogyakarta

인도네시아어로 '뜨리마 까쉬(terima kasih)'는 '고맙습니다'라는 뜻이다. '마뚜르 누운(matur nuwun)'은 자바어로 '고맙습니다'라는 의미다. 족자카르타(Yogyakarta)에서 '뜨리마 까쉬' 대신 '마뚜르 누운'이라고 말하면 현지 주민들은 여행객에게 좀 더 친근함을 표현할 것이다. 이렇듯 족자카르타는 자바 문명의 요람이라고 불릴 만큼 과거 자바의 문화적 정체성이 강한 도시 중 하나다.

족자카르타는 인도네시아 자바섬 중부 지역에 자리 잡은 도시다. 도시의 북쪽에 위치한 메라피 화산의 영향으로 활화산의 위협이 상존하지만, 상대적으로 기름진 평야지대에 위치한 장점도 있다. 족자카르타는 수마트라 북부 지역의 아체주와 함께 2개의 특별 지역 중 하나다.[1] 족자카르타가 특별 지역으로 분리된 이유는 시민시대 이전의 술탄 왕국이 여전히 존속하기 때문이다.[2] 따라서 술탄의 후계자들은 족자카르타 주지사의 역할을 동시에 수행하고 있다.[3]

족자카르타는 신의 보호를 받아 안전하다는 뜻의 '족자'와 도시를 뜻하는 '카르타'가 만나 '안전한 도시'라는 의미를 가진 인구 40만 명의 작은 도시다. 아울러 자바 문화의 역사적 전통성을 인정받

아 역사도시로서의 위상 역시 공고하다. 족자카르타는 16~17세기 중부 자바 지역의 마타람(Mataram) 왕국의 수도였고, 왕국의 후계 세력인 족자카르타 술탄이 자바 전통문화의 명맥을 유지하고 있다. 네덜란드에 대항한 인도네시아 독립전쟁 기간(1945~1949) 공화국 정부의 임시수도이기도 했다. 좀 더 시간을 거슬러 올라가면 8~9세기 불교 국가였던 사일렌드라(Sailendra) 왕국의 보로부두르 불교 사원과 9세기 힌두 국가였던 산자야(Sanjaya) 왕국의 프람바난 힌두 사원 역시 역사도시로서의 위상을 더욱 돈독하게 한다.

족자카르타는 또한 인도네시아의 전통예술 관련 학교와 명문대학이 자리한 교육의 도시다. 족자카르타에는 26개의 종합대학이 있다. 특히 인도네시아 최고 명문대학이자 세계적 명성을 얻고 있는 가자마다대학(Universitas Gadjah Mada)과 유명 예술대학 중 하나인 족자카르타 예술대학(Institut Seni Indonesia Yogyakarta)이 있다. 더욱이 족자카르타는 물가가 저렴하고 우수한 교육 시설이 있어, 전체 인구의 20퍼센트가 학생일 만큼 '학생의 도시'라는 별칭도 갖고 있다.

족자카르타 전통문화의 중심지, 말리오보로 거리

관광지로서 세계적 명성이 높은 발리섬은 인도네시아에서 가장 잘 알려진 지역 중 하나다. 이에 비해 족자카르타의 별칭은 '인도네시아의 숨은 보석'이다. 잘 알려지지 않았지만 도시 곳곳에 자바의 전통문화와 연관된 문화자원이 잘 보존되어 있기 때문이다. 족자카르타 중심부에서 차로 15분 정도 가면 16세기 마타람 왕조의 왕궁과 광장의 흔적이 있는 코따그데(Kotagede) 역사지구가 나온다. '큰 도시'라는 지명의 어원처럼 이 지역은 자바 전통 양식의 건축물 등이 잘 보존되어 있다. 하지만 2006년 지진 때 전통 건축물이 파괴되고 많은 인명 피해를 입은 아픔의 현장이기도 하다. 현재 이 지역은 전통 방식의 은수공예품을 생산하는 다양한 공방으로 명성을 이어가고 있다.

　족자카르타에서 자바 문화를 경험할 수 있는 지역은 아이러니하게도 이 도시의 중심가이자 가장 번화한 거리 중 하나인 말리오보로 거리(Jl. Malioboro)다. 말리오보로 거리는 길의 북쪽에 위치한 족자카르타 기차역과 남쪽에 위치한 왕궁인 끄라톤(Keraton)까지 이어진 약 2킬로미터의 도로다. 왕복 2차로로 이어진 차로, 델만(delman)이라 불리는 마차와 자전거를 개조한 베짝(becak)이 다니는 길 그리고 인도로 구분된다. 길 양옆으로 호텔, 쇼핑몰, 식당, 카페, 여행사, 소규모 상점 등이 즐비하다. 이중 보로부두르와 프람바난 등 도시 외곽의 관광지를 안내하는 여행사와 소규모 호텔 등은 소스로위자얀 거리(Jl. Sosrowijayan)에 위치한다. 이 길은 말리오보로 거리의 서쪽 지역에 동서 방향으로 이어지는데 관광객들에게는 '여행자의 길'로 통용된다.

　말리오보로 거리가 단순히 번화한 상업지구가 아닌 전통문화를 체험할 수 있는 지역으로 인식되는 것은 상점과 골목길 곳곳에 자리 잡은 공예품 공방 때문이다. 이 지역에서는 전통 공예 장인과 예

여행자를 기다리는 델만 마부
(출처: unsplash.com)

끄라톤에서
바띡을 만드는 장인들
(출처: unsplash.com)

술가들이 바띡(batik)으로 염색한 천, 가죽 제품을 제작하는 모습을 볼 수 있다. 자바섬 공예의 백미는 2009년 10월 유네스코 무형문화유산으로 지정된 '인도네시아 바띡'이다. 바띡은 '점이나 얼룩이 있는 천'이라는 뜻의 자바어 암바띡(ambatik)에서 유래한다. 뜨거운 밀랍을 이용한 일종의 염색 기법이다. 뜨겁게 달구어진 밀랍을 점과 선의 형태로 찍듯이 문양을 만든 다음 천을 원하는 색에 담그면, 밀랍을 바른 부분을 제외하고 염색이 된다. 마른 밀랍을 제거하고 다시 원하는 위치에 밀랍을 바르는 식으로 여러 번 반복하면, 원하는 문양이 새겨진 바띡이 완성된다.

말리오보로 거리의 동남쪽 지역에는 인도네시아 혁명기 시기 연합군과의 치열한 전쟁 과정을 확인할 수 있는 브레데부그 요새 박물관(Museum Benteng Vredeburg Yogyakarta)이 있다. 이 박물관은 18세기 네덜란드 동인도회사의 요새를 개조한 것이다. 말리오보로 거리의 서쪽 지역에는 인도네시아의 6개 대통령 궁전 중 하나인 그둥아궁(Gedung Agung)이 위치한다. 이 건물 역시 18세기 네덜란드인에 의해 지어지기 시작했는데, 자바 전쟁으로 잠시 중단되었다가 1832년 술탄가의 영웅인 디포네고로(Diponegoro) 왕자에 의해 완성되었다.

술탄 왕가의 거주지이자 자바 전통 건축술의 정수를 보여주는 끄라톤과 물의 궁전인 따만사리(Taman Sari Water Castle)는 말리오보로 거리와 그 인근 지역이 왜 전통문화의 중심지인지를 재삼 확인시켜준다. 끄라톤은 라투(왕과 왕비)가 거주하는 공간이라는 의미다. 현재 족자카르타 특별주의 주지사이자 술탄인 하멩쿠부워노

10세(Sri Sultan Hamengkubuwono X)와 왕족들은 끄라톤에 거주하고 있고, 건물의 일부가 박물관 등으로 활용된다. 끄라톤 인근에 위치한 따만사리는 18세기에 지어진 술탄의 정원이다. 인공호수, 목욕탕, 공연장 등 술탄의 휴식과 즐거움을 위한 공간이었다. 따만사리 역시 자바 전통 건축 양식을 잘 보여주는 유적으로서 일부만 개방된 끄라톤보다 더 많은 관광객이 찾는 장소이기도 하다.

세계 최대 무슬림 국가의
불교와 힌두교 유적

환태평양 조산대, 즉 불의 고리에 위치한 인도네시아는 지진, 화산, 해일 등 자연재해가 빈번하게 발생하는 나라다. '세계 최대 단일 불교 유적', '세계에서 가장 위대한 불교 유적'이라는 화려한 수식어를 가진 보로부두르 사원은 사일렌드라 왕국의 멸망과 함께 약 1000년 동안 은둔의 세월을 보냈다.

나폴레옹 시대 프랑스는 유럽을 제패함과 동시에 아시아로의 진출을 선언했다. 이를 두려워한 영국은 1811년 자바섬 일부를 장악해 인도네시아에 대한 지배권을 공고히 했다. 당시 영국의 식민지 통치관이었던 토머스 스탬퍼드 래플스(Thomas Stamford Raffles)는 조수인 코넬리우스와 함께 마자파힛의 문화유산인 힌두교와 불교 유적을 답사했다. 4년 6개월의 답사를 통해, 결국 1814년 주민들 사이에 구전으로 전해지던 보로부두르 사원[4]을 발견했다. 래플스가

보로부두르 사원
(출처: unsplash.com)

쓴 책 『자바의 역사(The History of Java)』에는 당시 보로부두르의 전경을 묘사한 그림 등이 실려 있다. 이후 20년의 조사 끝에 1835년에 드디어 사원의 모습이 세상에 드러났다.

보로부두르 사원은 족자카르타에서 북서쪽으로 40킬로미터 떨어진 도시인 마글랑(Magelang)에 위치한다. 자바 북동부 지역에서 발원한 사일렌드라 왕국이 점차 남하하면서 자바섬 중동부 지역을 점령했고, 이를 기념하기 위해 건립한 종교 시설이 보로부두르 사원이었다. 8세기부터 9세기까지 수마트라의 위대한 불교 왕국이었던 스리위자야와 긴밀한 관계를 맺으며 부흥했던 사일렌드라 왕국은 보로부두르 건립을 통해 만다라를 지상에 구현한 것이다.

보로부두르 사원에서 보는 일출이 아름답기에 이른 아침 해가 뜨기 전 도착하는 것이 최선이다. 열대 지역의 한낮 더위는 상상을 초월한다. 야자림 너머 1만 2000제곱미터의 면적에 100만 개의 돌을 쌓아올린 위대한 불교 유적을 이른 아침에 방문하는 것은 부처님이 우리에게 전해준 또 다른 지혜다. 보로부두르를 방문하는 관광객 대부분이 족자카르타에 머무르기에 다양한 관람 프로그램을 제공하는 여행사를 말리오보로 거리 곳곳에서 어렵지 않게 찾을 수 있다. 새벽 3시에 출발하는 여행사 차량에 올라탄다면 가이드가 다양한 이야기를 들려준다. 보로부두르 사원의 현황과 관련 전설 등 흥미로운 이야기가 펼쳐진다. 약 1시간 30분이 걸려 도착한 보로부두르는 아직 어둠에 싸여 있어 마치 작은 동산처럼 보이지만, 일출 시각이 다가올수록 해탈을 상징하는 불교의 건축물인 스투파[5]가 하나씩 그 모습을 드러낸다.

일출을 본 후 본격적인 보로부두르 사원 관람이 시작된다. 보로부두르는 총 세 부분으로 구성되어 있다. 5단의 정사각층이 있는 피라미드형 기단, 3단의 원형 받침돌로 이루어진 원뿔형 본체, 맨 꼭대기의 스투파로 이루어져 있다. 바깥에서부터 시계방향으로 부처의 일대기를 약 3킬로미터의 부조로 묘사한 회랑이 펼쳐져 있으며, 그 중심에 부처와 보살을 배치해 우주의 진리인 만다라를 표현했다. 지상에서 정상으로 향하는 공문이라는 아치형 문을 지난 후 계단을 통해 정상에 오를 수 있다. 정상에는 72개의 스투파가 서 있으며, 각각의 스투파 안쪽에 불상이 자리하고 있다.

보로부두르의 웅장함에 여행객들은 감탄사를 연발한다. 그래도 불교 신자에게 더욱 의미가 있는 불교 유적은 인근에 위치한 믄듯(Mendut) 사원일 것이다. 9세기 초반에 세워진 이 불교 사원 역시

• 머라피 화산
(출처: unsplash.com)

•• 프람바난 사원
(출처: unsplash.com)

사일렌드라 왕국의 문화유산이다. '대나무 숲에 있는 사원'이라는 뜻의 믄둣 사원에는 자바 조각의 최고 걸작인 석불삼존상이 있다. 약 3미터 높이의 석가모니 본존불이 중앙을 차지하고, 오른편에 관을 쓴 관음보살상이 있다. 왼편에 있는 반가상은 문수보살로 추정된다. 사원 앞에는 부처님의 깨달음과 관계있는 수령 400년의 보리수나무가 우뚝 서 있다.

믄둣 사원에서 약 한 시간을 이동하면 자바섬 힌두 사원의 백미이자 유네스코 세계문화유산인 프람바난 사원(Candi Prambanan)이 있다. 프람바난 사원은 3개의 동심원 광장으로 설계되었고, 총 224개의 크고 작은 사원이 있었다고 전해진다. 중앙에 위치한 16개의 사원 중 브라마 사원 북쪽, 비슈누 사원 남쪽에는 높이 47미터의 시바 사원이 자리한다. 현재는 화산과 지진 때문에 대부분의 사원이 무너졌고, 6개의 신전과 이들 측면을 호위하는 듯한 12개의 작은 신전 등 총 18개의 신전이 남아 있다.

프람바난 사원은 중부 자바의 힌두 문화를 배경으로 한 산자야 왕국의 문화유산이다. 9세기 중반 산자야 왕국의 라카이 피카탄(Rakai Pikatan) 왕에 의해 축조되었다. 하지만 16세기 '불의 산'이라 불리는 머라피산의 분화와 화산재 그리고 지진에 의해 파괴되었고, 20세기 초반까지 사실상 방치되어 있었다. 1918년 인도네시아 정부에 의해 복원이 시작되었고, 주 신전을 비롯해 18개의 신전이 1953년에야 복원되었다. 하지만 2006년 5월 27일 지진으로 일부 신전이 다시 무너졌다.

프람바난 사원 중 힌두교 최고신인 시바의 이름이 붙은 시바신전은 한 변이 34미터인 정사각형 모양의 기단 위에 피라미드식으로 돌을 쌓아올렸는데 그 높이가 47미터에 달한다. 기단에는 사자와 새들이 부조로 새겨져 있다. 동서남북 방향으로 나 있는 계단을 통해 시바 사원으로 들어가면 총 4개의 석실이 있다. 중앙 법당에는 시바 상이 있고, 북쪽 법당에는 시바의 부인인 데위 두르가 마히사수라마르디니(Dewi Durga Mahisasuramardhini) 상이 있으며, 서쪽 법당에는 코끼리 두상을 한 시바의 아들인 가네샤(Ganesya) 상이 있다. 남쪽 법당에는 시바신의 스승인 아가스티아(Agastya) 상이 함께 있다.

위대한 문화유산에는 후대 사람들에게 구전으로 전해지는 다양한 전설이 함께하기 마련이다. 프람바난 사원의 별칭은 '아름다운 처녀'라는 뜻의 로로 종그랑(Roro Jonggrang) 사원이다. 이 별칭은 시바의 부인인 두르가 신상과 관련되어 있다.

로로 종그랑이라는 아름다운 공주가 있었다. 그런데 이웃 왕국의 왕자가 침략해와 왕이 죽자 공주는 그 왕자와 결혼해야 하는 처지가 되었다. 그녀는 왕자에게 하룻밤에 2개의 우물과 천 개의 사원을 세우면 그와 결혼하겠다고 말한다. 왕자는 혼령들을 동원해 2개의 우물과 사원을 세웠지만, 로로 종그랑의 방해로 마지막 사원 하나를 세우지 못했다. 화가 난 왕자는 공주가 천 번째 사원이 될 것이라며 저주를 내렸다. 그의 저주로 로로 종그랑 공주는 돌조각상으로 변했다. 이후 돌조각상 주변으로 바위들이 스스로 움직이더니 천 번째 사원이 완성되었다. 이 돌조각상을 후대 사람들은 두르가 신상으로 여겼으며, 이 신상을 만지면 예뻐진다는 믿음이 전해진다.

자바 음식의 원산지 족자카르타

수십 년 전만 해도 한국에서 가장 많은 식당 이름이 '전주식당'이었다. '맛의 고장' 전주라는 상징성을 활용하기 위함이었다. 인도네시아에서는 수마트라섬에 위치한 파당(padang)이 대표적인 맛의 고장이다. 족자카르타 역시 자바 음식의 본거지로 생각되기에 자바섬의 여러 도시에서는 '족자카르타 출신', '족자카르타에서 시작된 음식점' 등의 명칭을 사용한다.

족자카르타 도심을 지나가다 보면 먹을거리를 파는 가판을 흔히 볼 수 있다. 족자카르타 시민들은 가판 옆에 깔아놓은 매트에 앉아서 가족이나 친구들과 함께 즐거운 식사 시간을 갖는다. '낮은' 혹은 '바닥'이라는 뜻의 레세한(lesehan)은 매트나 마루에 앉아 음식이나 무언가를 사고파는 문화적 행위를 지칭한다.

족자카르타 시민들이 매트에 앉아서 먹는 대표적인 음식 중 하나가 구득(Gudeg)이다. 구득은 열대 과일인 잭푸르트를 스튜처럼 만든 요리다. 덜 익은 잭푸르트를 설탕, 코코넛 밀크, 고추, 마늘, 셜롯, 고수 씨, 갈랑갈(galangal), 월계수 잎 등과 함께 넣어 진득하게 끓여서 먹는다. 특히 족자카르타에서 구득을 파는 유명 식당들은 구득을 끓이는 데 가스레인지나 전기스토브를 사용하지 않고 장작과 숯을 이용해야 진정한 맛을 낼 수 있다고 강조한다. 구득 자체로 먹기도 하지만 달걀, 밥, 두부 등과 섞어서 먹거나 닭고기나 튀긴 소고기 요리의 양념으로 활용하기도 한다. 자바인들은 레세한 문화와 구득을 전통적인 음식 문화로 여기며, 이러한 전통이 시작되고 잘 보존된 지역이 족자카르타라고 믿고 있다.

구득과 관련한 이야기도 많다. 구득을 가장 맛있게 만들었다는 음바 린두(Mbah Lindu)는 전설적인 인물로 기억된다. 그는 80년 동안 숯불을 이용해 구득을 만들었고, 매일 아침 그것을 가지고 집에서 4킬로미터가 넘는 거리를 걸어 족자카르타 중심가로 나왔다. 그가 2020년 12월 7일 100세의 나이로 사망한 뒤에는 딸이 어머니의 유지를 받들어 같은 방식으로 구득을 만들고 있다. 말리오보로 거리 인근에는 여전히 린두 여사의 가게가 운영 중이다. 대표적인 서민 음식이라는 명성에 걸맞게 우리 돈 2000원 정도면 아침 한 끼를 해결할 수 있다.

종족별·지역별 분리와 차별로 인해 인도네시아는 '자바인의 나라'로 불린다. 따라서 족자카르타의 음식은 인도네시아 국민 음식으로 여겨지지만, 여전히 이 지역 음식은 중부 자바의 지역적 색채가 강하다. 앞서 소개한 구득 외에도 디저트와 간식으로 분류되는 자잔 파사르(Jajan pasar) 역시 족자카르타를 대표하는 지역 음식이다.

자잔 파사르는 시장이나 길거리에서 파는 각종 간식이라는 의미다. 간식의 종류는 수십 가지이지만 이들 음식에 거의 공통적으로 들어가는 재료는 야자나무 수액을 끓여 얻은 공러딩(palm sugar, 일종의 설탕), 찹쌀가루, 카사바 가루, 코코넛이다. 자잔은 원재료에 따라 다양한 종류의 간식으로 변신하는데, 루피스(Lupis)가 대표적이다. 루피스는 찹쌀을 떡처럼 만들어 바나나 잎으로 감싼 것이다. 손님에게 내놓을 때 김밥을 자르듯 몇 조각을 바나나 잎 위에 잘라 놓은 후 카사바로 만든 가또(gatot), 코코넛 가루와 설탕으로 만든

현대식으로 만들어진 자잔 파사르
(출처: unsplash.com)

세닐(cenil)을 더한다. 루피스 위에 강판에 간 코코넛 가루와 종려당을 뿌리면 완성된다.

이외에도 찹쌀과 종려당으로 만든 클레폰(klepon), 쌀, 코코넛 밀크, 설탕으로 만든 나가사리(nagasari) 등이 있다. 구득과 함께 족자카르타를 대표하는 음식인 만큼 자잔 파사르와 관련된 유명한 인물도 있다. 음바 사티넘(Mbah Satinem)은 가장 전통적인 방식으로 자잔 파사르를 만든다는 평가를 받은 인물이다. 사티넘 여사는 50년이 넘는 세월 동안 매일 아침 6시부터 자잔을 팔고 있다. 그가 도착하기 전부터 수십 명의 손님이 기다리고 있어 아침 8시 전후가 되면 그날 준비한 음식이 다 소진된다. 제2대 대통령인 수하르토 역시 사티넘 여사의 자잔을 높게 평가했는데, 매번 보좌관을 시켜 그가 만든 루피스를 사오게 했다는 일화가 전해진다. 족자카르타뿐만 아니라 인도네시아 전 지역에서 사티넘 여사의 명성은 자자하지만, 여전히 그는 같은 장소에서 1인분에 800원짜리 자잔을 팔고 있다.

자바의 전통 음식으로 한 끼 식사와 간식을 먹었으니 이제는 음료수를 마실 차례다. 그것도 몸에 좋은 다양한 약초가 들어간 인도네시아 전통 치료제의 일종인 자무(jamu)를 마셔보자. 자무는 인도네시아 전통의학을 뜻하는 말이다. 인도네시아에서는 약용 작물의 뿌리, 열매, 줄기, 꽃, 씨앗, 과일 등의 천연 재료를 섞어 자무를 만든다. 조코 위도도(Joko Widodo) 대통령 역시 자무의 열성적인 애호가로서 매일 아침 자무와 함께 하루를 시작한다.[6]

족자카르타 곳곳에는 자무의 재료와 음료를 판매하는 다양한 상점이 있다. 끄라톤에서 그리 멀지 않은 곳에 위치한 '자무 쩨꼭 잠

- 인도네시아의 대표 음식 중 하나인 나시고렝
- 자무 음료에 들어가는 다양한 약용 작물
  (출처: Pixabay.com)

피(Jamu Cekok Jampi)'는 1875년에 개업한 자무 전문 상점이다. 족자카르타 주민들은 자무를 사기 위해 전문 상점을 찾기도 하지만, 대부분 등짐을 지고 자무를 팔러 다니는 '자무 아주머니'에게 음료를 산다. 한 잔에 대략 1000원이면 몸과 마음을 챙길 수 있는 자무를 마실 수 있다.

족자카르타는 인도네시아의 숨은 보석임은 분명하다. 도시화의 절정에 달한 자카르타와 관광지로서 엄청난 명성을 지닌 발리는 일반 여행객에게 다양한 만족감을 준다. 더욱이 인천 국제공항에서 직항로가 연결되기에 여행의 편의성과 만족감은 더욱 높다. 그럼에도 이 두 도시가 그 명성만큼 개개인에게 충분한 만족감을 주는지는 여전히 의문이 남는다. 동남아시아의 여느 도시와 달리 매우 높은 여행 비용, 교통 체증, 환경오염, 어디서 경험한 듯한 관광 상품은 여행의 만족도를 떨어뜨리는 요인이다.

이에 반해 족자카르타는 자바의 전통문화를 충분히 체험할 수 있는 지역이다. 음식, 전통 공예, 문화유산, 사람 등 어쩌면 '진짜' 자바를 만날 수 있는 도시가 바로 족자카르타. 지면의 한계로 소개하지 못했지만 족자카르타는 산과 해안이 가깝다는 장점도 있다. 대략 한 시간 거리에 신비로운 풍경을 선사하는 울창한 밀림과 산들이 즐비하다. 족자카르타 남쪽의 인도양과 마주한 해안은 발리의 번잡하고 상업성이 짙은 해변과는 다른 풍경과 느낌을 여행자에게 선사할 것이다. 인도네시아의 숨은 보석인 족자카르타는 우리에게 그리 멀지 않은 곳에 있다.

∗ 정정훈

05

덴파사르,
신들의 섬에 사는 발리 사람들

Denpasar

인천공항에서 출발한 항공기는 약 일곱 시간의 비행 끝에 발리섬의 '이 구스티 응우라-라이 국제공항'에 도착했다. 항공기가 안전하게 착륙하자 기장은 덴파사르 국제공항에 도착했음을 승객들에게 알린다. 하지만 여행객 대부분은 이 섬의 주도인 덴파사르를 방문할 일이 거의 없다. 입국 시와 귀국 시 발권되는 티켓에 약자로 'DPS (DENPASAR)'로 기재되거나 기장의 안내방송에서만 만날 수 있을 뿐이다. 더욱이 덴파사르 국제공항이라는 명칭과 달리, 이 공항의 실제 위치는 발리 남부 지역의 투반(Tuban)에 위치한다. 관광객의 대다수는 덴파사르에 도착하지만 덴파사르를 방문한 적이 없는 이상한 상황에 처하게 된다.

인도네시아에는 총 34개 주가 있으며, 우리에게 잘 알려진 발리섬은 그 자체로 발리주를 이룬다. 발리주는 8개 군과 1개 시로 구성되는데, 이 1개 시가 주도인 덴파사르다.[1] 덴파사르는 발리 전체 인구의 대략 4분의 1인 80만 명이 거주하지만, 대부분의 관광객에게 인식되지 않는 미지의 도시이기도 하다.

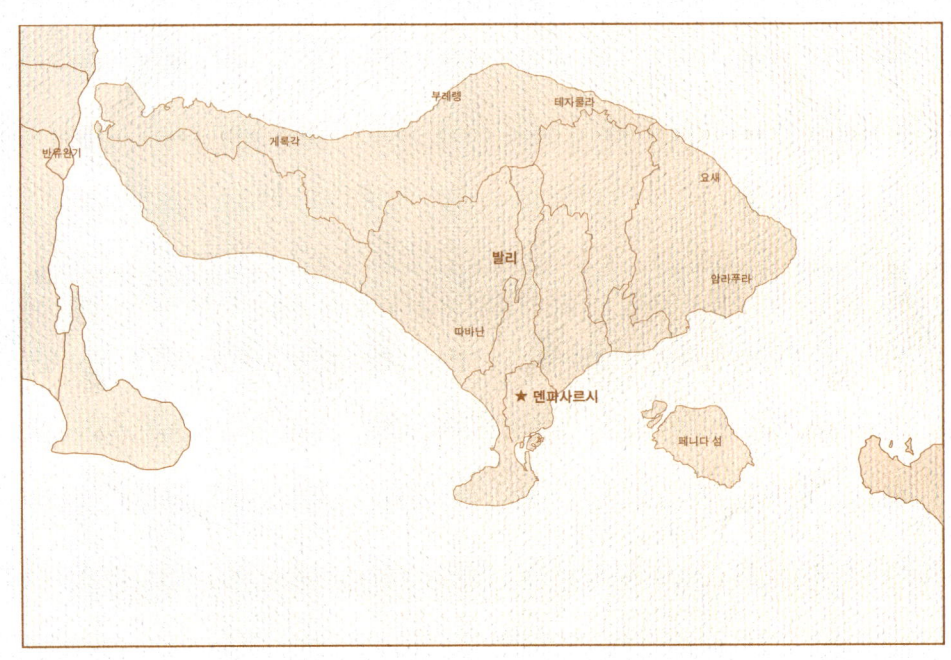

덴파사르시, 발리 지도

관광객이 덴파사르를 방문하지 않는 데에는 여러 가지 이유가 있지만, 무엇보다 관광객의 흥미를 끌 만한 관광지가 없기 때문이다.[2] 발리의 역사는 관광의 역사라고 할 만큼, 관광은 발리의 정치·경제·사회·문화적 변화를 불러왔다. 관광산업이 발달하면서 발리섬에는 다양한 인프라가 구축되었고, 발리인의 삶 역시 이와 밀접하게 연관되었다. 발리 관광은 시대별로 변화를 겪었는데 과거부터 최근까지 가장 주목받은 관광자원은 요가와 서핑이다. 인도 힌두교 문화와 유사한 점과 정신적 측면이 절묘하게 조화되어 장소성이 부여된 우붓(Ubud)은 새로운 요가의 중심지로 각광받고 있다. 다양한 형태의 파도, 서핑과 관련한 인프라가 수십 년간 구축된 꾸따(Kuta)와 르기안(Legian) 등의 해안 지역은 세계적인 서핑 명소로 알려져 있다.

덴파사르는 관광객의 흥미를 불러일으킬 만한 관광 요소가 풍부한 지역은 아니다. 도리어 정치·경제·교육의 중심지 역할을 수행하는 과정에서 도시화가 진전되고, 이 과정에서 환경오염과 교통체증 등 관광에 부정적인 면이 가속화되었다. 발리의 힌두교는 조상신과 정령신 등 다양한 신을 의례와 일상에서 모시면서 다양한 제의를 펼친다. 이 때문에 서구인들은 일찍이 이 섬을 '신들의 섬'으로 명명했고, 이는 발리의 신비한 풍경과 특색 있는 전통문화가 조화를 이루면서 관광지로 성장하는 데 일조했다. 이에 반해 덴파사르는 공공시설, 상업시설, 교육시설 등 살아가는 데 필수적인 요소를 적재적소에 제공하는 공간으로 기능한다. 신들의 섬에서 발리인을 만날 수 있는 공간이 덴파사르다.

바둥 뿌뿌딴,
저항을 상징하는 국가 유산

인도네시아 말루쿠 군도에서 생산되는 향신료는 16세기 네덜란드와 영국 등 유럽 강대국이 아시아 지역에 눈을 돌리게 한 작물이었다. 무역을 빙자한 약탈이 지속되었고 대항해시대 네덜란드 왕국은 동인도회사를 통해 인도네시아 지역을 지배했다. 네덜란드의 한 탐험가가 1579년 자바섬 동쪽에 위치한 발리섬에 도착했다. 하지만 18세기까지 네덜란드 식민정부에게 발리는 별로 매력적인 섬이 아니었다. 당시 네덜란드가 관심을 갖고 있던 육두구, 정향, 커피, 사탕수수 등 향신료와 상품작물이 발리에서는 충분히 생산되지 않았기 때문이다. 단지 풍부한 쌀, 노예무역을 위한 인력 공급지, 인도네시아 동부 지역과 오스트레일리아 대륙을 연결하는 중계무역항으로 활용되었다.

19세기 중반 이후 제국주의 시대가 시작되면서 네덜란드는 인도네시아 전 지역에 대한 식민지화를 추진했다. 네덜란드 식민 당국은 1846년 발리섬 북부의 싱아라자 항구가 있던 불레렝(Buleleng) 왕국을 시작으로 1906년부터 1908년까지 바둥(Badung), 타바난(Tabanan), 클룬쿵(Klungkung) 왕국까지 8개 소왕국을 정복했다. 네덜란드 식민정부에 의해 소왕국이 정복당하던 시기에 일어난 가장 비극적인 사건은 1906년 9월 바둥 왕가의 '뿌뿌딴(puputan)'이다. 당시 바둥 왕가가 지배한 지역은 현재 발리 덴파사르와 사누르의 해안이었다. 중국의 무역선이 사누르 해안에서 난파되었고, 네덜

1906년 바둥 왕가의 뿌뿌딴
(출처: Bali Museum)

란드는 이를 바둥 왕가에 의한 약탈로 규정함으로써 대규모 군대를 보내는 구실로 삼았다. 항복 이후 조약을 맺을 것을 요구했지만 바둥의 왕(rajah)은 이를 거부했다. 결국 1906년 네덜란드군은 사누르 해안에서 왕국의 중심이었던 덴파사르로 향했다.

덴파사르에 도착한 네덜란드군은 기존의 전투와 다른 모습에 직면했다. 1906년 9월 20일 행진의 선두에 있던 왕이 타고 있던 가마에서 내리자, 힌두교 사제는 왕의 뜻에 따라 크리스(keris, 단도)를 왕의 가슴에 꽂았다. 왕을 따르던 귀족과 주민들도 자결을 선택했다. 아이를 안고 있던 여성은 보석과 금화를 네덜란드 군대를 향해 던짐으로써 그들을 조롱했다. 당황한 네덜란드 군인들은 소총과 포탄을 난사했고, 수백 명의 주민이 현장에서 죽임을 당했다. 발리인은 네덜란드군의 엄청난 화기를 이미 경험했기에 포로로 잡히기보다는 마지막 항전이자 무저항 자결 행진을 택했던 것이다. 1906년부터 1908년까지 약 1000여 명의 발리인이 명예의 죽음 행진을 선택했다. 이후 발리 전 지역은 네덜란드령 동인도의 일부에 포함되었다.

덴파사르 중심가에서는 지금도 '바둥 뿌뿌딴'을 기념하는 장소와 상징물을 만날 수 있다. 바둥 뿌뿌딴은 발리를 넘어 전 인도네시아 국민에게 저항을 상징하는 국가 유산이다. 따라서 인도네시아인에게 뿌뿌딴 공원(Taman Puputan Badung), 자갓나타 사원(Pura Jagatnatha), 발리주립박물관(Museum Negeri Propinsi Bali)은 발리의 역사와 문화를 경험할 수 있는 공간이다. 약 100년 전 수많은 사람이 명예로운 죽음을 선택했던 자리에 뿌뿌딴 공원과 기념조형물을 건립하여 이들의 정신을 기린다. 기념조형물은 네덜란드 군대에 대항해 보잘것없는 무기를 들고 영웅적인 자세를 취한 3명의 발리인 가족을 묘사한다. 여성의 왼손에는 네덜란드군을 조롱하려고 던진 보석이 들려 있다.

1953년에 세워진 자갓나타 사원은 발리인의 종교적 정체성을 보여주는 기념물이다. 발리섬을 대표하는 이 사원은 힌두교의 최고신인 상향 위디(Sanghyang Widi)를 모신다. 발리 힌두교는 신이 특정한 의례일에 천상에서 지상으로 내려온다는 믿음에 기초한다. 따라서 힌두교 사원에는 신이 강림하는 장소인 파드마사나(Padmasana)가 화려하게 치장한 채 서 있다. 자갓나타 사원 역시 발리의 대표 사원이자 세계의 근원이라는 믿음이 있기에 화려한 부조 조각을 더한 채 도심 중앙에 우뚝 서 있다.

도시의 역사와 문화를 이해하기 위한 정확하고, 손쉽고, 효율적인 방법은 그 지역의 대표 박물관을 방문하는 것이다. 발리주립박물관은 발리인의 역사와 문화를 가장 체계적으로 확인할 수 있는 장소다. 더욱이 과거 발리 소왕국의 건축 양식으로 지어진 다양한 형태의 건물에 수백 개의 유물이 전시되어 있다. 관광객이 거의 방문하지 않는 곳이라 사람이 붐비지 않는 강점도 있다.

네덜란드가 발리를 식민 지배하기 시작한 시점부터 제2차 세계대전까지 발리섬의 주도이자 주요 도시는 북부의 항구도시인 싱아라자였다. 발리섬을 둘러싼 산호초와 절벽으로 된 해안은 천혜의 요새였기에 무역선과 함정이 난파되는 일이 자주 있었다. 따라서 자바해에 직접 연결될 뿐만 아니라 수심이 깊고 물살이 잔잔한 싱

쿰바사리 예술시장
(출처: Unsplash.com)

아라자항이 주요 항구로 이용되었다. 이에 반해 당시 덴파사르는 발리 소왕국 주민들의 상업 중심지로 성장하고 있었다. 또한 싱아라자로 입항한 다양한 국적의 상인들 역시 덴파사르를 중심으로 상업활동을 영위했다. 도시의 북쪽에 위치한 쿰바사리 예술시장(Art Market Kumbasari, 옛 명칭은 Pasar Priyuk)이 도시의 중심이었기 때문이다.

비키 바움(Vicki Baum)[3]이 1930년대 덴파사르를 배경으로 쓴 소설 『발리에서 사랑과 죽음』에는 다국적 상인들의 경합지였던 덴파사르의 풍경이 나온다. "우리가 덴파사르로 불리기도 한 바둥 도심을 지나갈 때 중국인, 인도인, 일본인, 아랍인이 운영하는 흥미로운 작은 부스 형태의 거리 상점을 볼 수 있었다."

현재도 덴파사르의 주요 시장인 바둥 시장(Pasar Badung)을 중심으로 인근의 가자마다 길(Jalan Gajah Mada)에는 중국 산둥 출신의 중국계 발리인과 예멘 출신의 아랍계 발리인들이 식당, 금은방, 원단가게, 약국 등을 대를 이어 운영하고 있다. 가자마다 길을 따라 1층은 상점, 2층과 3층은 수거지로 사용되는 부코(ruko)[4]가 줄지어 있고, 인근에는 옛 네덜란드 식민정부의 관공서, 호텔, 발리 전통 양시이 집이 있다. 따라서 시민지 시대 덴파사르이 중신가는 가 종주의 고유 건축물들이 들어선 국제적인 도시이자, 다양한 국적의 사람들이 상호 협력하는 코즈모폴리턴이 모여 사는 공간이었다.

발리 관광은 덴파사르에서 시작되었다!

발리 전 지역에 대한 네덜란드의 식민지화가 완료된 시점인 1908년 이후 발리섬을 포함해 인도네시아 군도의 관광이 시작되었다. 당시 발리섬은 '소순다 열도의 보석'으로 관광객에게 소개되었고, 1920년대 들어 네덜란드 회사의 정기 증기선이 운항되면서 본격적으로 관광이 시작되었다. 당시 증기선은 네덜란드의 로열패킷회사(Koninklijke Paketvaart-Maatschappij: KPM)가 돼지, 쌀, 코코넛, 커피 등을 운반하는 상선으로 운영했기에 '돼지 특급(pig express)'으로 불렸다. KPM은 매주 바타비아(지금의 자카르타), 발리, 싱가포르, 스마랑, 수라바야, 마카사르를 오가는 화물선을 운행했으며, 일부 남은 좌석을 활용해 발리로 관광객을 실어 날랐다. 초기 관광객은 금요일 아침부터 일요일까지 2박 3일 일정으로 관광을 했다.

당시 관광객은 싱아라자 항구에 입항한 후 문둑(Munduk), 킨타마니(Kintamani), 기안야르(Gianyar), 우붓 그리고 덴파사르까지 이어진 도로를 통해 이국적인 풍경과 전통 무용 등을 즐겼다. 1920년대 중반에 이르면 대략 5일 일정의 발리 관광이 성행했다. 당시 덴파사르에 도착한 관광객은 발리 최초의 국제호텔인 발리 호텔에 머물렀다. 발리 호텔은 1927년 KPM에 의해 지어졌는데, 찰리 채플린 같은 유명인사들은 호텔에 머무는 동안 네덜란드식 만찬을 즐기면서 발리 무용수들의 공연을 관람했다.[5] 제2차 세계대전 이전까지 발리를 찾는 관광객이 매달 수백 명에 달할 만큼 발리섬은 국제적인 관광지였다. 현재 발리 호텔은 뿌뿌딴 광장의 북쪽 지역에 '인나 발리 헤리티지 호텔(Inna Bali Heritage Hotel)'로 이름을 바꾸어 옛 명성을 이어가고 있다.

해 질 무렵 르논 공원의 덴파사르 사람들

발리섬은 북쪽으로 갈수록 험준한 산지가 이어진다.[6] 따라서 넓은 평야지대인 남부 지역을 중심으로 관광산업이 발전했다. 남부 지역의 유명 관광지인 쿠타, 사누르, 누사두아, 스미냑은 세계적인 관광지이며, 이 지역에 거주하는 발리 주민들 대부분은 관광과 관련된 산업에 종사한다. 덴파사르에 거주하는 주민들 역시 관광산업과 직간접적으로 연관되어 있다. 그렇다면 관광지의 삶이 아닌 평범한 일상을 살아가는 발리인의 삶을 느낄 수 있는 장소는 어디일까?

가장 적절한 장소로 덴파사르 남서부에 위치한 르논(Renon) 지역을 꼽을 수 있다. 발리 주민들에게 르논 지역은 복잡한 덴파사르시 구노심과 달리 잘 구획된 도로와 도심의 번갑함을 피할 수 있는 곳이다. 또한 발리 주지사 관저, 주 의회 의사당, 이민국 등 관공서 건물과 한국, 일본, 오스트레일리아의 영사관이 있는 곳이다.

르논 지역에는 현지인을 대상으로 하는 커피숍, 고급식당, 패션 부티크, 고급 미용실 등이 즐비하다. 르논 공원은 잘 가꾸어진 나무와 분수, 테라스가 자연스럽게 어우러져 있고, 공원 중심부에는 육상 트랙, 배드민턴 경기장, 배구장, 축구장 등 운동시설이 잘 갖추어져 있다. 이른 아침 운동을 하는 주민이나 점심 식사 후 산책을 하는 인근 직장인을 만날 수 있는 장소다. 한낮의 더위가 물러간 오후 6시 전후로 덴파사르 시민들은 르논 공원을 많이 찾는다. 르논 공원은 가족이나 지인과 함께 산책을 하거나 배드민턴을 치는 시민들과 길거리 음식을 파는 상인들로 불야성을 이룬다. 인근 식당에서 외식을 하는 발리인 가족을 만날 수도 있다.

르논 공원에서 여행객에게 가장 매력적인 관광지는 공원 중앙에 위치한 직사각형의 거대한 바즈라산디 기념비(Bajra Sandhi Monument)다. 이 기념비는 1987년에 건설되기 시작해 2004년에 완공되었다. 총 3개의 건축물이 층층이 탑의 형태를 이룬다. 바즈라산디는 그 자체로 기념비이자 박물관 역할을 한다. 발리섬에 사람이 살았다고 추정되는 기원전 3000년부터 현재까지의 역사를 33개의 디오라마 형태로 보여준다. 기념비의 최상층에는 덴파사르시를 360도 조망할 수 있는 전망대가 설치되어 멋진 풍광을 관람할 수도 있다.

신들의 섬에서 만나는 전통 무용과 음악

르논 공원에서 북쪽으로 차로 약 10여 분 이동하면 발리의 다양한 예술을 경험할 수 있는 '웨르디부다야 아트센터(Werdhi Budaya Art Centre)'를 만날 수 있다. 발리는 과거부터 '지상 최후의 낙원', '신들의 섬'으로 불리는 등 다양한 의례가 일상적으로 행해지던 곳이었다. 미국의 인류학자 기어츠는 발리인을 "동남아시아에서 가장 우아하고 아름다운 주술적 신앙과 관행을 가진 사람들"로 묘사했다. 발리의 어원 역시 '제물 등을 바치다'라는 의미를 가진 산스크리트어 '와리(wari)'인데, 발리 힌두교의 믿음의 기반은 천상계의 신에게 무언가를 바치는 행위의 일상적 반복이다.

발리의 이국적인 풍경과 특색 있는 전통은 서구 예술인들의 시선을 끌기에 충분했다. 크라우스(Gregory Krauss), 스피스(Walter Spies), 보넷(Rudolf Bonnet) 등은 발리에 머물면서 발리의 전통문화를 서구 세계에 소개하는 데 집중했다. 한편으로 발리의 예술가들은 서양의 근대적인 예술기법인 원근법과 그림물감을 전통 방식과 혼합해 독창적인 회화 양식을 선보이기도 했다.

신의 강림을 기원하는 발리인에게 전통 무용과 음악은 발리 예술의 또 다른 측면이다. 대중에게 가장 잘 알려진 춤은 레공(legong), 바롱(barong), 께짝(Kecak) 댄스다. 레공은 어린 소녀들이 추는 춤으로 화려한 의상을 입은 무용수가 다양한 손동작을 통해 신을 향한 마음을 표현한다. 바롱은 선의 상징인 바롱과 악의 화신인 마녀 란다의 전설에 기초한다. 바롱은 힌두교 서사시 《마하바라타》를 바탕으로 각색되어 관광상품으로 공연되거나, 마을 의례에서 연행되기도 한다. 께짝 댄스는 신에게 제물을 바친 후 시작되는데, 소위 원숭이 춤이라고 불린다. 수십 명의 남성이 모닥불을 중심으로 둥그런 원을 만든 후 개구리 울음소리인 "께짝께짝"을 합창한다. 원숭이 군단의 군무와 라마야나 이야기에 기초한 춤이 한데 어우러져 한 편의 종합 예능이 된다.[7]

• 레공(출처: Pixabay)　•• 바롱(출처: Pixabay)　••• 께짝 댄스(출처: Pixabay)

음악, 무용, 회화 등 발리의 전통과 종교에서 비롯된 다양한 예술로 인해 발리섬은 일반적인 휴양지와 차별성을 갖고 있다. 웨르디부다야 아트센터는 다양한 발리 예술을 한곳에서 경험할 수 있는 유일한 장소이기도 하다. 아트센터는 전통 사원과 왕궁 건축을 모티프로 건립되었고, 건물을 둘러싼 열대의 정원은 한낮의 무더위를 피하려는 시민들과 여행객에게 휴식 장소가 된다.

아트센터는 1976년 발리 전통 예술의 보존과 전승을 위해 설립되었다. 특히 발리 전통에 관심이 있는 여행객에게 전통 예술을 체계적으로 시연하고 이를 관광자원으로 활용하기 위함이다. 물론 당시의 시대적 상황도 고려해야 한다. 인도네시아의 국가이념이 '다양성 속의 통일'인 만큼 하나의 국가 만들기는 인도네시아에서 가장 중요한 사회문화적 담론이 되었다. 이런 상황에서 1970년대 아체, 리아우, 말루쿠, 파푸아, 술라웨시 지역의 종족 갈등과 분리독립운동은 인도네시아의 정치적·사회적 혼란의 시발점이 되었다. 수하르토 대통령은 이러한 일련의 저항운동을 저지하기 위해 무력과 문화통치를 지역과 종족에 따라 다르게 활용했다.

발리의 경우 일종의 지역 문화 양성 정책이라는 문화통치를 앞세웠다. 수하르토 정부는 경제 개발 5개년 계획(Repelita I: 1969-1973)에서 발리섬을 관광을 통한 경제 성장의 근거지로 활용했다. 이 과정에서 발리의 전통 건물, 언어, 춤, 회화 등을 조사하고 보존했다. 물론 이러한 조사의 이면에는 각 종족의 고유 문화를 인도네시아 한 지역의 문화로 만들려는 문화·정치적 측면이 크게 작용했다. 즉 발리 전통에 대한 보존이 종족 정체성의 발현이 아닌, 인도네시아의 여러 지역 중 하나의 주라는 지역 정체성을 강조하기 위한 수단으로 활용된 것이다.

웨르디부다야 아트센터에서 매년 6월부터 7월까지 개최되는 '발리 아트 페스티벌'은 인도네시아 문화정책의 방향성을 보여주는 대표적인 행사다. 발리 전역의 지자체와 마을 주민들이 경쟁적으로 경연을 펼친다. 관광객 입장에서는 이러한 페스티벌 자체가 지역의 전통 예술을 새롭게 인식할 수 있는 기회이자, 그 자체로 다양한 문화 체험을 할 수 있는 축제가 된다.

발리 아트 페스티벌과 같은 특정한 행사 외에도 아트센터에서는 상설·비상설 전시와 특별 행사를 관람할 수 있다. 아르하찬드라(Ardha Candra)는 최대 600명을 수용할 수 있는 원형극장으로 발레, 연극 등의 공연이 열리는 곳이다. 크시라나와(Ksirarnawa) 극장은 800명을 수용할 수 있는 공간으로 실내공연 위주의 행사가 개최된다. 아트센터 북쪽에 위치한 크리야(Kriya)에서는 발리의 그림, 조각, 수공예품과 관련된 전시가 개최된다.

세계적 관광지인 발리에서 덴파사르는 매우 독특한 위치에 있는 도시다. 덴파사르시를 둘러싼 스미냑, 우붓, 사누르, 쿠타 지역은 세계적인 관광지로 각광받고 있지만, 정작 발리인의 정치·경제·교육의 중심지인 덴파사르는 그렇지 못하다. 어쩌면 덴파사르 시민들 스스로가 관광지로 발전하기를 원하지 않을 수도 있다. 관광산업이 경제적 부를 가져다줄 수는 있겠지만, 한편으로는 공동체의 파괴와 환경오염 등의 문제를 야기하기 때문이다.

제1차 세계대전 이후 전쟁의 참상을 겪은 서구인들은 현대 문명에 대한 비판적인 인식에서 '진짜'를 찾기 위해 노력했다. 그들은 '에덴의 가든'이나 '진짜'의 이미지를 발리에서 찾고자 했다. 과거에 대한 복고적인 향수를 발리섬에서 찾을 수 있다고 믿었던 것이다. '관광지 발리'는 1920년대 이러한 믿음에서 시작되었고, 한 해 500만 명의 외국인이 찾는 세계적인 관광지가 되었다. 하지만 발리섬의 상업화에 따라 관광객의 여행 만족도가 점점 더 낮아지는 상황이 벌어지기도 한다. 공정관광, 대안관광, 생태관광 등 좀 더 나은 관광을 위한 다양한 방법이 모색되고 있다. 어쩌면 100년 전 서구인이 찾았던 '진짜 발리'나 좀 더 나은 여행을 찾는 현대인에게 발리인의 진정한 삶이 펼쳐지는 덴파사르가 새로운 대안이 되지 않을까?

★ 정정훈

06

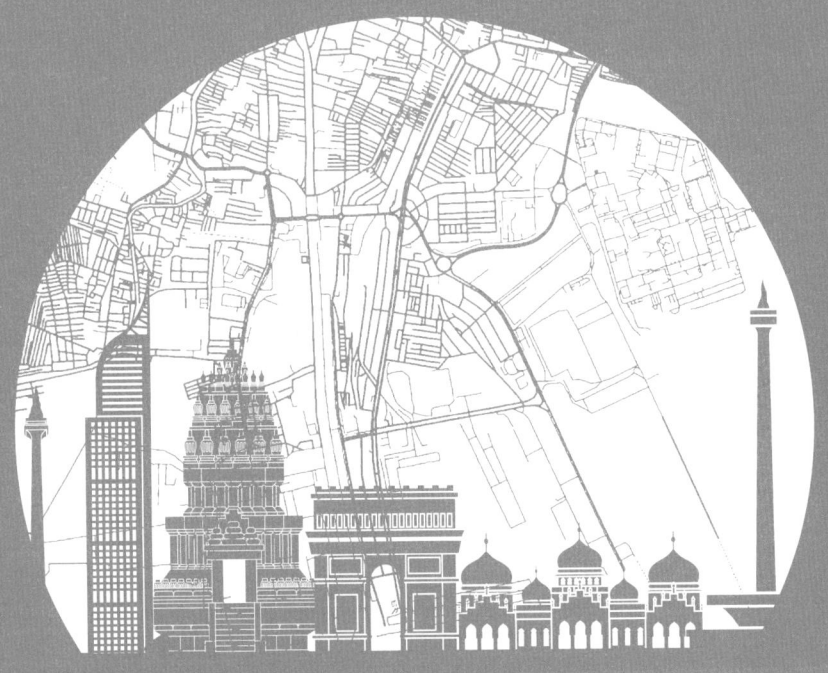

수라바야,
행복한 2등 도시

Surabaya

각국의 제2의 도시는 제법 큰 규모와 인구를 갖고 있지만, 제1의 도시가 가진 규모와 위상 때문에 사람들에게 널리 인식되지 않는다. 때로는 해당 도시에 위치한 건축물의 규모와 역사에도 '두 번째'라는 수식어가 붙기도 한다.[1] 한국과 일본의 제2의 도시인 부산과 오사카는 그 도시만의 고유한 특징이 매력적이지만, 제1의 도시인 서울과 도쿄에 비해 국제적인 인지도가 낮은 것은 사실이다.

인도네시아의 수라바야는 동부 자바주의 주도로 자바섬 북동해안의 산업 중심지다. 하지만 인도네시아 제1의 도시이자 수도인 자카르타에 비해 상대적으로 덜 알려져 있다. 인도네시아에서 두 번째로 큰 사원인 수라바야 이슬람 사원(Masjid Nasional Al-Akbar Surabaya), 두 번째로 많은 물동량과 규모를 자랑하는 딴중페락 창구(Pelabuhan Tanjung Perak)와 같이 도시의 주요 건축물도 '영원한 2등'으로 인식된다.

인도네시아 제2의 도시인 수라바야 중심부에는 약 290만 명, 범위를 넓혀 수라바야 광역 대도시권(Grebangkertosusila)은 약 1000만 명의 인구가 거주한다. 수라바야는 마두라 해협에 있는 자바섬 북

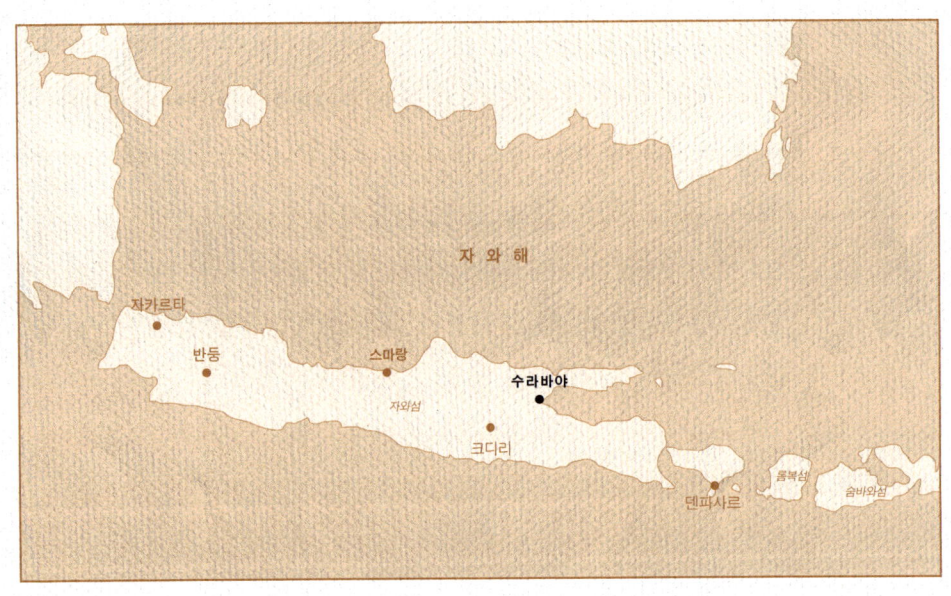

자바섬 동북부에 위치한 수라바야시
(출처: Google Maps)

동쪽 경계선에 위치하며, 동부 자바의 가장 큰 강인 브란타스강의 두 갈래 중 하나인 칼리마스강 하구의 저지대에 인접한다.

수라바야는 '영웅의 도시(Kota Pahlawan)'라는 별칭으로도 불린다. 인도네시아가 300여 년에 걸친 네덜란드 식민의 역사를 청산하는 데 가장 중요한 역할을 했던 상징성 때문이다. 네덜란드 식민 지배 기간인 18~19세기 네덜란드령 동인도의 최대 도시라는 이름에 걸맞게 오랫동안 경제적·문화적 번영을 누렸다. 또한 인도네시아에서 가장 깨끗하고 푸르른 도시이자 '행복한 2등' 도시 수라바야는 근·현대 인도네시아의 사회와 문화를 이해하는 데 빼놓을 수 없는 도시다.

고대 왕국과 대항해시대

수라바야의 시작에 관해서는 다양한 설이 존재한다. 그중 현재 공식적으로 인정된 것은 수라바야시의 공식 기념일인 5월 31일과 관련된다. 수라바야는 자바어인 '수라 잉 바야(Sura ing baya)'에서 유래한 말로 '위험에 용감하게 내처하다'라는 의미다. 리덴 위지야(Raden Wijaya)[2]와 그의 군대가 1293년 5월 31일 쿠빌라이 칸의 몽골 군대를 물리친 것을 기념하기 위함이다. 즉 수라바야의 기원을 칸의 군대에 맞선 역사적 사실과 결부시킨 것이다.

수라바야 명칭의 또 다른 어원은 상어를 뜻하는 '수라(sura 혹은 suro)'와 악어를 뜻하는 '바야(baya 혹은 boyo)'의 합성어에서 비롯되

수로보요 공원(Taman Soroboyo)의 상어와 악어 상징물(출처: 수라바야시 공식 홈페이지 https://www.surabaya.go.id)

수라바야시 상어와 악어 상징물 (출처: unsplash.com)

었다는 것이다. 수라바야 주민들에게 전해지는 구전은 다음과 같다. 옛날 상어와 악어가 먹이 때문에 자주 다툼을 벌였다. 어느 날 상어가 "나는 바다에 사니 먹이도 바다에서만 찾으면 된다. 악어, 너는 땅과 강에서 먹이를 찾으라"고 제안했다. 하지만 상어는 악어 몰래 강에서 먹이를 잡았고, 이 때문에 큰 싸움이 일어났다. 이 이야기는 지역 주민들 사이에서 구전되었고, 상어와 악어가 싸우는 장면은 수라바야 도시의 상징이 되었다.

힌두·불교 왕국인 마자파힛 왕국(Kemaharajaan Majapahit)은 트라울란(Trawulan) 근처의 브란타스강 기슭에서 시작되었다.[3] 브란타스강의 지류인 칼리마스강의 제방과 인근의 내륙지역은 현재 수라바야시가 위치한 곳이다. 역사서에 따르면 고대 마자파힛 왕국은 동부 자바 지역을 중심으로 수마트라, 말레이반도, 칼리만탄 지역까지 영역을 넓힌 강성한 나라였다. 강을 통한 내륙 무역과 바다를 이용한 해상무역은 경제적 이득의 원천이었고, 이는 불교와 힌두교의 다양한 종교 기념물을 만들고 의례를 거행할 수 있는 근간이 되었다. 육상무역과 해상무역으로 거대한 왕국을 유지했던 마자파힛 왕국에서 수라바야 지역이 위치한 칼리마스강과 자바 해협으로 나아가는 천혜의 항구는 중요한 길목이 되었을 것이다.

마자파힛 왕국의 주요 교통 거점으로 수라바야 지역이 주목받았지만, 당시 동부 자바 지역의 주요 도시는 투반(Tuban)과 그르식(Gersik)이었다. 동부 자바 지역에서 수라바야가 역사의 중심으로 우뚝 선 것은 네덜란드 식민지 시기였다. 15세기 이후 포르투갈, 스페인, 네덜란드 등의 유럽 열강들은 정향과 육두구로 대표되는 향신료를 얻기 위해 대항해시대를 열었다. 육두구 500그램이 황소 일곱 마리 값이었다니 향신료 무역을 통해 막대한 부를 획득할 수 있었다.

말루쿠제도의 반다섬은 전 세계에서 유일한 정향과 육두구 생산지였다. 이곳으로 항해하는 배들의 중간 기착지로 주목받은 곳이 바로 수라바야 항구였다.[4] 풍파를 막을 수 있는 피항 시설과 큰 배가 드나들 수 있는 심해라는 자연조건은 네덜란드가 수라바야에 최신식 항구를 건설하게 된 주요 배경이었다. 또한 수라바야 항구는 네덜란드와 식민지 지배를 둘러싸고 경쟁관계에 있던 영국의 지배권에서 벗어난 이점도 있었다. 네덜란드는 수라바야 항구를 농산물을 수출입하는 항구이자 해군력을 유지하기 위한 군항으로 활용했다.

19세기 들어서 수라바야 항구는 동부 자바에서 생산된 상품 작물의 수출항으로 발전을 거듭했다. 동부 자바 지역에서 생산된 커피, 사탕수수, 담배는 수라바야 항구를 통해 유럽으로 수출되었다. 수출항으로서 경제적 부흥을 성취한 수라바야에 중국의 화인과 인도의 타밀인을 비롯해 여러 나라 사람들이 모여드는 것은 당연했다. 18세기를 지나 19세기에 들어서면서 수라바야는 동부 자바 지역을 넘어 전 인도네시아에서 가장 번영한 도시로 성장했고, 1906년 4월 1일 네덜란드의 공식적인 자치시로 승격했다.

독립 이후 수라바야시

도시가 쇠퇴하는 데는 여러 가지 원인이 있다. 강원도 정선군은 1950년대 초 함백탄광을 시작으로, 1960년대 사북, 원동, 동원 탄좌가 문을 열면서 호황을 누렸다. "개들도 만 원짜리를 물고 다녔다"라는 말이 있을 정도로 탄광산업은 이 지역 경제 발전의 원동력이었다. 전성기를 누리던 이 지역은 석탄에서 석유로 연료가 바뀌면서 쇠퇴의 길로 접어들었다. 경제구조의 변화로 인해 도시 성장을 주도했던 산업이 더 이상 발전을 이끌지 못할 때 도시는 점점 쇠퇴한다.

깊은 수심과 천혜의 피항지를 보유한 항구, 내륙 수송을 가능케 하는 넓은 강과 지류 그리고 인근의 넓은 토지에서 생산되는 상품 작물은 수라바야의 발전을 이끌었다. 하지만 20세기 들어 사탕수수 등의 상품 작물이 세계 경제에 미치는 영향이 줄어들면서 수라바야 역시 쇠퇴의 길을 걷게 된다. 특히 제1차 세계대전과 1930년대 세계 대공황이 겹치면서 수출 감소가 이어졌고, 수라바야는 더욱 큰 피해를 입는다.

인도네시아는 1945년 독립 이후 1949년까지 혁명기 시기 연방을 건설하려던 네덜란드 식민정부와 처절한 전쟁을 벌였다. 당시 네덜란드에 저항한 대표적인 도시가 수라바야다. 수라바야는 훗날 45년 세대로 불린 '앙까딴 45(Angkatan '45)'가 활동했던 주요 무대였고, 이들은 신문과 서적 등 다양한 출판물을 간행해 혁명의 열기를 고취시켰다.

1945년 9월 11일과 17일에는 자카르타에 앞서 수라바야에서 군중대회가 열렸다. 수라바야는 공화국을 지지하는 청년들을 중심으로 본격적인 무장투쟁을 시작한 도시였다. 수라바야시 곳곳에는 인도네시아 청년들과 일본군 수용소에서 풀려난 유럽인들의 산발적인 충돌이 이어졌고, 이는 같은 해 10월 27일부터 11월 20일에 걸쳐 벌어진 수라바야 전투의 서막이었다.[5]

수라바야 전투는 혁명기 공화국군과 연합국군 사이에 치러진 가장 큰 규모의 충돌이었다. 대부분 영국령 인도군이 주축이었던 연합국군은 전투기, 순양함, 구축함으로 중무장한 상태로 수라바야 항구에 입항했고, 인도네시아공화국의 군인들은 일본군 무기고에서 탈취한 무기를 들고 저항했다. 인도네시아는 붕 토모(Bung Tomo)와 하리오 끄찍(Hario Kecik) 등 독립 영웅들이 완강하게 저항했음에도 불구하고 막강한 화력을 앞세운 연합국에게 패배했다. 수라바야 전투는 인도네시아인의 독립에 대한 열망을 보여준 상징적인 사건이다.

당시 인도네시아공화국의 군인 1만 5000명 이상이 사망했고, 20만 명의 수라바야 시민이 피난길에 올라야 했다. 공화국 입장에서는 많은 피해를 입은 전투였지만, 희생적인 저항으로 혁명의 상징성과 국민적 단합을 이끌어낼 수 있었다. 더욱이 국제외교 측면에서 수라바야 전투는 영국이 인도네시아 문제에 있어 중립적인 입장을 표명하는 계기가 되었다. 가장 치열한 전투가 벌어졌던 11월 10일은 훗날 '영웅의 날(Hari Pahlawan)'로 제정되어 외세에 저항한 수라바야 시민들의 희생정신을 기리고 있다.

인도네시아 독립 이후 자카르타는 인도네시아 정치·경제의 중심지로 확고한 위치에 올라섰다. 자바섬 동쪽에 위치한 수라바야가 아닌 인도네시아 전 군도의 중앙에 위치한 자카르타에 도시 인프라가 집중되었다. 자카르타와 수라바야의 경쟁은 20세기 들어서 완벽하게 자카르타의 승리로 이어졌다.

하지만 수라바야는 여전히 동부 자바 지역의 중심 도시로서 역할을 하고 있다. 네덜란드 식민지 시기에 구축된 항만, 철도 등의 인프라는 여전히 이 도시가 해상물류의 중심 도시 역할을 할 수 있게 한다. 최근 인도네시아 정부는 지역 균형 개발을 경제 발전의 최우선 과제로 삼고 있다. 빈곤 지역 중 하나인 동부 지역을 개발하는 데 있어 수라바야는 선도적인 역할을 하는 도시다. 수십 년 동안 산업과 주택 인프라 구축을 통해 산업도시로 완전히 탈바꿈한 수라바야 근교 지역인 그르식과 시도아르조는 수라바야 경제를 이끌고 있다. 산업 생산, 교역, 해양, 교육 분야는 여전히 수라바야 도시 발전을 이끌고 있으며, 실질적으로 인도네시아의 다른 도시보다 상대적인 우위를 점하고 있다.

영웅의 도시

수라바야는 '영웅의 도시'라는 별칭이 붙을 만큼 자랑스러운 역사를 가지고 있다. 네덜란드와 독립전쟁 시기 다른 어느 도시들보다 앞장서서 독립을 요구한 청년들이 있었기 때문이다. 인도네시아의 도시 대부분이 그렇듯 수라바야 시내 곳곳에도 역사적 사건과 인

수라바야 영웅기념탑
(출처: unsplash.com)

물을 기리는 건축물이 있다. 수라바야 중심부에는 전사한 독립 영웅을 기리고 독립투쟁의 역사를 기억하기 위한 수라바야 영웅기념탑(Tugu Pahlawan)이 우뚝 서 있다.

영웅기념탑은 1952년 11월 10일에 처음 공개되었다. 직경 3.1미터, 높이 41.15미터에 이르는 기념탑의 상단은 원기둥 형태에 흡사 못을 뒤집어놓은 형상이다. 기념탑 앞에는 인도네시아 독립 영웅이자 초대 대통령인 수카르노와 부통령인 모하맛 하타가 1945년 8월 17일 독립선언서를 낭독하는 장면을 재현한 동상이 있다. 영웅기념탑 공원은 만남의 장소로, 가족끼리 소풍을 오는 장소로 발걸음이 끊이지 않는다.

인도네시아가 네덜란드와 일본의 침략으로부터 독립한 지 76년이 흘렀다. 광복 76주년을 맞이한 인도네시아공화국의 역사에서 가장 논쟁적인 인물이자 수라바야와 밀접하게 연결된 인물이 초대 대통령 수카르노다. 수카르노를 독립운동가이자 초대 대통령으로 국한하기에는 그의 삶과 사상을 다 담을 수 없다. 그는 사상가이자 민족주의자이자 대통령이자 독재자인 동시에 사회주의자로서 반식민주의 투쟁을 벌인 혁명가였다.[6] 그는 23년간(1945~1967) 대통령에 재임했고, 1959년에 내동팅팅을 통해 제12대 외무장관 겸 종신 대통령으로 독재자의 길로 들어섰다.

수카르노는 수하르토의 군사 쿠데타로 실각한 후 3년간의 투병 끝에 1970년 6월 21일에 숨을 거두었다. 그는 생전에 자카르타 인근 보고르에 위치한 바투툴리스(Batu Tulis) 궁전에 묻히길 희망했지만, 그를 추모하는 사람들을 두려워한 수하르토 정부에 의해 수라바야 인근 도시이자 그의 어머니 무덤이 있는 블리타르(Belitar)에 묻혔다. 그의 무덤은 지금도 그를 기억하는 수많은 인도네시아인이 방문하는 순례지다. 수카르노 말년에 사람들은 그의 업적을 폄훼했고, 그의 우상화 작업을 못마땅하게 여기는 기득권 세력이 여전히 남아 있다. 하지만 수하르토의 군사독재에 저항한 중심인물로 수카르노는 재평가를 받았고, 딸이자 인도네시아 제5대 대통령인 메가와티 수카르노푸트리에 의해 그의 사상과 이념이 계승되고 있다.

독립 영웅인 수카르노는 1901년 6월 6일에 수라바야에서 태어났다. 학생 시절 그는 수라바야에서 민족주의 사상에 기초하여 봉건적 관습을 없애는 데 전력을 다한 초크로아미노토(H. O. S Tjokroaminoto)를 스승으로 삼아 그의 집에 기숙했다. 초크로아미노토의 집에서 수학했던 인물로는 수카르노를 비롯해 훗날 인도네시아의 대표적인 인물이 된 카르토소에비르조(Kartosoewirjo), 무소-알리민(Muso-Alimin), 다르소노(Darsono), 탄 믈라카(Tan Malaka) 등이 있다. 초크로아미노토는 인도네시아 민족주의 운동의 사상적 기초를 세운 교육자이자 저널리스트로서 왕성한 활동을 했다. 당시 네덜란드인들은 그에게 '왕관 없는 자바의 왕'이라는 별명을 붙여주었다.

수카르노에 의해 건설된 수라바야 영웅기념탑에서 남쪽으로 약 10분 거리에 초크로아미노토의 기숙사가 있다. 인도네시아의 위대한 영웅들의 스승인 그의 집은 2017년 11월 27일 H. O. S 초크로아미노토 박물관(Museum H. O. S Tjokroaminoto)으로 증축되어 네덜란드 식민주의에 저항한 그의 사상과 교육철학을 현재까지 이어오고 있다. 수카르노의 생가도 박물관에서 그리 멀지 않은 곳에 있다.

초크로아미노토 박물관
(출처: 수라바야 도시개발계획청 홈페이지.
https://bappeko.surabaya.go.id/ecobis/wisata/kategori-detail/29)

수라바야 올드타운을 거닐다

네덜란드 식민지 시기에 가장 큰 도시였던 수라바야의 구도심은 과거의 영광을 재현하기라도 하듯이 형형색색의 화려한 건축물이 위풍당당한 모습을 뽐내고 있다. '붉은 다리'라는 뜻의 즘바탄메라(Jembatan Merah)를 중심으로 붉은 다리 길(Jl. Jembatan Merah)이 남북을 가로지르고, 암스테르담 운하와 유사한 물길이 거리를 따라 형성되어 있다. 즘바탄메라는 그 명성만큼 웅장하거나 화려하게 치장된 건축물은 아니다. 다리의 의미를 이해하지 못하면 철제 다리 난간에 붉은색이 칠해진 평범한 다리로만 보일 수 있다.

하지만 수라바야 시민들에게 즘바탄메라는 특별한 의미를 갖는다. 18세기 중반 마타람 왕국의 파쿠 부오노 2세(Paku Buwono II)는 네덜란드 동인도회사와 자바섬 북쪽 해협에 대한 무역협정을 맺었다. 이 협정 이후 네덜란드 동인도회사는 수라바야를 중계무역을 위한 주요 항구로 변모시켰다. 즘바탄메라는 당시 항구로 가는 길목에 위치해 있어 항구도시 수라바야의 시작을 상징한다. 즘바탄메라는 1945년 영국군과의 치열한 전투가 벌어졌던 곳으로 영국군 장교인 맬러비 사령관(Aubertin Walter Sothern Mallaby)이 이곳에서 사망했다. 그만큼 인도네시아인의 독립에 대한 열망을 상징하는 공간이기도 하다.

다리의 서쪽은 네덜란드 건축물에 자바의 전통 양식이 혼합된 건축물이 다수 있어 '역사보전지구'로 지정되었다. 붉은색과 흰색의 독특한 외관을 자랑하는 '그둥 인터르나티오(Gedung Internatio)',

선선한 바람이 불어오는 강변 한쪽에는 과거 총독의 관저였던 느가라 그라하디(Negara Grahadi)가 자리 잡고 있다. 현재 인도네시아 은행 박물관(Museum Bank Indonesia)이자 식민지 시대 자바은행(De Javasche Bank)도 역사보전지구에 위치한다.

    수라바야의 문화적 정체성이 무엇인가라는 질문의 답을 찾기는 쉽지 않다. 무슬림, 자바, 네덜란드, 해양 등의 단어가 떠오르지만 한 단어로 이 도시를 설명하기에는 한계가 있다. 어쩌면 다양한 문화들의 혼합과 변형이 수라바야의 문화적 정체성이라고 할 수 있겠다. 특히 자바은행은 이러한 혼종성을 보여주는 건축물이다.

    자바은행은 1829년 네덜란드 동인도회사에 의해 설립된 자바은행 수라바야 지점이 그 시작이다. 1904년에 원래 있던 건물이 철거되고 현재의 모습으로 새로 지어졌다. 19세기 유럽에서 유행하던

즘바탄메라
(수라바야시 공식 홈페이지 https://www.surabaya.go.id)

신르네상스 건축 양식에 자바식 장식을 덧붙이는 방식으로 건설되었다. 현재 박물관은 3층으로 이루어져 있으며, 총 3개의 전시공간으로 구성된다. 박물관으로 개조되기 전 '옛 화폐 전시실'에는 금고가 있었다. 현재는 과거에 사용했던 화폐들과 현재 사용하고 있는 다양한 화폐들을 전시하고 있다. '보존실'은 옛 건축물의 흔적과 역사를 알 수 있는 건축 자재 등이 전시되어 있다. '문화재전시실'은 은행 관련 기계와 장비 등을 전시하고 있다.

붉은 다리 길 동쪽은 18세기부터 19세기까지 수라바야가 무역으로 번성할 때 이주해온 중국인, 인도인, 아랍인 들이 거주하던 구역이다. 지금도 각 종족의 문화적 전통을 보여주는 건축물과 전통 의상을 착용한 사람들을 만날 수 있다. 키키 차이나타운(Kya Kya Chinatown of Surabaya)은 중국인 상업지구로 도로를 중심으로 수백 개의 상가와 노점이 자리 잡고 있다. 키키(Kya-Kya)는 푸젠성의 지역 말로 '놀다', '관광'이라는 의미다. 도로 초입에는 차이나타운의 상징인 패루(牌樓)가 서 있고, 안쪽으로 수백 년 동안 이 지역의 상업을 주도하면서 공동체를 일구어온 수라바야 화인들의 주거지가 조성되어 있다. 차이나타운에는 인도네시아에서 가장 큰 불교 사원(Kong Co Kong Tik Cun Ong Temple)이 있으며, 파사르파빈(Pasar Pabean) 시장을 중심으로 차이나타운과 아랍 구역으로 나뉜다. 매일 저녁 파사르파빈 시장에서는 수산시장이 열리며, 수라바야 시민들은 이곳에서 외식을 하거나 장을 본다.[7]

차이나타운의 북쪽 역시 항구도시 수라바야를 상징하는 종족집단이 밀집해 있는 지역이다. 과거 아랍 상인들이 이곳을 중심으로 무역과 상업활동을 벌였고, 그들의 후손들이 여전히 이곳에서 공동체를 형성하고 있다. 수라바야 아랍 구역의 대표적인 건축물이자 신성시되는 공간은 암펠 모스크(Masjid Ampel)다. 1421년에 건립된 암펠 모스크는 동부 자바 지역에서 가장 오래된 이슬람 사원이다. 암펠은 이슬람을 자바 지역에 전파한 9명의 성인 중 한 명이다. 아랍 구역에는 그를 기리는 모스크와 무덤이 자리하고 있다. 수라바야 시민을 비롯해 인도네시아의 무슬림은 이 사원에서 '성스럽고 특별한 물'을 마시고 물통에 듬뿍 담아가기도 한다.

인도네시아 해군의 고향이자 제2의 도시인 수라바야는 외국인들에게 잘 알려진 도시는 아니다. 대항해시대와 20세기 초반까지 현재 수도인 자카르타보다 경제·사회·문화 분야에서 뛰어난 업적을 이루어냈지만, 독립 이후 수도권 집중 현상으로 인해 과거의 명성을 온전히 회복하지 못하고 있다. 하지만 인근 마두라섬과 자바 해협으로 진출하는 데 유리한 지정학적 위치는 수라바야가 미래의 번영을 이끌어낼 수 있는 발판이 된다. 나아가 인도네시아 정부가 추진하는 지역 균형 발전 정책의 성공을 위해서도 동부 자바의 중심 도시 역할은 여전히 유효하다. 특히 수라바야시가 온실가스 감축을 위한 다양한 정책을 펴면서 현재 인도네시아에서 가장 깨끗하고 푸른 도시로 선정되기도 했다. 사람이 살고 싶고, 관광객이 방문하고 싶은 도시로 변모하고 있는 '행복한 2등' 도시 수라바야를 주목할 때다.

★ 정정훈

07

싱가포르의
'진짜' 차이나타운을 찾아서

Singapore

상하이, 홍콩, 싱가포르는 아시아에서 야경으로 가장 유명한 도시들이다. 100년이 넘는 역사를 가진 근대식 건축물과 동방명주를 중심으로 늘어선 21세기의 마천루가 마주 보고 있는 상하이 황푸강의 야경이 몰락하던 중화제국의 극적인 성장과 반전을 짐작할 수 있게 해준다면, 홍콩의 야경은 150년 동안 영국의 식민지로서 국제무역과 금융의 중심지였던 메가시티의 위용을 자랑한다. 반면 싱가포르의 잘 정비된 도로와 깨끗한 환경, 인공적인 멋으로 가득한 야경을 보고 있노라면, '이런 도시에 무슨 역사가 있을까'라는 생각이 들 수도 있다. 그러나 내공이 어느 정도 쌓인 여행객이라면 마리나베이 샌즈 호텔 꼭대기에 얹힌 배 모양의 인피니티 풀에서 바라본 환상적인 야경과 바쁘게 움직이는 다양한 인종의 사람들, 곳곳에 숨어 있는 유적들 속에서 이 작은 국가에도 심상치 않은 역사와 이야기가 있음을 발견할 것이다.

도시면서 국가인 싱가포르는 특이한 나라다. 면적은 부산보다 조금 작은 728.6제곱킬로미터이며, 570만 명(2019년 기준)의 인구가 거주한다. 2020년 기준 1인당 GDP는 5만 9797달러로 세계 최고

수준이다. 아시아의 대표적인 부자 나라이지만 자원도 거의 없고, 첨단산업을 제외하면 한국처럼 제조업이 발달한 것도 아니다. 심지어 570만 인구 가운데 170만 정도는 외국인이다. 인구의 70퍼센트 이상이 중국계라서 중국에서는 중화권으로 인식하는 반면, 정치·경제·행정 시스템은 서구식인 데다 영어를 사용해 미국과도 가깝다. 심지어 싱가포르는 미군이 상시 주둔하는 미국의 대표적인 우방이다. 그 때문에 미국과 중국이 동남아시아에서 패권 경쟁을 할 때 둘 다 최소한 싱가포르는 자신들의 영향력 아래 있다고 생각한다. 2018년 1차 북미 정상회담이 싱가포르에서 열린 것도 그리 놀랄 일은 아니다.

우리에게 싱가포르는 안전한 치안과 깨끗한 거리, 다양한 음식과 화려한 야경으로 유명하며 남녀노소 누구나 선호하는 여행지다. 적도에 걸쳐 있어 1년 내내 여름 날씨지만 실내에는 냉방시설이 잘되어 있어 여행하기에도 좋다.

그렇지만 관광상품만을 보고 왔다면 싱가포르의 진짜 모습을 보았다고 할 수 없다. 싱가포르는 영국의 식민 지배를 받았던 역사가 있지만, 그 시작부터 지금까지 중국계 이주민들에 의해 건설되고 유지되어온 섬, 도시 혹은 국가이기 때문이다. 따라서 역사적 측면에서 싱가포르를 제대로 이해하기 위해서는 소위 차이나타운이라 불리는 화인(華人) 거주지의 역사를 봐야 한다. 싱가포르의 역사는 곧 차이나타운의 역사이기도 하기 때문이다.

다인종 도시국가

싱가포르는 아시아의 대표적인 다인종 도시국가다. 이는 싱가포르에서 며칠만 지내보면 바로 알 수 있다. 내가 살았던 곳은 싱가포르섬 서북부에 위치한 부킷판장(Bukit Panjang)이라는 동네였는데, 관광객이 전혀 올 일이 없는 로컬의 주공아파트(HDB) 단지였다.[1] 처음 이 동네에 이주했을 때, 놀랐던 것은 다양한 종교 시설이었다. 다양해도 너무 다양했다. 도보로 10~20분 거리에 도교 사원, 이슬람 모스크, 힌두 사원, 기독교 교회가 모여 있었다. 밤에 산책할 때면 모스크에서 기도 소리가 울려 퍼졌다. 교회에서는 일요일마다 오전에는 영어 예배, 오후에는 만다린(푸퉁화(普通話)라고 불리는 지금의 중국 표준어) 예배와 푸젠 방언 예배가 차례로 진행되었다. 단지 바로 앞에 있는 호커센터는 종교보다 더 다양한 문화권의 음식이 주민들을 맞이하곤 했다. 동네 대형마트에 가면 다양한 인종의 주민들이 장을 보는 모습을 쉽게 발견할 수 있다.

한국인에게는 무척이나 생소한 광경이다. 싱가포르에 사는 다양한 배경의 거주민은 종교, 음식, 생활습관 등 각기 다른 문화적 특성을 유지하고 있다. 하지만 같은 동네에서 같은 주공아파트에 살고, 같은 쇼핑몰에 가는 일상을 공유한다. 이것이야말로 식민체제가 붕괴되고 영국 제국이 해체되고 난 이후에도 싱가포르가 국가라는 형태의 공동체를 유지할 수 있게 해준 동력이다.

이처럼 정교하게 설계된 사회 시스템의 기초를 세운 이가 바로 싱가포르의 국부라 불리는 리콴유(李光耀, Lee Kwan Yew)다. 그는 싱

리콴유는 한국의 김대중 전 대통령과 인연이 깊은데,
1994년 유명한 외교 전문지『포린 어페어스(Foreign Affairs)』를 통해
아시아의 민주주의에 대해 벌인 흥미로운 토론이 유명하다.
사진은 2000년 싱가포르 샹그릴라 호텔에서 열린 회담 장면
(출처: 김대중 도서관)

가포르가 영국으로부터 자치를 획득한 1950년대 말부터 싱가포르의 기틀을 마련했다.

> 시작했을 때, 우리에게는 국가의 기초 요소라 할 수 있는 재료들이 없었습니다. 동질적인 인구, 공통으로 쓰는 언어, 공통으로 추구하는 미래가 없었습니다. 그럼에도 역사는 길죠. 제가 해야 할 몫은 한 것 같습니다.

리콴유가 2007년 『뉴욕 타임스』와의 인터뷰에서 말했던 것처럼 1965년에 독립할 당시 싱가포르에는 국가라고 할 만한 것이 거의 없었다. 싱가포르는 1955년 말레이시아가 영국으로부터 자치권을 부여받을 때 영연방 자치령으로 분류되면서 자체적인 역사를 시작한다. 1959년 선거에서 승리한 인민행동당(PAP People's Action Party)의 영수로서 화려하게 등장한 리콴유는 싱가포르가 말레이시아 연방의 일원으로서 함께해야 한다고 주장했다. 초기 리콴유를 비롯한 인민행동당의 지도층은 독립을 고려하지는 않았던 것으로 보인다. 다만 1963년 말레이시아 연방이 탄생하면서 리콴유는 말레이시아 연방의 중앙정계로 진출하려는 야심을 가지고 있었다. 이러한 움직임에 대해 무슬림 말레이 중심의 국가를 수립하려 했던 말레이시아 술탄들은 중국계가 주도권을 쥐고 있던 싱가포르의 중앙정계 진출을 경계했고, 결국 축출을 결정하면서 싱가포르는 급작스레 공화국의 역사를 시작하게 된다. 이때가 1965년 8월이다.

독립과 동시에 싱가포르가 맞이한 현실은 가혹했다. 내부 구성원들을 하나로 묶어줄 공동체성이라고는 영국의 식민지와 제2차 세계대전 때 일본의 학살을 경험했다는 정도밖에 없었다. 심지어 다수의 중국계 노동자들은 싱가포르가 타이완처럼 중국계 중심의 독립 국가가 되길 희망했다. 물론 소수인 말레이계와 인도계의 반발도 만만치 않았다. 1964년 독립 직전, 싱가포르의 인종 갈등은 극에 달했다. 리콴유를 비롯한 인민행동당의 지도부는 현실을 명확히 인식하고 있었다. 싱가포르가 홍콩이나 타이완과는 달리, 동남아시아라는 이질적인 지역 한가운데 위치한 아주 작은 국가라는 것, 여기서 생존하기 위해서는 주변 무슬림 국가들과 조화로운 관계를 유지할 필요가 있다는 것이었다.

신생 싱가포르공화국의 과제는 크게 두 가지였다. 첫 번째는 다양한 인종 간의 대립을 완화하면서 공동체성, 즉 자체적인 내셔널리즘을 만들어 교육과 시스템을 통해 심어주는 것이었다. 두 번째는 동남아시아 지역 공동체의 일원이 될 것임을 국제사회뿐 아니라 내부 구성원들에게도 각인시키는 것이었다. 이를 위해 리콴유는 의원내각제를 시행하는 싱가포르 정치지형에서 총리 위에 상징적인 지위인 대통령을 두고, 초대 대통령에 말레이 무슬림 지식인이자 언론인인 유솝 빈 이스학(Yusof Bin Ishak)을 추대했다. 이는 싱가포르가 인종 다양성을 해치지 않는 국가라는 점을 보여주기 위한 사인이자 리콴유의 정치적 전략이었다. 싱가포르 사회에서 유솝 빈 이스학이 가진 상징성은 매우 중요해서, 현재 싱가포르의 모든 지폐에 그의 얼굴이 새겨져 있을 정도다.

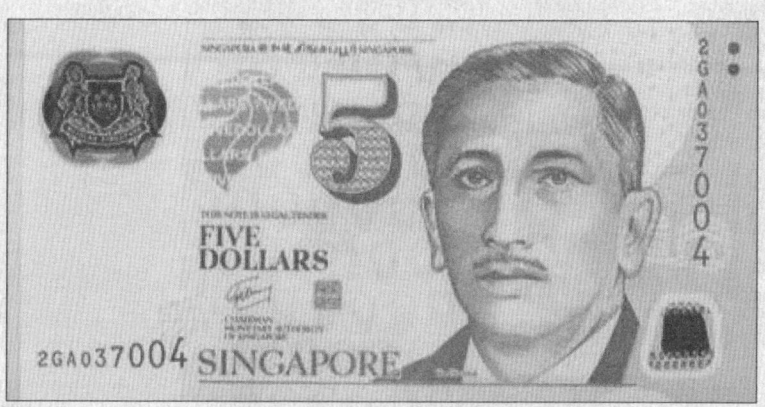

싱가포르의 모든 화폐에는 초대 대통령이자
말레이 인종인 유솝 빈 이스학의 얼굴이 새겨져 있다.
(출처: 위키미디어 커먼스)

다인종 국가 싱가포르의 불편한 진실

'국민국가' 싱가포르의 다양성의 핵심은 인종 다양성을 인정하는 가운데 '싱가포리안(Singaporean)' 정체성을 구축하는 것이다. 이러한 점은 언어 사용에서 가장 잘 드러난다. 거리 곳곳에 보이는 교통 및 도로 표지판, 각종 안내 문구에는 영어, 중국어, 말레이어, 타밀어(인도계)가 병기되어 있고, 이 언어들은 모두 싱가포르의 공용어로 지정되어 있다. 그러나 여러 인종 간의 원활한 의사소통과 활발한 교류를 위해 교육이나 공식 행사에는 주로 영어가 사용된다. 다른 한편으로 동남아시아 지역성과 다양성을 보여주기 위한 상징으로 국어(National Language)는 말레이어다.

싱가포르의 총리는 공식적인 연설에서 영어, 중국어, 말레이어를 동시에 사용한다. 매년 8월 독립과 건국을 기념하는 국경일 행사 때 현 총리이자 리콴유의 아들인 리셴룽이 영어, 중국어, 말레이어 연설을 차례로 진행하는 것을 볼 수 있다. 지난 2015년 3월 리콴유가 사망했을 때에도 아들이자 정치적 후계자인 현 총리가 영어, 중국어, 말레이어로 사망 소식을 전하는 모습이 전 세계인들에게 깊은 인상을 남기기도 했다.

아이러니하게도 바로 여기에 싱가포르가 감추고 싶어 하는 불편한 진실이 숨어 있다. 싱가포르는 중국계가 주류인 사회라는 것이다. 인구 규모로 보나, 경제적·정치적 영향력으로 보나, 사회 구조로 보나 중국계가 핵심이다.[2] 60년의 공화국 역사에서 다양한 인종의 대통령이 나왔는데, 현재 8대 대통령은 말레이계 여성인 할리마

야콥이다. 반면 실질적인 최고 권력자인 총리는 1대 리콴유, 2대 고촉통, 3대 리셴룽으로 모두 중국계다. 강력한 정부 여당인 인민행동당의 지도부에도 중국계가 압도적으로 많다. 4대 총리 역시 2022년 4월부터 로렌스 웡(Lawrence Wong)이라는 중국계 정치인으로 내정되어 있다. 경제계에서 중국계의 비중은 더욱 압도적이다. 싱가포르 사회를 비판적으로 바라보는 이들은 다인종·다문화 공동체를 추구하는 싱가포르 정부의 다양한 노력을 중국계가 주도하고 관리하는 싱가포르 사회의 이면을 감추기 위한 화장 혹은 가면으로 평가하기도 한다.

사실 싱가포르는 영국 동인도회사에 의해 '발견'되어 식민화되기 이전부터 소수의 중국계 이주민들이 원주민인 말레이인들과 함께 거주하고 있었던 것으로 보인다. 영국에 의해 자유무역항으로 설정된 이후에는 도시 인프라 건설 및 식민정부 세입의 대부분을 지탱하는 핵심 그룹이었다. 식민시기 싱가포르의 형성과 성장은 중국계 이민자들이 없었다면 불가능했을 것이다. 영국의 식민지가 되는 1819년부터 공화국으로 독립하는 1965년까지 싱가포르 도시 공동체를 이끈 이들은 중국계였다. 싱가포르공화국의 역사도 바로 그러한 흐름의 연속으로 이해할 수 있다. 따라서 싱가포르의 역사적 흐름을 느끼고 싶다면 중국계 이주민들, 소위 화인 커뮤니티의 발자취를 따라가 보는 것도 좋은 방법이다. 쇼핑몰과 야경을 구경하고 칠리크랩을 먹는 천편일률적인 관광코스에서 벗어나 싱가포르 역사와 현 주류세력의 기원을 이해하는 팁일 것이다. 그 여정은 싱가포르의 '진짜' 차이나타운을 찾는 것으로 시작하는 것이 좋다.

싱가포르의 역사와
차이나타운의 시작

싱가포르에 가면 사람들이 반드시 찾는 곳이 차이나타운이다. 현지 거주민이든, 외국인 거주민이든, 여행객이든 구분 없이 그렇다. 개인적으로 차이나타운 한구석, 중국 둥베이(東北) 지역 음식을 파는 식당에 홀려 한동안 매일 찾았던 기억이 있을 만큼 숨은 맛집도 많고, 유명 맛집도 많다. 춘절(春節)이면 차이나타운 입구와 맞닿은 거리에 그해를 상징하는 띠별 동물을 거대하게 장식해 '포토 스팟'이 되는 곳도 그곳이다. 각종 축제와 행사도 재미있는 볼거리이지만, 별다른 행사가 없더라도 특유의 왁자지껄한 분위기, 중국 문화의 결을 보여주는 기념품들이 여행객의 발길을 끈다. 싱가포르의 차이나타운은 클럽으로 유명한 클락키(Clark Quay)와 함께 가장 인기 있는 거리 가운데 하나이므로 현지인 누구에게나 물어도 정확히 알려줄 정도다. 버스, 지하철 등 교통도 편리하다.

그러나 싱가포르인들에게 '진짜' 차이나타운이 어디냐고 물어보면 과반이 관광지로 유명한 차이나타운이 아닌, 그 뒤편의 한적한 거리를 알려줄 것이다. 과거 중국계 이주민들이 이방인으로서의 삶을 살기 시작한 거리를 진정한 차이나타운이라고 한다면, 진짜 차이나타운은 바로 그곳, 뗄록 아이에르(Telok Ayer)와 그 주변 지역이 될 것이다.

18세기 말 영국 동인도회사는 네덜란드 동인도회사와 동남아시아를 차지하기 위해 치열하게 경쟁하고 있었다. 영국 동인도회사

고층빌딩에 둘러싸인
싱가포르 차이나타운
(출처: 위키미디어 커먼스)

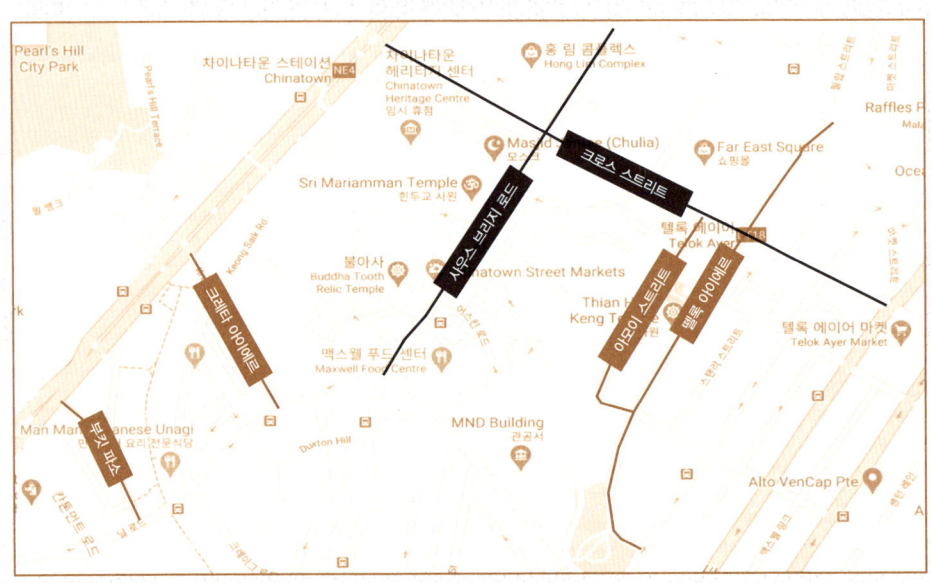

지도를 통해 본 싱가포르 차이나타운의 위치.
붉은색 선의 뗄록 아이에르, 아모이 스트리트, 크레타 아이에르, 부킷파소 지역이
근대에 형성된 중국계 이주민 거주구역이다. 현재 관광명소로 각광받는 차이나타운 거리는
검은색 선의 사우스 브리지 로드와 크로스 스트리트다.
이 두 거리 역시 최초의 차이나타운인 뗄록 아이에르가 확장되면서
중국계 거주구역으로 편입된 곳이다.
이 거리만 돌아보아도 근대 싱가포르 화인들의
정착 과정을 한눈에 살펴볼 수 있다.

는 1786년에 이미 말레이반도 끄다(Kedah) 술탄과의 협의를 통해 해상민족인 부기스인(Bugis), 시암 왕국과 같은 외부 위협으로부터 보호하겠다고 약속하고 페낭을 매입한 바 있다. 두 동인도회사가 말레이반도, 인도네시아 군도, 보르네오섬을 두고 치열하게 경쟁하던 중 1819년 영국 동인도회사의 토머스 스탬퍼드 래플스(Thomas Stamford Raffles)는 말레이반도 끄트머리에 위치한 섬을 하나 발견하게 된다. 당시 그는 이 섬이 네덜란드가 장악한 믈라카나 영국이 할양받은 페낭보다 믈라카 해협을 통제하기에 좋은 위치에 있다고 판단하고 바로 식민화해서 개발하기 시작한다.[3] 영국이 이미 점령한 인도의 캘커타, 이후에 할양받게 되는 홍콩, 상하이의 조계지와 함께 아시아 금융·무역·상업의 중심이 되는 영국의 식민도시, 싱가포르의 시작이다.

싱가포르를 점령한 래플스는 곧바로 도시계획을 구상하는데, 믈라카 해협과 면한 싱가포르강을 따라 인종별로 거주구역을 철저히 나누는 방식으로 도시를 구획했다. 1822년 '식민지 도심 계획 위원회'를 설립해 도심을 인종에 따라 구획하는 계획을 세웠다. 동시에 각종 건물 및 항만 건설, 상업 인프라 구축을 위해 페낭과 믈라카로부터 중국계 이주민을 모집하기 시작했다. 믈라카는 네덜란드 동인도회사의 지배를 받다가 1823년에 영국에 할양되었다. 영국은 1826년부터 페낭, 믈라카, 싱가포르를 합쳐 해협식민지로 통치하게 된다. 이때 영국 동인도회사는 싱가포르를 관세 없는 자유무역항으로 만들었다. 자연히 중국계 이주민들이 몰려들었고, 초기 싱가포르의 도시 개발 및 각종 인프라 건설에 투입되었다.

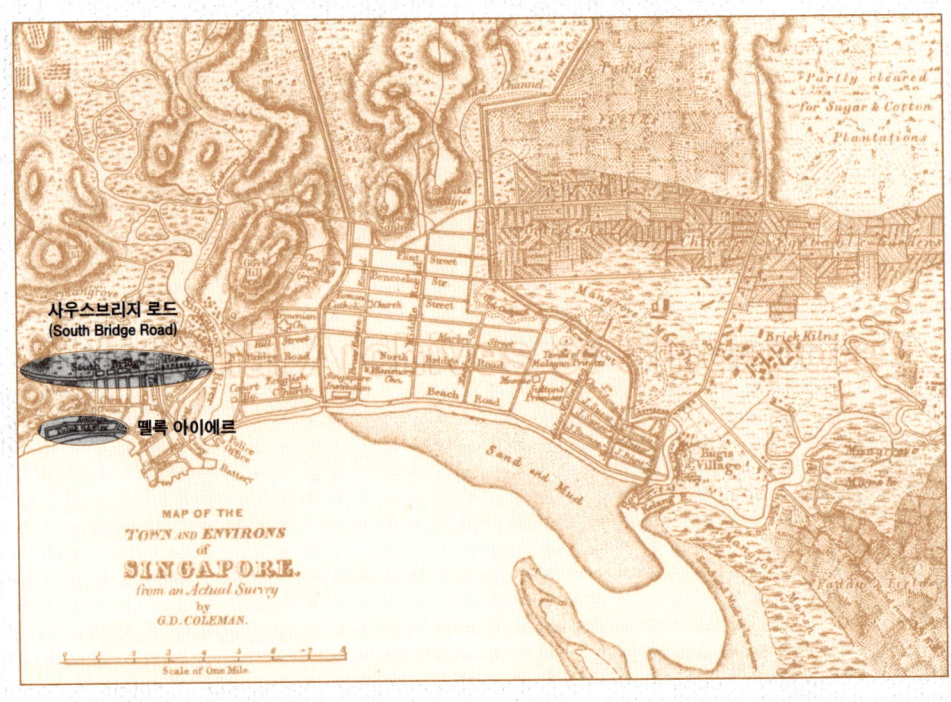

1839년 싱가포르 도심 지도.
좌측 싱가포르강과 바다가 만나는 지점이
바로 중국계 이주민들이 초기에 정착한 구역이다.
현재 차이나타운인 사우스브리지 로드(South Bridge Road)가 보이고,
그 아래 해안가에 최초의 차이나타운이라 할 수 있는
뗄록 아이에르(지도상으로는 Tuluk Ayer)와
아모이 스트리트(Amoy St.)가 보인다.
(출처: 위키미디어 커먼스)

이러한 방식은 당시 동남아시아의 거대 식민도시에서는 일반적이었다. 일례로 1619년 네덜란드 동인도회사 역시 지금의 인도네시아 자바섬의 한 지역을 점령하고는 바타비아(지금의 자카르타)로 명명한 뒤 중국인 건설업자, 목수, 석공을 동원해 도시 개발을 진행한 바 있다. 1625년에 이미 "여기에는 엄청난 수의 중국인들이 거주하고 있는데, 매우 근면하다. (막 건설된) 바타비아의 번영이 그들에게 달렸다. 그들이 없다면 시장이 열리지 않을 것이고, 거주구역이나 방어시설도 지어지지 않을 것이기 때문이다"라는 기록이 있을 정도다. 싱가포르 역시 도시계획과 구획은 영국인들이 했지만, 실제 개발과 건설은 대부분 중국계 이주민들이 담당했다. 이후 인구의 최소 50퍼센트 이상(20세기에는 70퍼센트 이상)이 중국계일 정도로 싱가포르는 중국계 이주민 중심의 식민도시로 성장했다.

> 말라야에서 중국인의 공적은 꺼지지 않는 빛과 같다. 백인이 말라야에 발을 딛기 이전부터 중국인은 광부, 상인, 농부이자 어민으로서 힘들여 개발해왔다. 백인도 처음에는 중국인의 새력으로 길을 내고, 토목공사를 했으며, 행정비용도 그들의 재력에 의존했다. (…) 중국인은 유럽인이 할 수 없는 것을 해낸다. 정부 세입의 90퍼센트는 중국인이 부담한다. 말라야의 오늘은 중국인에 힘입은 바가 대단히 크다.
> ─프랭크 스웨트넘(Frank Swettenham,
> 1896~1904년 말레이 연방 총주재관 겸 해협식민지 총독)

그런 이유로 식민도시 싱가포르의 개발은, 도시 건설 동원, 자유무역항의 이점 및 상업 주도권 획득, 새로운 노동의 기회를 찾아 페낭, 믈라카, 푸젠, 광둥으로부터 이주해온 중국인들의 거주구역을 조성하는 것부터 시작된다. 굳이 '차이나타운(唐人街)'이라고 지칭하진 않았지만, 중국인들이 조성하고, 중국인들이 주로 거주하는 거리 및 지역이었다는 점에서 차이나타운의 시작이라고 봐도 무방할 것이다.

최초로 싱가포르에 건너와 먼저 자리 잡은 이들은 푸젠 출신이었다.[4] 푸젠계는 매우 독특한 집단이다. 대부분 민난(閩南)이라 불리던 푸젠성 남부 지역에서 건너온 이들이 많았고, 다른 중국계 이주민 집단과 달리 95퍼센트 이상이 동남아시아에 정착했다. 때문에 최소한 동남아시아에서만은 특유의 폐쇄적이고 응집력이 강한 네트워크를 형성해왔고, 그 시작이 당송 시기로 거슬러 올라갈 정도로 역사가 깊다.[5] 이들은 당시 페낭과 믈라카에 자리 잡고 있었고, 이후 싱가포르로 건너가 초기 차이나타운을 형성했다. 그 지역이 지금의 뗄록 아이에르다.

사실 1880년대에 개간되기 전의 뗄록 아이에르는 싱가포르강과 바다가 만나는 곳에 위치한 부두를 끼고 있는 거리였다. 뗄록(Telok)은 말레이어로 '만(bay)'을 뜻하고, 아이에르(Ayer)는 말레이어로 '물(water)'을 뜻한다. 이 지역이 바다에 면한 지역이었음을 알 수 있다. 1820년대 배를 타고 싱가포르로 건너와 이 거리의 부둣가에 내린 푸젠인들을 중심으로 차이나타운이 조성되었다. 뗄록 아이에르는 싱가포르 차이나타운의 시작이고, 싱가포르를 비롯한 해양부

1920년대 뗄록 아이에르 거리.
우측에 늘어서 도로변의 건물들이 싱가포르 화인, 특히 푸젠계 화인들의 상점가다.
19세기 초 푸젠인이 정착할 당시만 해도 도로 왼편은 모두 바다였다.
개간된 땅에 세워진 팔각형의 건축물이 인상적이다.
이 건물이 현재 싱가포르의 유명한 라우파샷 마켓(Lau Pa Sat Market)이다.
(출처: 싱가포르 국립기록원)

1900년경 크레타 아이에르와 연결된 뉴브리지 로드(New Bridge Road)의 풍경.
곳곳에 소가 끄는 수레가 보이고, 당시의 주요 교통수단이던
인력거(Rickshaw)가 빼곡하게 들어선 모습이 인상적이다.
상하수도 시설이 정비되지 않아 소가 끄는 수레로 배달되는 물은
위생을 위해서도 중요했다. 그 외에 무거운 곡식 포대를
항구에서부터 실어 나르는 역할도 했다.
(출처: 위키미디어 커먼스)

동남아시아 화교 화인 사회에서 주류를 자처하는 푸젠 커뮤니티의 중심이었다. 이후 확장된 구역을 오늘날 차이나타운이라 부르지만, 현지인들에게 진정한 차이나타운은 뗄록 아이에르다.

중국계 이주민의 수가 점점 늘면서 뗄록 아이에르를 중심으로 한 차이나타운도 확장을 거듭했다. 1830년대 아모이 스트리트(Amoy Street)와 크레타 아이에르(Kreta Ayer)로, 1880년대 말에는 탄종파가(Tanjong Pagar)로, 1920년대 초에는 부킷파소(Bukit Pasoh) 지역으로 확장된다. 그 사이 뗄록 아이에르의 중국계 이주민 거리 역시 앞뒤로 확장되면서 규모가 커지게 된다. 역사적 의미에서 차이나타운은 바로 이 4개 거리를 일컫는다. 그중 크레타 아이에르가 현재 싱가포르 차이나타운을 지칭하는 '니우처수이(牛车水)'로 불리던 지역이다. 이는 '소가 물을 끈다'는 뜻의 광둥어로 소가 끄는 수레를 이용해 물을 실어 나른다는 의미다. 당시 광둥 출신 노동자들이 소가 끄는 수레에 물을 싣고 도심지 곳곳에 공급하는 일을 생업으로 삼았던 데서 유래한다. 크레타 아이에르는 말레이어로 '물 수레(Water Cater)'라는 뜻이다.

뗄록 아이에르의 풍경과
싱가포르 화인의 유산

뗄록 아이에르에는 푸젠인의 삶과 적응 양상을 보여주는 다양한 흔적이 가득하다. 그 유산은 대다수의 푸젠인과 소수의 타 지역 중국계 이주민들의 혈연, 지연, 업연(業緣), 3연 중심의 사회상을 잘 보여준다. 또한 각종 상점(잡화점, 음식점, 금융업), 의료시설, 씨족 협회 등이 즐비하게 늘어선 거리를 통해 당시 이주민들의 삶을 짐작할 수 있다.[6]

그중 푸젠계 도교 및 불교 사원인 천복궁(天福宮, Thian Hock Keng)은 푸젠계 이주민들이 처음으로 세운 사원이다. 이주 초기인 1821~1822년에 지어져 몇 차례 중건과 개보수를 거쳐 지금에 이르렀다. 이른바 구(舊) 차이나타운 거리의 터줏대감이다. 주로 모시는 신은 바다의 여신이자 남중국해를 건너오는 이민자들을 보호해준다고 여겨지는 '마주(媽祖, Mazu)'였다.[7] 대부분의 건축 자재를 고향인 푸젠에서 공수해왔을 정도로 정성을 기울였다. 중국계 이주민들에게 초기 사원은 단순한 종교 시설이 아니었다. 천복궁의 경우 뗄록 아이에르에 있었고, 개간되기 이전에는 바다에 면해 있었다. 그런 이유로 새로 도착한 이민자(新客)들을 가장 먼저 수용하던 곳이었다. 새로 온 이민자들은 이곳에서 직업을 소개받기도 했다. 또한 천복궁은 상인들이 계약을 체결하거나 새로운 정보를 교환하는 비즈니스 장소, 혹은 여론 조성을 위한 공론장이었다. 때로는 천복궁 내에 학교를 설치해 이민자 자녀들을 가르치기도 했다. 당시 천복궁과 같은 종교 시설은 이민자 커뮤니티의 중심이었다. 초기 푸젠인들의 동향 조직인 푸젠회관(福建會館)이 천복궁 주변에 자리 잡은 것은 결코 우연이 아니었다. 현대식 고층 건물인 현재의 푸젠회관 역시 천복궁 맞은편에 있다.

19세기부터 20세기 전반기까지 뗄록 아이에르를 중심으로 끊임

1890년대 천복궁의 모습.
화려한 외관이 싱가포르 화인 사회에서 주류를 자처하던
푸젠계 그룹의 영향력을 상징하는 듯하다.
(출처: 위키미디어 커먼스)

현재 뗄록 아이에르에 위치한 푸젠회관 건물.
표지판이 가리키듯 천복궁과 마주 보고 있다. 현대적 외관의 고층 빌딩이 보여주는 것처럼 푸젠계 네트워크는 지금도 싱가포르 사회를 이끄는 보이지 않는 흐름 가운데 하나다.
(출처: 위키미디어 커먼스)

없이 확장된 싱가포르의 차이나타운은 동남아시아 거대 식민도시가 일반적으로 그러하듯 근대 도시 생활에서 가장 중요한 공간으로 자리매김한다. 남중국해를 오가는 중국계 소상인(水客)들은 생활 잡화를 비롯한 교역품을 푸젠과 광둥의 교향(僑鄕: 화교들의 출신 고향)에서 가져와 차이나타운의 이민자들에게 팔았고, 각종 금융 서비스(송금, 환전, 전장, 고리대 등)도 제공했다. 중국계 도시 노동자들은 인력거, 배후지 대농장의 인부, 호커(Hawker), 점원, 하인, 항구의 하역 노동자, 창고 짐꾼 등으로 일했다. 이러한 서비스는 중국계 이주민들뿐 아니라 현지 원주민, 통치자인 유럽인들에게도 필요한 것이었다. 앞서 인용한 프랭크 스웨트넘의 말은 결코 과장이 아니다.

숍하우스 탄생의 배경

근대 싱가포르의 차이나타운을 이해하기 위한 가장 중요한 열쇠는 바로 끊임없이 밀려드는 중국계 이민자의 존재다. 특히 1893년 청의 해외여행 자유화 선언을 계기로 폭발적으로 늘어난 중국계 신이민자들, 소위 '싱거(新客, Singkeh)'에 대한 우려가 커졌다. 1901년 싱가포르 식민정부에서 실시한 해협식민지의 인구 밀도 조사에 따르면, 중국계 이주자들이 주로 밀집해 있는 지역의 한 가구당 거주민의 수는 평균 11~13명이었다고 한다. 즉 한 집에 최소 10명 이상의 화인 노동자들이 집단으로 생활하고 있었던 것이다. 인구 비중 역시 19세기 말에 이미 50퍼센트를 넘어섰고, 20세기에 들어서면 70

뗄록 아이에르의 숍하우스 건축 양식.
1층이 안쪽으로 들어가면서 생긴 공간은 외부 통로가 된다.
이 공간을 베란다라고 지칭한다.
(출처: 위키미디어 커먼스)

퍼센트가 넘는다. 이처럼 중국인이 밀려들면서 주거 문제가 심각해졌다. 원래 싱가포르의 중국계 도심 거리는 숍하우스라 불리는 건축물로 이루어졌다. 래플스는 처음부터 숍하우스 건축 양식과 보행 공간인 베란다의 필요성을 역설하면서 "모든 집은 일정한 너비의 베란다를 갖추어야 하며, 이는 중앙대로 양 측면에 연속적이면서 지붕으로 덮인 통로로서 항상 개방되어 있어야 한다"라는 지침을 도시 개발 이전에 남겼을 정도다. 숍하우스는 말 그대로 주상복합 건물로, 1층은 창고나 상점으로 쓰고, 2층부터 주거 공간으로 쓰는 경우가 많다. 1층은 안쪽으로 들어가고 2층의 튀어나온 부분을 두 기둥으로 받치는데, 이때 베란다라고 불리는 공간이 생긴다. 이러한 형태의 건물을 연속으로 붙여놓으면 베란다가 죽 이어지면서 외부 복도, 소위 '외랑(外廊)'이 된다.

래플스가 이 같은 지침에 따라 도심 거리를 조성하도록 한 데는 몇 가지 이유가 있었다. 첫째, 고온다습한 열대 기후와 뜨거운 태양빛, 우기에 갑자기 쏟아지는 스콜성 소나기를 피하기 위한 배려였고, 두 번째는 배수와 방화를 고려한 것이었다. 세 번째는 통풍이 잘되도록 해서 식재료 및 공간의 오염을 방지하기 위해서였고, 네 번째는 질서정연하고 통일감 있는 건축물을 배치해 도심의 미관을 돋보이도록 고려한 것이었다. 다섯 번째는 도심지에 상점으로 연결된 도로를 형성함으로써 일종의 쇼핑 아케이드를 만들기 위한 것이었다. 이 공간은 주로 상업을 담당하던 중국계 이주민들의 주거 공간이기도 했다.

급증하는 중국인 이민자를 감당하지 못하고 있던 싱가포르 식민정부에 숍하우스 건축 양식은 원래 권고 사항에 불과했으나 1882년부터 도시 중심가 주거건축의 규범으로 자리 잡으면서 아예 법으로 규정되었다. 그 과정에서 특히 강조된 것은 한정된 공간에 최대한 많은 거주민을 수용하는 것이었다. 그 결과 숍하우스의 폭을 줄이면서 배후의 거주 공간을 확보하기 위해 점점 길어지는 형태로 건축되기 시작했다. 싱가포르 차이나타운의 숍하우스 건축물은 이러한 과정에서 만들어진 것이다. 싱가포르공화국 시기 숍하우스 건축군은 도심 재개발로 인해 사라지기도 하고, 지금과 같은 모습으로 재단장되기도 했다.

서구와 '중화' 문화가 결합된
독특한 이주민 공간

1920년대 더욱 늘어나는 중국계 이주민들로 인해 차이나타운은 더욱 확장되었다. 크레타 아이에르에서 한 블록 건너에 있는 부킷파소도 그 과정에서 조성된 거리다. 입구에는 싱가포르 화인사에서 빼놓을 수 없는 화상단체가 세운 건물이 있는데, 바로 이화헌(怡和軒)이다. 19세기 말과 20세기 초에 싱가포르 화상(華商)의 부는 절정에 달했다. 말레이시아와 인도네시아의 고무 농장, 광산업, 아편 유통, 무역, 금융업 등에 종사하면서 성장한 화인 가문들이 등장하기 시작했다. 이들은 주로 화인 2세대였지만, 신이민자가 건너와 성공한 경우도 있었다. 부를 쌓은 이들은 경제적 측면뿐 아니라 정치적·사회적 측면에서도 싱가포르 식민지 행정에 개입하고, 영국 본국 정부와 협력하거나 다방면으로 도움을 주기도 했다. 영국 식민 정부 역시 자금이나 인력이 필요하면 화인 공동체를 찾는 경우가 많았다.

그 가운데 1895년 10월 18일 이화헌이라는 중국계 백만장자 클럽이 설립되었다. 부킷파소에 위치한 이화헌은 식민시기에서 제2차 세계대전 때까지 다양한 역할을 했다. 경제적·사회적·정치적 이슈를 논의하는 사교클럽 역할도 했고, 지역 화인들을 위한 병원 건립 자금 동원, 중국에서 일어난 신해혁명에 대한 지원, 중일전쟁 대비 전쟁 자금 모집, 싱가포르의 독립과 교육기관 설립 등에도 깊이 관여했다. 특히 본국이라고 할 수 있는 중국 대륙의 정치적 변화에 매우 민감하게 반응했고, 필요한 경우 자금을 동원하기도 했다. 중국이 공산화되기 이전까지만 해도 이화헌 멤버들은 본국이 강해져 국제사회에서 목소리를 내게 되면 이주민인 자신들을 보호해줄 것이라고 생각했다. 중일전쟁 때 화인 주도 구국운동의 본진과 같은 역할을 했던 것도 이러한 측면에서 이해할 수 있다. 그러나 1965년에 싱가포르가 독립한 뒤에는 내부 공동체의 결속과 복지, 교육에 집중하기 시작했다. 무엇보다 공화국 싱가포르가 성장하는 과정에서 화인 기업가 네트워크의 중심으로 기능했다. 이화헌은 그 상징으로 싱가포르 화인 사회의 중요한 유산이다.

19세기와 20세기 영국의 식민도시 싱가포르의 뗄록 아이에르 거리에서 시작된 차이나타운은 영국의 통치 속에서도 인구 구성과 경제적 지위에서 월등히 앞서는 중국계 이주민들이 이역만리 타국에서 만들어나간 공간으로서의 특성을 뚜렷이 간직한 곳이다. 싱가포르의 차이나타운은 서구 문화를 그대로 받아들이거나 '중화' 문화만을 받아들이지 않았다. 두 가지 문화와 열대지역 특유의 지역적 특성이 섞이면서 혼종(hybrid)의 이주민 공간이 형성되었다. 그런 이유로 각종 관광상품이 화려하게 늘어선 현재의 차이나타운이 아닌, 실제 싱가포르 화인 공동체의 시작과 구성원들의 치열한 삶의 궤적을 느껴보고 싶다면 뗄록 아이에르에서 시작하는 그들의 발자취를 따라가 보길 추천한다. 화려한 야경에 가려져 있던 싱가포르의 새로운 모습을 보게 될 것이다.

*김종호

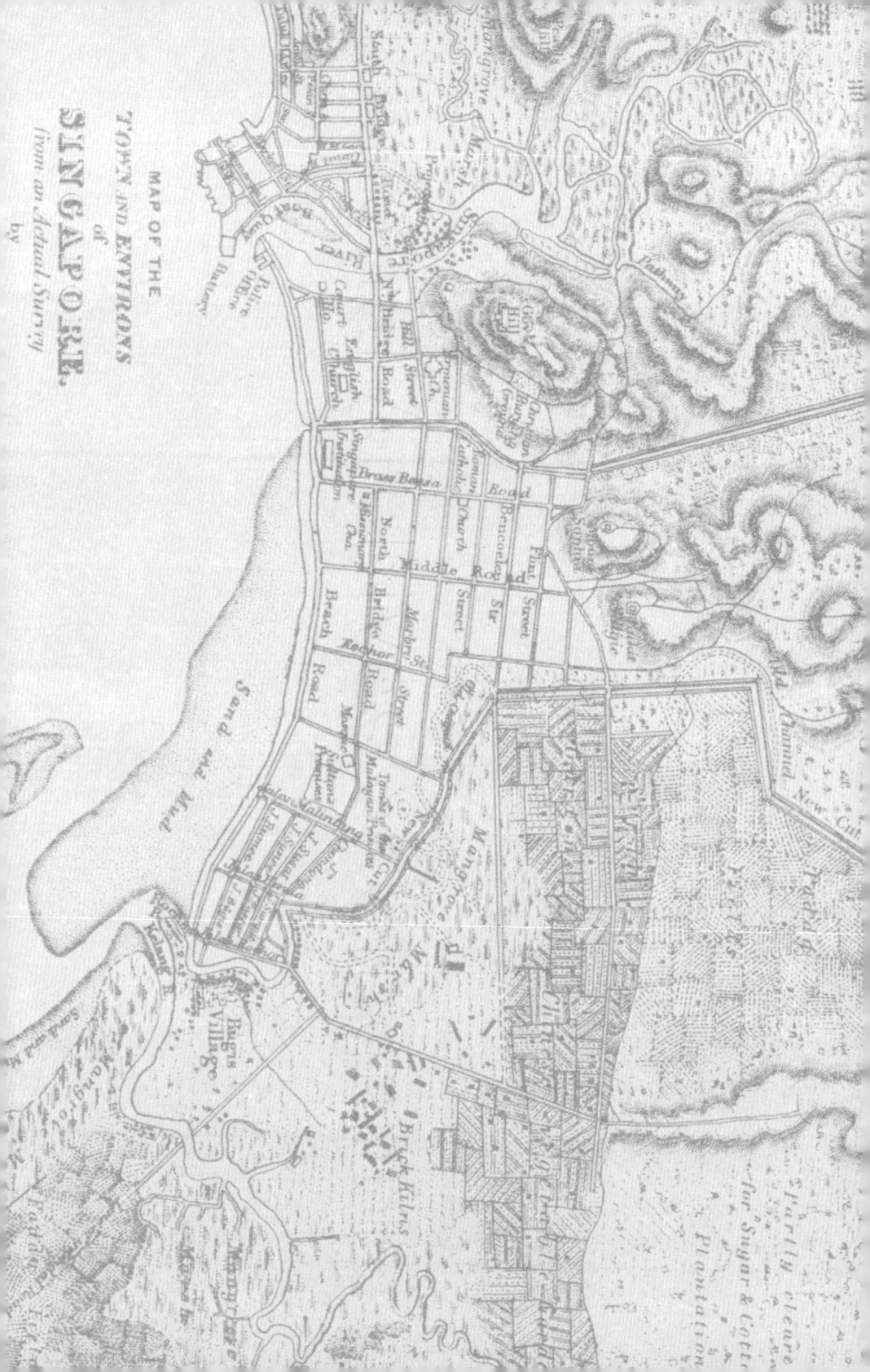

08

치앙라이,
우리와 그들 사이의 경계를 품은 곳

Chiang Rai

치앙마이주 바로 옆에 있는 치앙라이주를 포털사이트에서 검색해 보면 "자연과 예술, 그리고 커피의 도시"라고 나온다. 사실 치앙라이주가 커피 생산지로 알려진 지는 그리 오래되지 않았다. 불과 70여 년 전만 해도 이곳은 세계 최대의 아편 무역지였다. 커피 재배와 가공이 번창하게 된 것은 1980년대에 태국 왕실이 고산지대 개발 프로젝트를 시작한 이후였다. 볼거리도 많고 체험해볼 만한 관광 상품도 다양한 치앙마이에 비하면 한적한 시골 같은 치앙라이를 찾는 관광객은 그리 많지 않다.

치앙라이주가 어떤 곳인지 알아보려고 한다면 여권이나 비자 없이 산길과 강줄기를 따라 태국과 미얀마/버마, 라오스를 자유로이 넘나들던 소수민족이 현 찌끄리 앙조가 재창조해낸 타이 민족국가의 경계인이 되어가는 가슴 아픈 역사를 피할 수 없다. 2021년 6월 말 태국 정부가 내놓은 통계에 따르면 55만 명에 이르는 국적 없는 인구의 대다수가 태국 국경 지역에 살고 있고, 그중 42퍼센트가 치앙마이주와 치앙라이주에 몰려 있다.[1] 이들 모두가 소수민족은 아니지만, 절대다수를 차지한다는 점을 생각할 때, 치앙라이주를 알려면 그들의 역사를 알아야 하는 것은 자명하다. 태국인이 아니라 소수민족의 입장에서 본 치앙라이의 역사는 태국이라는 나라를 새롭게 볼 수 있는 기회가 될 것이다.

그래서 이 도시의 역사기행을 태국, 미얀마, 라오스의 국경이 만나는 황금 삼각지(Golden Triangle)가 위치한 치앙센에서 시작해서 치앙라이주의 주도인 치앙라이시티에서 마무리하려 한다. 치앙센에서 20세기에 가장 많이 거래된 상품인 아편이 어떻게 소수민족의 삶과 연결되었는지, 그리고 어떤 배경에서 태국 왕실이 고산지대 개발 프로젝트를 주도하게 되었는지를 알아보기 위해 도이뚱 왕립개발 프로젝트 단지와 왕립아편박물관을 찾아가 본다. 그리고 미얀마 국경 바로 옆에 위치한 메사이와 치앙라이시티 안의 소수민족 개발 NGO가 운영하는 식당을 찾아가 고산지대 소수민족이 현재 어떤 상황에 처해 있는지를 살펴보고자 한다.

제국의 경계에 정착한 소수민족

13세기부터 태국 북부 지역은 란나('100만 개의 논'이라는 뜻) 왕국의 영향 아래 있었다. 치앙라이는 란나 왕국의 수도였으나, 왕국이 건설되고 얼마 지나지 않아 버마족에 의해 점령당한다. 18세기에 치앙마이로 수도를 옮긴 란나 왕국은 치앙라이를 버마족으로부터 수복했지만, 19세기 말에 짜끄리 왕조(1782~현재)에 굴복하면서 치앙라이와 치앙마이는 모두 시암(지금의 태국)에 합병되었다.[2]

한편 18세기 말부터 청나라 만주족의 탄압과 차별을 피해 살길을 찾아 떠난 한족과 무슬림, 그리고 묘족과 같은 비한족은 산줄기를 따라, 때로는 강줄기를 따라 동남아시아로 이주하기 시작했다. 농경사회의 경험이 적었던 이들은 화전을 일구어 식량을 얻거나 보부상과 물물교환을 통해 생필품을 구했으며, 무당이 처방해준 약이나 부적으로 병을 치료하며 살아갔다. 버마의 다수민족인 버마족의 인종·종교 차별을 피해 중산간 지대로 피난을 간 이들이 의도치 않게 시암 영토 내로 들어온 경우도 많았다. 유럽의 국경을 나눈 베스트팔렌 조약 같은 것이 없었던 아시아에서는 국가 간의 경계가 모호했고, 특히 고산지대에서는 아예 없었다고 하는 것이 정확하겠다. 국경선이라는 개념이 부재했기에 이들은 자신이 자리 잡은 곳이 태국인지 버마인지 혹은 영국령인지 프랑스령인지 알지 못했다.

그렇게 태국의 북부로 흘러들어온 다양한 민족이 모여 살던 치앙라이주가 짜끄리 왕조의 지배를 받게 된 것은 1933년부터다. 제2차 세계대전이 일어나기 전까지만 해도 태국인들은 오지에 사는 소수민족을 문명의 혜택을 받지 못했거나 거부한 미개하고 무식한 부족 정도로 취급했다. 그런 소수민족에게 관심을 가진 이들은 서양의 학자나 선교사 혹은 국경선을 순찰하던 군인들이었다. 고산지대 소수민족 대부분이 화전민이라 삼림을 파괴하거나 저지대로 흐르는 강의 수질을 떨어뜨리는 문제는 있었지만, 짜끄리 왕조에게 크게 위협적인 존재는 아니었기에 특별히 통제하려고 하지도 않았다. 이러한 태도는 태국의 군부가 대동아공영권을 지지하며 일본의 동맹국이 된 1941년 이후로 서서히 바뀌기 시작한다.[3]

태평양 전쟁이 끝나고 영국과 프랑스의 제국주의에 대항한 독립 투쟁이 내전으로 번져가고 있던 1940년대 말, 치앙라이주 행정관으로 임명된 분추에이 시사왓은 휴일이면 산으로 하이킹을 가곤 했다. 치앙라이의 구석구석을 돌아보며 지방 풍속도 배우고 지리도 익힐 생각이었다. 그런 그가 1950년에 쓴 책이 『삼십 찻 나이 치앙라이』다. 이 제목은 두 가지로 해석할 수 있다.[4] '치앙라이 안의 30개 나라' 혹은 '치앙라이 안의 30개 민족'. '찻'은 영어로 'nation'으로 번역되는데, 번역과 해석에 있어서 의견이 분분하다. 분추에이가 정의한 '찻'은 역사를 가진 문화 공동체였다. 같은 언어를 사용하고, 종교가 비슷하며, 먹는 음식과 습관이 비슷한 그런 공동체 말이다. 분추에이가 이 책을 쓴 이유는 치앙라이라는 태국의 영토 안에 사는 소수민족의 존재를 알리는 동시에 이들이 어떤

분추에이 시사왓 책 표지

문화 공동체를 갖고 있는지 보여주고 싶어서였다. 그의 책은 곧 태국 엘리트들이 북부 지역의 역사와 사회를 알기 위해 찾아보는 일종의 가이드북이 되었다.

    태국 북부 지역의 소수민족이 대중의 관심을 받기 시작한 것은 냉전시기부터다. 특히 1949년 중국에 중화인민공화국이 수립되자 미국의 중앙정보부(CIA)는 국경선을 자유롭게 넘나드는 소수민족이 공산당의 선전에 넘어가 동조자가 된다면 중국과 국경을 맞대고 있는 버마, 태국, 라오스, 베트남까지 공산당 천하가 될 것이라고 믿었다. 특히 공산당에 저항하던 국민당 군인 일부가 국경 지역에 내려와 베이스캠프를 만들고 아편 거래를 통해 군자금을 마련하는 것을 보고 미국 CIA는 국경 지역에 거주하고 있던 소수민족에게 눈을 돌리기 시작했다. 고산지대에 사는 소수민족들은 아편을 재배해 마약상에게 팔아 본의 아니게 골든트라이앵글 마약 거래의 중심이 되었다. 하지만 국적이 없었기에 태국이라는 국가의 통제를 받지 않았다.[5]

치앙센의 골든트라이앵글과
왕립아편박물관

치앙라이시티에서 치앙센으로 가는 시외버스를 타고 종점에서 내리면 눈앞에 메콩강이 펼쳐진다. 그 강 너머로 라오스가 보이고, 강변을 따라가면 미얀마/버마 땅이 보인다. 그리고 머지않아 메콩강

메콩강변과
라오스 국경

을 따라 중국에서, 미얀마에서, 라오스에서 내려온 상인들이 분주하게 지방의 특산물을 거래하던 무역의 중심지 골든트라이앵글, 황금 삼각지에 이르게 된다. 짜끄리 왕조에 굴복하기 전까지 흥망성쇠를 거듭하면서도 북부 지역에서 막강한 영향력을 행사했던 란나 왕국의 무역 중심지가 바로 이 치앙센이었다. '치앙'은 한자 '성(城)'에서 나온 말이고, '센'은 '10만'이라는 뜻이다. 왜 '십만 성'이라는 이름이 붙었는지는 알 수 없지만, 아마도 그만큼 많은 재물과 사람이 모인 것을 의미하지 않았을까 상상해본다. 현재 강 건너 라오스 국경에는 B급 영화 세트장 같은 황금색 돔을 얹은 카지노 건물이 즐비하다. 중국 관광객을 위한 카지노 단지 옆으로는 라오스 사람들이 '짝퉁'과 불법 복제물을 파는 국경 시장이 늘어서 있다. 맑은 날에는 이 시장 근처로 점심을 먹으러 무리 지어 나오는 라오스 사람들을 강 건너에서도 볼 수 있다. 여유가 넘치고 활기찬 치앙센 시내와는 다른 세상인 것처럼 보인다.

골든트라이앵글은 최근까지도 세계 최고의 아편 거래 지역이었다. 중국, 라오스, 버마, 태국의 고산지대에서 재배된 아편이 카라반을 따라 산을 넘고 국경을 넘어 이곳 황금 삼각지로 들어와 활발하게 거래되었다. 고산지대에서 햇볕을 잘 받고 자란 양귀비는 고품질의 아편과 헤로인을 만드는 데 쓰였다. 아편이 진통제로 널리 사용되었던 19세기까지도, 그리고 마약으로 규정되어 세계 각국 정부가 생산과 유통을 통제하기 시작한 20세기에도 골든트라이앵글은 고가의 아편이 거래되던 지역이었다. 이렇게 거래된 아편은 버마 국경에서 중국 공산당에 저항하고 있던 국민당 잔류군을 재정적으로 뒷받침했고, 수많은 소수민족의 현금 축적 수단이 되었으며, 태국의 일부 군부가 재산을 불리는 데도 기여했다.[6]

그러한 과거를 반영하듯 치앙센에서 메콩강변을 따라 한참을 올라가면 아편의 역사와 유물을 전시한 박물관이 있다. 아편하우스(House of Opium)에서 2킬로미터 더 올라가면 현 국왕의 할머니인 왕대비 상완이 시작한 도이뚱 왕립개발 프로젝트의 일환으로 설립한 왕립아편박물관(Hall of Opium)이 골든트라이앵글 공원 안에 있다.

왕립아편박물관의 대표적인 전시물은 아편 중독자들이 겪는 환상과 환멸을 보여주는 터널이다. 박물관 입구에서 시작돼 137미터에 이르는 이 터널은 양귀비가 자라는 밭을 재현한 전시관에서 끝난다. 이 전시관에서는 아편의 역사를 보여준다. 만주식 변발을 한 화교들이 아편굴에 모여 마약을 하는 모습, 태국이 미개한 전통을 타파하고 아편을 재배하던 소수민족들을 근대화의 길로 이끌었음을 보여준다. 전시관이 끝나는 길에는 왕대비 상완의 업적을 기리는 선전물과 도이뚱 왕립개발 프로젝트로 만들어진 도이뚱 커피, 소수민족들의 수공예품과 그림, 왕실 사진첩을 파는 기념품 가게가 있다. 이곳에서 왕실 프로젝트로 만들어진 도이뚱 커피를 만날 수 있다.[7]

도이뚱 프로젝트 단지

왕립아편박물관에서 도이뚱 왕립개발 프로젝트 단지까지 걸어가기는 무리다. 심지어 프로젝트 단지가 시작되는 메인 게이트에 내려서 단지까지 가는 길도 멀다. 근처에 야광 조끼를 입은 오토바이 기사들이 보이면 값을 흥정하고 오토바이를 타고 올라갈 수 있다. 프로젝트 단지가 꽤 높은 곳에 있어서 그곳까지 가는 오르막길도, 뒤돌아보면 까마득한 내리막길도 모두 가파르다. 당산나무처럼 화려한 빨간색 깃발들이 달린 거목이 보이면 도이뚱 프로젝트 단지에 도착한 것이다.

1900년에 태어난 왕대비 상완은 팔순이 가까워지자 아들에게 왕립개발 프로젝트를 넘기고 공식 활동을 줄이기 시작했다. 전 국왕인 푸미폰 왕이 태국 왕조 역사에서 가장 사랑받는 왕이었고, 그의 정치적 지위도 공고했으므로 마음이 놓인 어머니는 조용히 노년을 보내고 싶어 했다. 그런 그녀가 선택한 곳이 바로 치앙라이의 도이뚱이다. '도이'는 산을, '뚱'은 깃발을 의미하므로 깃발산이라는 뜻이다. 이곳의 소수민족 마을 곳곳에 골든트라이앵글 지역에서 마약을 거래하고 범죄를 저지른 이들이 숨어 살기도 했다. 치앙라이주의 국경 지대를 종종 방문했던 왕대비 상완은 이 산을 스위스 로잔처럼 만들기로 결심했다. 로잔은 왕대비가 청장년 시절의 대부분을 보낸 곳이었다. 치앙센의 메콩강가에서 약 70킬로미터 떨어진 곳에 자리 잡은 도이뚱 왕립개발 프로젝트 단지는 1980년대 초에 왕대비 상완의 주도로 시작되었고, 1990년 이후 대중에게 공개되면서 치앙라이의 주요 관광지가 되었다.

도이뚱 왕립개발 프로젝트 단지의 규모는 어마어마하다. 산 하나를 통째로 개발해 조성했다. 소수민족들이 살던 마을을 없애고,

도이뚱 프로젝트 단지

산을 개간하고, 티크 원목으로 빌라를 지었다. 빌라 앞에는 거대한 유럽풍 정원이 만들어졌다. 왕립개발 프로젝트를 홍보할 수 있는 식물원이 들어섰고, 화룡점정으로 평민 신분인 그녀를 아내로 맞아준 남편 마히돈을 추모하는 기념관이 세워졌다. 일반인에게 개방된 단지 외에도 산 곳곳에는 왕실 프로젝트 브랜드로 상품화된 온대 작물을 재배하는 밭과 과수원과 수공예품을 만드는 가내수공업 단지, 초등학교, 소수민족 공동체를 이주시킨 마을이 자리 잡았다.

도이뚱 왕립개발 프로젝트는 도이뚱 지역에만 한정되지 않았다. 치앙라이 곳곳으로 확장되었는데, 1994년에 문을 연 왕립아편박물관이 대표적이다. 왕대비 상완은 냉전 기간 동안 소수민족 공동체를 위해 여러 지역에서 개발 프로젝트를 진행했는데, 그중 치앙라이는 그녀에게 특별한 곳이었다. 이곳에서 '하늘에서 내려온 어머니'라는 뜻의 매파루앙(Mae Fah Luang)이라는 별명을 얻었기 때문이다. 왕대비 상완의 왕립 프로젝트를 총괄하는 기구의 명칭도 매파루앙 재단이다. 매파루앙 재단에 따르면 헬리콥터를 타고 하늘에서 내려오는 왕대비 상완을 본 고산지대 소수민족이 이 별명을 붙였다고 한다. 태국인들에게 불청객과도 같은 소수민족을 계도하고 교육시켜 근대화된 시민으로 만들려고 했던 왕대비 상완의 박애주의를 기리고 배우자는 의미에서 1998년에는 매파루앙대학교가 설립되었다. 치앙라이 곳곳에서 매파루앙이라는 이름을 가진 학교, NGO, 자선단체 등을 종종 마주칠 수 있다. 치앙라이는 그렇게 범죄자의 소굴에서 왕실의 은총을 입은 소수민족이 짜끄리 왕조의 충성스러운 백성으로 살아가는 곳으로 변모했다.

메사이 국경

치앙센 골든트라이앵글에서는 태국, 미얀마, 라오스 사이에 흐르는 메콩강이 국경선이다. 치앙센을 떠나 찾아간 곳은 메사이였다. 그곳에는 태국과 미얀마를 가르는 국경선이 땅에 그려져 있다. 강과 산으로 만들어진 자연적인 경계와 달리 육지의 국경선은 완전히 인위적인 것이다. 그 선 하나 때문에 한반도는 3년 동안 전쟁을 겪었고, 베트남에서는 25년 동안 수많은 목숨이 불에 타 숨졌다. 아직도 전 세계에서 해마다 수만 명의 난민이 국경 분쟁을 피해 고무보트를 타고, 정글에 숨어 밤길을 걸어 제3국으로 망명을 한다. 2021년 2월 미얀마 군부가 일으킨 쿠데타와 유혈진압으로 인해 수만 명의 피난민이 발생했다. 태국 군부는 이들이 태국으로 몰려올 것을 우려해 국경 지역에 무장병력을 추가 투입했다.

전쟁 난민보다 미얀마와 태국의 국경 지역에서 오랫동안 가장 심각한 문제는 밀매와 밀입국이었다. 마약 외에도 미얀마에서는 유명한 보석의 밀매가 이루어지곤 한다. 밀입국 문제는 훨씬 더 복잡하다. 앞서 말했듯 소수민족에게 국경의 의미는 남다르다. 미얀마와 태국의 국경이 다수민족의 편의에 따라 그려지면서 소수민족들은 가족이나 친족들과 생이별을 해야 했다. 한편으로는 소수민족 다수가 시민권이나 국적이 없어서 학교에 다니거나 취업을 할 수 없는 경우가 많았다. 그런 이들이 인신매매나 브로커를 통해 태국으로 들어와 취업한 경우 노동권은 고사하고 인권도 보호받을 수 없다. 태국도 미얀마도 반기지 않는 국적 없는 소수민족의 문제

• 메사이 국경
　출입국 건물

•• 메사이 – 미얀마
　　국경 다리

는 사실 20세기에 인위적으로 그어진 국경선이 빚은 비극이다.

  메사이 시외버스 터미널에 내렸을 때 거리는 한산하지 않았지만 관광객처럼 보이는 사람은 그리 많지 않았다. 버스에서 내린 사람들이 대부분 향하는 쪽으로 따라서 걸으면 성같이 생긴 높은 건물이 보인다. 세관이다. 그곳에서 여권을 보여주면 미얀마로 들어가는 1일 통행증을 발급받을 수 있다. 물론 공짜는 아니다. 세관을 지나자 미얀마로 가는 다리 위로 주황색 승복을 입은 스님들이 눈에 띈다. '골든트라이앵글의 도시'라고 쓰인 표지판 뒤로 군인들이 몇 명 보인다. 다리를 건너자마자 국경 시장이 보인다. 국경 시장에는 경계선도 없고 국적도 없다. 미얀마 팝송 불법복제 CD도 보이고 이상한 조합의 한국어로 상표를 찍은 중국산 옷도 보인다. 한국 드라마 불법복제 DVD도 종종 보인다. 길을 걷다 보면 목에 건 바구니에 미얀마산 담배를 놓고 한 개비씩 파는 사롱을 입은 아저씨들과 계속 부딪힌다. 인도에서도 종종 봤던 빈랑나무 열매도 판다. 휴대전화와 SIM 카드를 파는 곳이 정말 많다.

  한참을 걷다 보면 문득 그런 생각이 든다. 이 국경 시장은 관광객을 끌어들이기 위해 생긴 것이 아니라 말 그대로 국경을 넘으며 살아가는 사람들을 위해 존재한다고. 태국에 나가 3~4개월 혹은 더 긴 기간 동안 일을 하면서 한 번씩 이 시장에 와서 버마식 피시소스와 버마식 장아찌를 사고, 멀리 있는 친구나 가족과 통화를 하기 위해 휴대전화나 전화카드를 사는 이들을 위해 이 시장이 생겨난 것이다. 그들은 하루의 고된 노동을 달래줄 불법복제 음악 CD와 드라마 DVD, 도이뚱과 같은 산간지대에서 일하려면 반드시 필요한 목도리와 모자, 따뜻한 잠바를 이곳에서 장만하는 것이다. 100여 년 전 직접 기른 대마초, 아편, 곡식, 옥수수와 동물의 털, 가죽 등을 가지고 내려와 필요한 물품을 사서 대나무 바구니에 지고 다시 산으로 올라가던 소수민족처럼, 이제는 국경에서 경계인으로 살아가는 수많은 노동자와 국적 없는 이들을 위한 시장인 셈이다.

시장을 둘러본 후 다리를 건너 태국으로 돌아오면 길 양편으로 다닥다닥 붙어 있는 작은 가게들이 나온다. 미얀마 음식을 파는 식당도 곳곳에 있다. 버스 정류장까지 내려가는 길에 국경수비대 표지판이 보인다. 메사이는 워낙 통행하는 사람이 많고 들어오고 나가는 물자의 양도 상당하기 때문에 국경수비대가 마치 세관처럼 시내 한복판에 있다. 누가 부대 앞에서 경비를 서고 있는 것도 아니고, 지나가는 사람들을 검문하는 것도 아닌데 그리 크지 않은 부대 앞에서는 사람들이 재빨리 지나간다. 부대 앞 정문 사진을 찍으려고 카메라를 꺼내면 사람들의 걸음이 더욱 빨라진다. 양곤에서 정부가 세운 대형 선전판을 찍으려고 하자 주변 사람들이 순식간에 사라진 것처럼, 모두가 얼굴을 옆으로 돌리고 속도를 낸다. 국경도시의 흔한 풍경이다.

캐비지앤드콘돔

태국 친구들에게 치앙라이시티에서 가볼 만한 곳을 물어보면 공통으로 나오는 대답이 있었다. 씨앤드씨(C&C)라는 식당이다. '캐비지

캐비지앤드콘돔 입구

앤드콘돔(Cabbages and Condoms)'의 줄임말이다. 식당에 들어서자 형형색색의 콘돔으로 만든 옷을 입고 있는 마네킹이 보인다. 그 옆의 유리관에는 다양한 종류의 콘돔이 전시되어 있다. 벽에 붙어 있는 패널과 사진을 보다 보면, 산아제한을 통한 인구 증가 억제와 에이즈 확산 방지 캠페인을 벌이는 비영리단체가 운영하는 식당이라는 것을 알 수 있다. '미스터 콘돔'으로 불리는 비영리단체의 대표는 태국 어느 곳에서도 흔히 볼 수 있는 양배추(캐비지)처럼 콘돔도 손쉽게 구할 수 있어야 한다는 의미에서 단체 이름을 캐비지앤드콘돔이라고 지었다고 한다. 그래서 그런지 메뉴판을 보니 태국 중부 음식이 대부분이다.

식당 내부의 벽은 소수민족의 사진으로 가득했다. 전통 의상을 입고 웃고 있는 아이들, 옥수수가 가득 담긴 대나무 바구니를 지고 가는 할머니, 잎담배를 피워 검게 변색된 이를 드러낸 할아버지, 아이가 아이를 업은 듯 꼬질꼬질한 여인네와 아기들의 사진이 있다. 소수민족의 마을을 '답사'할 수 있는 체험학습 상품이 있어서, 그 투어에 참가한 관광객들이 소수민족 주민들과 함께 찍은 사진도 한 벽을 차지하고 있다. 태국의 북부 지역을 여행해본 이들에게는 낯설지 않은 사진이다. 치앙마이 공항에 내리면서부터 식당마다, 카페마다, 버스 정류장마다, 관광지마다 엽서에, 그림액자에, 벽화에, 관광책자에서 볼 수 있는 사진들이다. 다만 이 식당에 전시된 사진은 어린 나이에 계획 없이 아이를 많이 낳고, 비위생적인 환경에서 에이즈에 노출된 이들이 마치 병 그 자체인 양 보여준다.

그 사진들을 보면서 치앙라이라는 도시의 과거와 현재를 생각해

보았다. 그리고 과연 소수민족이 이상적으로 사는 방식은 어떤 것일까 고민하게 된다. 자신과 공동체의 정체성을 지키며 사는 것과 태국 사람처럼 말하고, 먹고, 입고, 일하며 사는 것 중 어떤 삶이 더 행복할까? 아니 잠깐, 과연 그들에게 그 둘 중 하나를 선택할 권리는 있을까? 태국인으로 살고 싶어도 소수민족 출신이기 때문에 태국인처럼 살지 못하는 것은 아닐까?

소수민족은 처음부터 소수민족이 아니었다. 다수민족도 처음부터 다수민족이 아니다. 어디에 국경선을 긋느냐에 따라 다수민족이 소수민족으로 잘게 나누어질 수 있고, 이웃 나라의 전쟁 결과에 따라 달라질 수도 있다. 19세기 청나라에서 윈난성 회교도의 난이 성공했다면, 구이저우의 묘족의 난이 성공했다면 이 전쟁의 이름도 바뀌었을 것이다. 청나라 정부의 무자비한 탄압과 진압 정책이 아니었다면 동남아시아의 고산지대 소수민족은 그 구성이나 숫자가 바뀌었을 수도 있다. 비슷한 시기에 영국이 버마를 완전히 함락하지 않았다면 이야기가 달라질 것이다. 지금 미얀마 군부의 로힌자인에 대한 학살과 탄압이 단순히 몇 년 전에 시작된 것일까? 제국주의와 냉전에 의해 만들어진 무소불위의 권력을 가진 민족국가가 태어난 그 시점부터 시작되었다고 보는 편이 훨씬 더 정확할 것이다.

치앙라이가 보여주는 역사는, 그리고 이 도시를 통해 본 태국의 역사는 한마디로 '국경'과 국경에 사는 '변방 사람들'의 이야기라고 정리할 수 있겠다. 한없이 평화롭고 한없이 조용하지만, 그 안에는 란나 제국의 흥망성쇠와 태국이라는 민족국가의 등장, 그로 인해 우리와 그들 사이에 경계선이 그어지면서 변방으로 밀려난 사람들의 대하드라마가 아직도 계속되고 있다. 따뜻한 커피 한잔으로는 끝나지 않을 그런 역사가 치앙라이에 있다.

★ 현시내

09

방콕,
왕이 걷는 길에서 찾아낸 민주화의 길

Bangkok

2002년 9월 처음 방콕 돈무앙 국제공항에 내렸을 때만 해도 나는 훗날 태국 전문가가 될 거라는 생각은 하지 못했다. 배낭여행에서 만난 친구의 손에 이끌려 무작정 찾아간 카오산 로드의 싸구려 게스트하우스에서 외국에서 온 배낭여행객들과 부대끼며 2주 동안 지냈다. 그때 내가 본 태국은 그저 탈출구를 찾아 날아온 전 세계 젊은이들이 99바트면 살 수 있는, 태국인들에게도 정체불명인 옷을 입고 낮에는 10바트짜리 싸구려 거리 음식을 먹고 저녁에는 맥주병을 들고 다니며 야시장에서 온몸에 헤나와 타투를 하고 레게 머리를 땋는 그저 그런 저렴한 동남아 관광지 중 하나였다.

2008년 1월 현지 조사를 하기 위해 다시 방콕 땅을 밟았을 때, 7년 전 카오산 로드에서 묵었던 싸구려 게스트하우스를 찾아보았다. 그 자리에는 미얀마 불법 노동자들이 묵는 허름한 하숙집이 들어서 있었다. 여전히 레게 머리를 하고 맥주병을 들고 다니는 외국인 배낭여행객들 사이로 카오산 로드를 걷기 시작했다. 그러다 이름을 기억할 수 없는 조그마한 골목길에 들어갔고, 한참을 걷다 보니 나도 모르는 사이에 랏차담넌 대로에 도착해 있었다. 노란색 조명이 밝게 비추는 민주기념탑이 보였다. 다시 골목길을 따라 걸으니 카오산 로드에 다다랐다. 허기가 져서 길거리에 늘어서 있던 포장마차에서 팟타이를 주문했다. 7년 전에는 10바트였던 팟타이를 40바트나 주고 먹었다. 그때는 돈을 아끼려는 배낭여행객이 찾는 음식이었는데, 7년 후 태국의 냉전사를 연구하기 위해 방콕으로 돌아오니 태국 국민의 민족주의를 고취하기 위해 1939년에 '창조'된 태국 전통 음식이 되어 있었다. 방콕은 나에게 더 이상 그저 그런 저렴한 관광지가 아니었다.

방콕이라는 대도시를 규정할 수 있는 단어는 없다. 방콕은 일주일 내내 24시간 바쁜 도시다. 수만 개의 쏘이(soi)라 불리는 골목길 사이사이로 매일 다른 역사가 쓰이고 있다. 그래서 방콕의 역사를 이해하는 키워드를 '민주화를 찾아가는 길'로 잡았다. 짜끄리 왕조가 200년 넘게 자리를 잡고 왕정을 수호하는 이 도시에서 1932년에 일어난 인민당의 혁명으로 절대왕정이 입헌군주제로 바뀌었으며, 냉전시기에는 학생들이 주도한 대규모 민주화운동으로 아주 잠시나마 군부독재가 무너지기도 했다. 21세기에 들어서는 방콕 시민들, 특히 밀레니얼 세대와 Z세대로 불리는 어린 학생들과 청년들이 새로운 대중 민주주의의 혁명을 만들어내고 있다. '왕이 걷는 길'이라는 뜻의 랏차담넌 대로에서 '왕의 소망'이라는 뜻의 랏쁘라송 길까지 태국의 민주화를 바라는 이들이 어떻게 그들의 공간을 넓혀왔는지를 시내 곳곳에 왕실 유적과 공존하는 민주화의 성지와 길을 통해 살펴보려 한다.

짜끄리 왕조의 흥망성쇠가
아로새겨진 방콕

   14세기 말 이성계가 명나라의 영토 확장 전쟁에 스러져가는 고려 왕조를 끝내고 새 왕조를 열었을 때 한성을 새로운 수도로 삼았듯, 방콕은 18세기 버마의 침략전쟁으로 스러져가는 아유타야 왕조의 귀족들이 새로운 왕조를 시작할 도성을 찾던 중 발견된 도시다. 태국 역사에서 이성계만큼 명장으로 기록되는 딱신이 1768년에 짜오프라야강 서쪽에 있는 톤부리라는 도시에서 톤부리 왕조를 시작했고, 1782년에 아유타야 귀족 출신인 텅두앙이 짜오프라야강 동쪽에 있던 방콕이라는 도시에서 라타나코신 왕조를 시작했다. 텅두앙이 지금의 짜끄리 왕조를 시작한 라마 1세다. 즉 방콕은 짜끄리 왕조의 수도인 것이다. 방콕이라는 이름의 유래는 여러 가지지만 태국 사람들은 라마 1세 때 지어진 공식 명칭인 '끄룽텝 마하나콘', 줄여서 '끄룽텝'이라고 부른다. '천사들의 도시'라는 뜻이다.

   짜오프라야강으로 둘러싸인 방콕은 아유타야 왕조의 대외무역을 담당하던 소도시였다. 18세기에 새로운 왕조가 시작된 이후 성장을 거듭해 지금은 태국 인구의 15퍼센트가 넘는 시민들이 거주하는 대도시가 되었다. 방콕이 대도시로 성장하게 된 것은 해외무역의 중심지였기 때문이기도 하지만 무엇보다 서쪽과 남쪽으로는 대영제국, 동쪽으로는 프랑스, 북쪽으로는 중국이라는 열강의 틈새에서 완충지대로 유일하게 독립을 유지한 국가라는 점도 주효했다. 물론 방콕이 항상 평화로운 도시였던 것은 아니다. 1893년 프랑스 해군 함대가 당시 시암(1939년까지 태국의 정식 명칭)과 라오스의 경계인 짜오프라야강에서 순찰을 하다 시암 해군과 충돌했다. 이 사건이 전쟁으로 확대되면서 시암은 라오스를 프랑스에 넘겨주게 된다. 이전인 1855년에는 라마 4세 몽꿋 왕이 영국과의 자유무역 조약 체결로 서구화의 길을 여는 동시에 방콕에 거주하는 영국인들에게 치외법권을 내어줘야 했다. 즉 시암은 독립국가로서의 완전한 자주권을 수호하지는 못했다.[1]

그럼에도 불구하고 태국 역사에서, 그리고 우리가 배우는 세계사에서 시암은 왕실의 세련된 외교술로 유럽 열강의 틈바구니에서 유일하게 독립을 유지한 중립국가로 남을 수 있었다고 기록되고, 짜끄리 왕조는 시암의 구원자로 숭앙받는 존재처럼 여겨진다. 특히 태국의 세종대왕이라 불릴 만한 라마 5세 쭐라롱껀 왕은 아버지의 업적을 이어받아 행정, 교육, 경제, 외교 분야에서 근대화를 추진했다. 그가 가장 개혁적이고 가장 사랑받는 국왕으로 여겨지는 이유는 노예제와 왕족 앞에서 온몸을 바닥에 붙이고 절하는 의식을 폐지했기 때문이다. 이러한 개혁정책에 박차를 가하고자 쭐라롱껀 왕은 1897년에 서구 문명을 직접 체험하기 위해 유럽 순방을 단행했다. 특히 파리 샹젤리제 거리에서 받은 감동을 재현하기 위해 방콕에 '왕이 걷는 길'이라는 뜻의 랏차담넌 길을 만들었다.

라마 6세가 왕실 재산을 거의 탕진하다시피 한 상태로 1925년에 서거하자, 그의 동생이 라마 7세로 즉위했다. 그는 대공황으로 한층 더 악화된 경제 문제를 해소하지 못했고, 이 때문에 엘리트 계층의 불만이 쌓였다. 결국 1932년 인민당(카나 랏사돈)이 주도하

• 랏차담넌 길 민주기념탑

•• 시 아유타야 로드
두싯 왕궁 앞 승마광장

는 혁명이 일어나 라마 7세는 권력을 내려놓게 된다. 1932년 6월 4일 쿠데타가 일어난 그날, 군용 트럭과 군인들이 두싯 왕궁으로 가기 위해 걸어간 길이 시 아유타야 로드다. 라마 6세가 지나친 사치와 허영이 어떤 결과를 낳을지 모르고 자신이 왕이 되기 전에 가졌던 타이틀로 이름을 바꾼 길이다. 사실 인민당이 요구한 것은 절대왕정의 철폐였지 군주제의 철폐는 아니었다. 혁명이라는 이름이 무색했다. 입헌군주제라 해도 여전히 왕은 국가수반이었다. 그럼에도 불구하고 1932년 혁명이 태국의 민주화에 남긴 영향은 막대하다. 절대왕정이 무너지고, 평범한 시민이 주권을 가지는 민주주의와 이들을 하나의 민족국가로 통합하기 위한 민족주의가 빠르게 확산되었기 때문이다. 1939년에 나라 이름을 시암에서 태국으로 바꾸면서 인민당 혁명의 주역이자 당시 총리였던 피분송크람은 쭐라롱껀 왕이 건설한 랏차담넌 길 중간에 민주기념탑을 세워 절대왕정, 더 나아가 군주제의 종식을 기약했다.[2]

    왕실도 입헌군주제의 도입으로 제한된 권력을 회복하기 위해 다양한 노력을 한다. 이들에게 인민당 내 민간인과 군인의 분열은 좋은 기회로 보였다. 특히 혁명에 가담했던 군부세력은 1947년에 쿠데타를 통해 정권을 잡고, 이후에는 쿠데타를 정권교체의 도구로 쓰기 시작했다. 아이러니하게도 1932년 인민당 혁명은 태국에서 지금까지 일어난 열여덟 번의 쿠데타 중 첫 번째 쿠데타로 기록된다. 1957년에는 지극히 보수적이고 국수주의자이자 왕정주의자였던 사릿 타나랏 장군이 군부 쿠데타를 일으켜 정권을 잡았다. 그는 자신의 정치적 입지를 공고하게 다지기 위해 라마 9세를 정치에 끌어들였다. 사릿을 이은 군부 후계자들도 모두 왕정주의를 전면적으로 지지해 왕의 정치적 영향력을 강화하는 데 기여하는 동시에 군부 통치에 대한 왕의 지지를 얻어냈다. 군부독재와 입헌군주제가 공존하는 태국식 정치는 이렇게 탄생했다.[3]

냉전시기 민주화의 성지 탐마삿대학과 랏차담넌 길

1950년부터 시작된 미국의 막대한 원조개발과 베트남 전쟁 특수로 태국의 경제가 성장하게 된다. 경제가 급성장하면서 중산층이 확대되었고, 이들은 더 큰 정치적 권리와 자유를 누리고 싶어 했다. 우리의 1970년대가 그러했듯 태국 학생들은 군인 정치가들이 미국 제국주의의 꼭두각시 노릇을 하고 있다며 반미 민주화를 외치기 시작했다. 군부는 학생운동을 폭력적으로 탄압했다. 1973년 10월 6일 방콕 시내에서 전단지를 돌리던 대학생 11명이 구속되자, 이들의 석방을 요구하는 학생들의 반정부 시위가 점점 확산되었다. 10월 11일 일반 시민들까지 시위에 참여하면서 시위대는 5만 명을 넘어섰다. 이들이 모였던 짜오프라야강 바로 옆 탐마삿대학은 이미 포화상태였다. 13일 50만 명에 이르는 시위대는 탐마삿대학 정문 앞 사남루앙 광장을 넘어 랏차담넌 대로까지 뒤덮었다. 정부는 구속된 학생 시민운동가들의 조건 없는 석방과 더불어 헌법 개정을 약속했지만, 14일 아침 해산하고 있던 시위대와 경찰 사이에 몸

싸움이 벌어졌다. 그러자 군부는 이를 구실로 탱크와 헬리콥터, 그리고 보병을 투입했다. 이날 하루에만 77명이 사망하고 857명이 부상을 당했다. 그날 저녁 푸미폰 왕은 라디오를 통해 군부정부는 사퇴할 것이라고 선포했다. 이를 계기로 푸미폰 왕은 군부독재를 종식시킨 민주화의 영웅이자 민주주의의 수호자로 숭앙받기 시작한다.

그 후 3년 동안 태국은 소위 민주주의 실험 기간을 거치게 된다. 15년 만에 주어진 자유시간을 단 한 시간도 낭비하고 싶지 않았던 혈기 왕성한 학생들은 조금 더 진보적이고, 조금 더 앞서간 정치철학과 시스템을 마련하기 위해 노력했다. 진보정치의 철학과 방법이 활발하게 논의되고 공산당이 힘을 키우기 시작했다. 1975년 베트남 전쟁에서 북베트남 공산당이 승리하고, 이후 도미노처럼 캄보디아와 라오스에 차례로 공산정권이 들어선다. 태국에서 1976년은 진보주의 정치세력과 이들의 리더 격이었던 학생운동 세력의 전성기였다. 이에 대항하기 위해 왕실과 보수 세력은 극우파 세력을 키우고 왕실이 후원하는 단체를 늘리거나 다양한 정치인을 자신들의 편으로 끌어들였다. 이들 간의 충돌은 불가피한 상황이었다. 1976년 10월 6일 새벽 탐마삿대학에 모여 1973년에 퇴진한 군부의 귀국과 정치활동 재개를 반대하는 학생들과 시민들을 향해 경찰이 발포를 했다. 이를 시작으로 극우 청년들이 정문을 뚫고 들어가 시위하던 사람들을 붙잡아 고문하거나 죽였다. 그날 오후 군부세력은 쿠데타로 정권을 탈환했다. '혹툴라'('10월 6일'이라는 뜻)로 알려진 탐마삿대학 학살은 우리의 광주 민주화운동처럼 오랜

• 카오산 로드　　•• 10월 14일 민주화 기념관

시간 동안 의도적으로 지워진 역사가 되었다.[4]

　배낭여행객이 가장 많이 몰린다는 카오산 로드가 태국 민주화를 찾아가는 길의 시작점이 될 수 있겠다. 끝없이 이어진 술집과 그 앞을 점령한 보따리장수와 간이 포장마차를 따라 걸어 올라가면 차나송크람이라는 자그마한 사원 앞에 도착하게 된다. 사원 옆으로 저렴한 숙박료를 자랑하는 게스트하우스, 노천식당, 기념품 가게, 환전소가 몰려 있다. 그 길을 따라가다 보면 짜오프라야강이 보인다. 영국 축구선수 데이비드 베컴 가족이 묵었다는 강변 호텔을 비롯한 고급 호텔과 4자 접이식 문 2개로 건물이 구획되는 낮은 건물들 사이로 난 길이 바로 프라아팃 길이다. 여기에는 한국인 관광객이 '갈비탕'처럼 먹는다는 쌀국수 식당이 있다. 그 길을 따라 걸어가면 툭툭(삼륜 오토바이 택시) 기사들이 잠시 휴식을 취하기 위해 주차하는 곳에 이르게 된다. 그 옆에 탐마삿대학의 후문이 보인다.

　탐마삿대학 안으로 들어가면 정치과학대학과 사회과학대학이 양쪽에 자리 잡고 있고, 짜오프라야강 맞은편까지 시원하게 보이는 학생식당이 있다. 짜오프라야강의 풍경을 감상하며 계속 걸어가면 초록색 잔디밭 운동장이 눈앞에 펼쳐진다. 1976년 10월 6일 경찰과 극우파에 무자비하게 진압당한 학생들이 상의를 탈의한 채 엎드린 자세로 군홧발에 밟히고 차였던 운동장이다. 운동장 트랙을 따라 올라가면 탐마삿대학 정문이 나온다. 정문을 나서기도 전에 사남루앙 광장이 눈앞에 펼쳐진다. 광장을 휘휘 둘러 난 길이 랏차담넌 길이다. 이 길을 따라가다 보면 피분송크람이 프랑스 개선문에 영감을 받아 만들었다는 민주기념탑이 보인다. 기념탑을 보면서 걸어가면 1973년 10월 14일 민주화 기념관이 나온다. 태국의 민주화운동을 이끌었던 '10월 세대'로 불리는 1970년대 학생운동가들의 노력으로 세워진 기념관이다. 이곳에서 1976년 10월 6일 학살의 흔적은 찾아보기 힘들다. 45년이 지난 오늘날에도 1976년 학살은 태국 역사에서, 그리고 방콕에서 제자리를 찾지 못한 것이다.

2010년 왕의 소망 안에 갇힌 랏쁘라송 시위

1976년 학살에도 불구하고 태국 시민들의 군부독재 종식과 민주화를 요구하는 싸움은 계속되었다. 1992년 5월에도 대규모 시위가 사남루앙과 랏차담넌 길에서 일어났지만 이번에도 유혈진압과 국왕의 중재로 허무하게 끝났다. 서민들의 전폭적인 지지를 받으며 2001년에 총리가 된 탁신 친나왓이 2006년 군부 쿠데타로 추방을 당하자, 2010년 탁신의 귀환을 바라는 시민들이 민주기념탑과 랏차담넌 길을 점령해 대규모 시위를 벌였다. 태국 역사상 가장 사랑받았던 라마 9세를 위협할 정도로 대중적 지지를 받았던 탁신 총리의 복권을 두려워한 군부는 그해 4월 군인을 투입해 유혈진압을 강행했다. 달아나던 시민들은 랏차담넌 길 옆으로 난 작은 쏘이로 몰려갔다. 태국의 설날인 송끄란 축제 준비로 한창 떠들썩하던 카오산 로드에까지 총알이 빗발쳤고, 무고한 시민들의 피가 흩뿌려졌다.

깨진 유리창과 총탄, 핏물로 범벅이 된 민주화의 성지를 뒤로하고 시위대는 아예 방콕 중심지로 시위본부를 옮겼다. 대형 쇼핑몰을 찾는 관광객과 시민들, 그리고 쭐라롱껀대학의 학생들과 그 주변 고등학교에 다니는 학생들로 발 디딜 틈 없이 복잡한 시암 스퀘어는 파야타이 길과 라마 1세 길이 만나는 교차로에서 시작된다. 이 교차로에는 지상철이 다니는 레일과 전철역을 잇는 고가통로가 층층이 겹쳐져 있어 하늘에서 보면 마치 커다란 우산이 교차로를 씌우고 있는 듯하다. 이 우산 아래 1871년 파리 코뮌이 그랬듯이 바리케이드가 세워졌다. 대형 쇼핑몰을 따라 걸으면 태국 경찰청이 나오고 이내 조그만 사원이 나온다. 그 뒤로 다시 대형 쇼핑몰과 호텔들이 들어서 있는 랏쁘라송('왕의 소망'이라는 뜻) 길이 나온다.

2010년 4월부터 5월까지 시암 스퀘어부터 랏쁘라송까지 이르는 길에는 장기간 집을 떠나 민주화 시위를 이어가던 이들이 숙식을 해결하던 대형 텐트와 간이 화장실, 보따리장수와 간이 포장마차, 랏쁘라송에 세워진 주 무대에서 끊임없이 이어진 콘서트와 연설을 보여주는 대형 스크린이 빼곡히 들어서 있었다. 생계를 이어가야 했기에 시위에 참여하지 못한 이들은 방콕의 쏘이 구석구석에서 라디오로 랏쁘라송 시위본부에서 송출하는 시위대 지도자들의 연설을 들었다. 5월에 무자비한 기습공격과 유혈진압으로 94명의 사망자와 2000여 명의 부상자가 발생할 때까지 시암 스퀘어와 랏쁘라송 길은 민주화를 열망하는 태국 시민들의 민주화 성지였다.

길을 가던 시민들이 어디에서 날아왔는지도 모르는 총알에 맞아 쓰러지고 군홧발에 단출한 살림살이가 짓밟히면서 궁지에 몰린 시

방콕 코뮌 – 시암 스퀘어

위대와 시위대를 지지하는 시민들의 분노는 극단으로 치달았다. 방콕의 랜드마크 역할을 하던 대형 쇼핑몰과 건물에 불이 붙었다. 공항과 지방으로 통하는 고속도로, 방콕 중심지를 잇는 대로에 타이어가 쌓이고 화염병과 수류탄이 던져졌다. 이들이 싸우는 이유는 자신들이 지지했던 탁신 총리가 쿠데타로 태국에서 쫓겨난 것에 대한 분노 때문만은 아니었다. 척박한 땅을 일구며 하루하루 겨우 살아가던 촌부들, 시골에서 새로운 기회를 찾아 방콕으로 왔건만 에어컨이 나오는 버스나 택시는 비싸서 타보지도 못한 도시 빈곤층에게 에어컨 바람이 너무 추워 스웨터를 꺼내 입어야 하는 대형 쇼핑몰이 몰려 있는 시암 스퀘어와 랏쁘라송에서 느낀 빈부 격차는 군부독재의 탄압보다 더 가혹했다. 그들이 민주화를 외치는 이유는 단순히 시민이 주인인 나라를 만드는 것이 아니었다. 태국 어디에서 태어났든, 어느 가정에서 자랐든, 어떤 학교에 다니고 어떤 직장을 다니든 간에 공평한 기회를 갖고 정당한 대우를 받고 싶다는 게 그들의 소망이었다. 하지만 그런 소망은 왕의 소망이라 불리는 길 위에서 다시 피로 얼룩지게 된다.[5]

2020년 Z세대의 방콕 성지화

시암 스퀘어까지 이어지는 라마 1세 길을 가로지르는 파야타이 길에는 중고등학생들이 입시를 준비하는 고시촌이 있다. 이곳에는 경쟁률이 높은 입시학원과 과외교사가 몰려 있어 상위권 고등학교나 대학교에 진학하고 싶어 하는 지방 학생들이나 방콕 교외 출신 학생들이 하숙을 많이 한다. 파야타이 길이 방콕의 신림동이 된 이유는 바로 태국의 서울대인 쭐라롱껀대학과 태국 최고의 고등학교인 뜨리암 우돔 학교가 파야타이 길 끝에 있기 때문이다. 최상위권 대학에 들어가기 위해 가족을 떠나 파야타이 역으로 몰려든 전국의 영재들, 그리고 수만 명의 Z세대가 2020년 코로나 팬데믹이 시작된 시점에 총리 퇴진, 개헌, 왕정개혁을 외치며 거리로 나섰다. 실로 아이러니한 일은 이들이 그렇게 들어가고 싶어 하는 스카이 캐슬은 이 세 가지 요구가 이루어지는 순간부터 무너질 것이라는 점이다. 특히 왕정개혁은 태국의 권위주의적 전통과 역사를 기초부터 흔들어 그들이 학연을 통해 진입하고자 하는 정치·사회·경제적 엘리트층의 입지를 완전히 뒤틀어놓을 수 있었다. 내가 가장 원하는 것이 결국 제일 먼저 극복해야 하는 장애물이라는 것을 Z세대가 깨닫게 되면서 새로운 민주화의 역사가 다시 쓰이기 시작했다.

2010년의 시위가 무자비한 유혈진압으로 종결되고 난 후 2011년 탁신 전 총리의 여동생 잉락 친나왓이 총선에서 압승을 거두었다. 2014년 5월 20일에 쁘라윳 짠오차 장군이 계엄령을 선포하고 5월 22일 저녁에 정권을 잡았다. 곧이어 탐마삿대학의 학생들을 주축으로 반쿠데타 시위가 벌어졌다. 계엄령이 선포된 상황이라 거리 시위보다 온라인 시위가 훨씬 더 광범위하고 신속하게 이루어졌다. 방콕 예술문화센터 앞에서 갑자기 학생들이 조지 오웰의 책 『1984년』을 읽는 플래시몹을 하거나, 쿠데타에 반대하는 티셔츠를 입고, 〈헝거게임〉의 세 손가락을 드는 시위를 벌였다. 수십 명에서 수백 명까지 참가한 시위는 주로 플래시몹의 형태로 이루어졌지만 그 상징성과 전파력은 대규모 시위보다 더 컸다.

2014년 군부 쿠데타와 아시아 전반에서 일어나던 민주화운동의 함성으로 각성한 태국의 Z세대가 선택한 반군부독재 민주화운동은 그 이전 세대와는 결을 달리했다. 이들의 시위는 대규모 거리 시위 형태에서 탈피해 소셜미디어에서 불시에 장소와 시간을 공유하는 플래시몹의 형태로 이루어졌다. 기존에 소수의 리더를 중심으로 움직이던 시위가 이제는 리더가 없는 운동으로 발전했다. 군부독재와 왕정주의에 신물이 난 개개인이 시위의 주체가 되었다. 민주화를 위한 요구 사항도 다양해졌다. 단순히 정치개혁만으로 태국의 현재와 미래를 바꿀 수 없다는 것을 깨달은 Z세대는 교육개혁에서부터 성소수자의 인권까지 아우르는 어젠다를 가지고 나왔다. 주목할 점은 이들의 시위 장소가 과거 민주화의 성지인 랏차담넌 길 민주기념탑이나 탐마삿대학, 시암 스퀘어 등을 벗어나 방콕 곳곳에 새로운 성지를 개척해나가고 있다는 것이다. 젊은 세대의 쇼핑 거리인 랏프라오 거리나 야시장과 노천식당이 모여 있는 교통의 중심지 전승기념탑과 같은 곳이 새로운 민주화의 성지가 되었다. 이들에게는 방콕 전체가 민주화의 성지였다.

이러한 민주화 요구에 부응해 젊은 정치학자와 비즈니스맨이 주도하여 2018년 3월에 미래전진당을 창설했다. 미래전진당은 군부의 끊임없는 방해공작에도 불구하고 2019년 3월에 치러진 총선거에서 무려 17퍼센트가 넘는 표를 받았다. 81명의 국회의원을 배출하며 제3정당이 되었지만, 2020년 2월에 강제 해산을 당했다. 학생

파야타이 길

들은 다시 거리로 나섰다. 2월 22일 탐마삿대학, 치앙마이대학, 나레수안대학에서 시작된 시위는 대학, 고등학교, 전문학교 등으로 퍼져나갔다. 미래전진당이 해산당한 2월부터 3월까지 약 3주 동안 47개 대학에서 총 86번의 플래시몹 시위가 벌어졌다. 4월에 코로나19 확산으로 봉쇄령과 집합 금지령이 내려졌지만 시위는 온라인과 오프라인에서 지속되었다.

이렇게 세력을 확장하고 있던 학생 주도의 반정부 운동은 8월 3일 해리포터를 테마로 한 시위에서 아논 남파라는 인권변호사가 왕권의 확대를 막고 국왕 모독죄 개정을 요구하면서 전환점을 맞이하게 된다. 곧이어 8월 10일 탐마삿대학에서 열린 시위에서 스물한 살의 대학생 파누사야 싯티찌라와타나꾼이 만인이 평등하다는 민주주의의 기본 원칙을 상기시키며 왕의 정치 개입 금지와 왕정 개혁 등 열 가지 요구를 발표했다. 8월 10일 이후 학생 주도의 반군부독재 민주화운동은 급격하게 세를 확장했다. 8월 16일에는 3만 명에 가까운 시위대가 랏차담넌 길 민주기념탑에 모여 총리 퇴진, 헌법 개정, 왕정개혁을 외쳤다. 9월 19일과 20일 탐마삿대학과 사남루앙에서 일어난 시위에는 10만여 명이 모였다.[6]

가만히 있는 것처럼 보이던 군부가 10월에 접어들자 움직이기 시작했다. 물론 9월부터 이미 전국 각지의 경찰병력이 방콕으로 속속 집결하고 있었다. 이들이 무력진압에 들어간 것은 10월 13일부터 16일까지였다. 10월 16일 시암 스퀘어 시위 진압에서 한국산 물대포가 그 진가를 발휘하면서 파란색의 최루약이 섞인 물대포가 학생들을 쓰러뜨렸고, 그 장면을 포착한 수천 장의 사진이 소셜미디어와 레거시 미디어를 도배했다. 다수의 학생 리더들이 구속되었다가 풀려나면서 시위는 잠시 사그라지는 듯했다. 그러나 곧 탐마삿대학은 쭐라롱껀대학의 학생운동 그룹과 연대해 11월 14일 몹페스트(MobFest)라는 대규모 시위를 랏차담년 길 민주기념탑 앞에서 벌이는 데 성공한다.

군부와 우파는 학생 리더들을 '왕실 모독죄'와 '선동죄'로 고소하면서 반격했다. 태국의 왕실 모독죄는 국제적으로 악명이 높은데, 이 왕실 모독죄가 특히 2006년 쿠데타 이후 광범위하고 일관성 없이 적용되면서 수많은 사람들에게 자기 검열을 강요해왔다. 2020년 태국에서 코로나19 바이러스보다 더 빠르게 확산된 것은 Z세대에 의해 재점화된 왕정개혁에 대한 요구였다. 다른 나라의 Z세대들이 그러하듯, 태국의 Z세대도 표현의 자유에 대한 욕망이 강하다. 그런 세대에게 왕실 모독죄, 선동죄, 그리고 계엄령은 구시대의 유물일 뿐이다. 2020년 태국의 민주화운동이 왕정개혁에 대한 시민들의 요구에 초점을 맞춘 것은 왕실이 태국의 모든 권위주의의 상징이자 그 근원이기 때문이다. 군부독재자도 왕의 발밑에 온몸을 바닥에 붙이고 낮추는 것은, 비록 실질적인 권력은 없지만 왕정이 붕괴되는 순간 가부장적 권위주의 위에 세워진 태국의 모든 전통이 무너져 내릴 것을 알고 있기 때문이다. 결국 2020년 Z세대가 요구한 왕정개혁은 권위주의 타파라는 더 큰 사회적·문화적 개혁이었던 것이다.[7]

왕이 걷는 길을 넘어선
민주화의 길

미얀마에서 쿠데타가 일어난 2021년 2월 1일부터는 태국 각지에서 반쿠데타 시위가 벌어졌다. 태국의 군부독재자 쁘라윳 찬오차와 미얀마의 군부독재자 민 아웅 흘라잉의 사진이 나란히 소셜미디어를 도배했다. 2월 7일 랏차담넌 길과 시 아유타야 길을 잇는 랏차담넌 길에 있는 유엔 건물 앞에서 미얀마 국기를 들고 군부독재 타도를 외치는 태국의 젊은이들과 미얀마 이주 노동자들이 나란히 행진했다. 반목의 역사를 갖고 있는 두 나라의 청년들이 함께 방콕을 민주화의 성지로 재탄생시키는 순간이었다. 짜끄리 왕조의 역사만큼, 독재의 역사만큼, 방콕의 민주화의 역사도 결코 짧지 않다. 그리고 오늘도 민주화를 갈망하는 이들의 땀과 눈물과 핏방울이 수만 개의 쏘이 사이사이에 녹아들고 있다.[8]

★ 현시내

10

폰사완,
베트남 전쟁의 화염을 피하지 못한 단지평원

Phonsavan

라오스 시앙쾅주의 주도인 폰사완으로 가는 길은 험하다. 특히 우기에 가면 해발 1100미터에 위치한 폰사완으로 가는 가파른 비포장도로가 진흙탕으로 바뀌어 버스든 트럭이든 한번 빠지면 헤어나오기가 힘들다. 그렇게 간신히 도착한 폰사완은 주도라기보다는 한적한 시골 마을 같다. 식당에 들어가면 왠지 중국집에 온 듯한 느낌도 들고, 재래시장을 걷다 보면 한국의 시골 장터에 온 듯한 느낌도 든다. 넓게 펼쳐진 평원에 수없이 파여 있는 웅덩이와 둔덕은 사막에 끝없이 펼쳐진 모래 언덕을 연상시킨다. 폰사완의 역사를 모르고 가면 그 나지막한 언덕들이 끝없이 연결되어 있는 평원은 그저 평화롭게만 보인다. 하지만 시내 곳곳에 녹슨 폭탄 잔재가 쌓여 있는 광경은 도대체 이곳에 무슨 일이 있었을까 하는 의문을 갖게 한다.

이 작고 조용한 시골에 관광객이 있을까 싶지만, 그래도 시내를 걷다 보면 관광버스도 제법 보이고, 단체관광객을 받는 듯한 대형 호텔도 간간이 보인다. 관광객이 주로 찾는 곳은 '단지평원' 혹은 '항아리평원'으로 불리는 곳이다. 넉넉히 잡아 2000년 이상 된 것

폰사완으로 가는 길

으로 추정되는 대형 돌항아리들이 있는 곳이다. 특히 2019년에 세계문화유산에 등재되면서 폰사완의 관광산업을 촉진하려는 라오스 정부의 관심이 단지평원에 집중되었다.[1] 관광객이 가장 많이 찾는다는 단지평원 제1구역에만 가도 이 평원에 숨어 있는 슬픈 역사를 어렵지 않게 발견할 수 있다. 바로 불발탄 점검 중이라는 표지판들이다. 베트남 전쟁의 화염을 피하지 못했지만 베트남 전쟁에 가려 지금까지도 제대로 알려지지 않은 라오스 내전의 상처가 이 단지평원에 오롯이 남아 있다. 폰사완은 작은 도시가 담기에는 너무나 큰 역사를 등에 지고 있는 도시다.

　냉전의 상흔이 아물기도 전에 라오스는 극심한 빈곤과 저개발에 직면했다. 공식적으로 라오스는 21세기에 몇 안 되는 공산주의 국가이고, 지금은 중국을 비롯한 해외 자본과 투자에 의지해야 하는 개발도상국의 위치에 있다. 이런 맥락에서 폰사완의 과거는 라오스의 현재를 비추는 거울과도 같다. 그래서 폰사완 역사기행은 단순히 이 도시만의 역사가 아니라 프랑스 식민정부로부터 독립한 후에도 여전히 강대국들의 틈바구니에서 생존을 위한 싸움을 벌여야 했던 인도차이나 국가들(베트남, 라오스, 캄보디아)에 대한 이야기로 시작한다. 그리고 단지평원이 왜 미군의 무차별 폭격의 장이 되었는지를 되짚어보며 라오스의 과거와 현재를 잇는 고리도 찾아보고자 한다.

제국들의 틈바구니에서

라오스라는 나라는 언제부터 존재했을까? 라오스가 하나의 국가로 인식되기 시작한 시점은 1953년 프랑스로부터 독립을 인정받았을 때다. 1887년 프랑스가 지금의 베트남, 캄보디아, 라오스를 '인도차이나 연합'이라는 이름으로 식민지화할 때까지만 해도 라오스는 여러 왕국의 통치를 받고 있었다. 프랑스가 '문명화 사명'이라는 이름으로 군사적 개입을 동원해 인도차이나를 점령하려 하자 베트남과 캄보디아는 거세게 저항했다. 하지만 이들 나라에 비하면 라오스는 비교적 프랑스 식민주의자들과 친밀한 관계를 유지했다. 사실 프랑스도 세계 각지에 만든 식민지들을 경영하느라 작고 평화로운 나라 라오스에 신경 쓸 겨를이 없었다.

이러한 인식과 태도를 바꾸게 한 것이 1940~1941년에 벌어진 태국과의 국경 분쟁이다. 라오스를 막냇동생쯤으로 여기던 태국은 프랑스에게 맡겨놓은 보따리라도 찾으러 온 듯 끊임없이 라오스 소유권을 주장했다. 게다가 태국과 라오스의 언어가 비슷해 의사소통이 가능하고 문화적으로도 공통점이 많아서 태국과의 국경 분쟁은 프랑스로 하여금 라오스의 충성심을 시험하는 리트머스지가 되었다. 이러한 결과로 프랑스가 라오스에 도로를 건설하고 교육을 장려하면서 라오스 엘리트 계층 사이에 '라오스 민족주의'라고 불릴 만한 각성이 시작된다. 일본의 대동아공영권에 동조하는 동남아시아 국가들이 늘어나고 일본에 베트남을 잠시 내줘야 했던 프랑스는 자국의 식민지를 지키기 위해서는 확실하게 쐐기를 박아야 한다는 것을 깨닫게 된다. 라오스인들이 프랑스 제국주의의 우산 아래서 근대화를 추진해야 한다는 각성이 있은 후 라오스에도 드디어 1947년부터 중등교육기관이 생기기 시작했다.[2]

아이러니하게도 그런 프랑스의 재식민지화 노력에 저항했던 이들이 프랑스에 대해 온건한 입장을 취했던 라오스의 왕족이었다. 1945년까지만 해도 프랑스는 시앙쾅, 참파삭, 현재 라오스 수도인 위앙짠(영어 명칭은 비엔티안)을 수도로 한 공국(principality)을 직접 지배하고 루앙프라방 공국은 자치국 형태로 보존하고 있었다. 라오스의 민족주의 운동은 바로 이 루앙프라방 공국에서 시작되었다. 펫사랏 왕자는 1945년에 이미 '해방 라오스'(라오 잇싸라)라는 민족주의 운동 단체를 만들어 친프랑스 왕실 세력에 대항했고, 그의 동생 수파누웡 왕자와 수완나푸마 왕자가 그와 함께했다. 특히 수파누웡 왕자는 프랑스 교육을 받고 자랐지만 베트남에서의 경험으로 호찌민의 열렬한 지지자가 된 후 1950년에 공산주의 조직인 '빠텟라오'(라오의 나라)를 창시했다. 이는 동남아시아에서 공산주의의 확산을 막으려던 미국의 지대한 관심을 받는 계기가 되었다. 그러던 참에 베트남의 독립동맹회(Viet Minh, 월맹) 군대가 1953년에 루앙프라방에 진출하고 빠텟라오가 군대를 양성하는 것을 돕기 시작하자, 미국의 압박을 받은 프랑스가 라오스의 독립을 선언했다. 미국의 노력에도 불구하고 1957년에 수완나푸마 왕자가 총리로 있던 라오스 정부가 수파누웡 왕자의 빠텟라오와 연정할 것을 선언했다. 그러자 곧이어 미국 중앙정보부에 매수된 라오스 군 장성이 1959년에 쿠데타를 일으켜 정권을 장악했다. 이 군 장성은 이후에

몽 수공품을 입은 소녀   수를 놓는 몽 할머니

친프랑스파였던 '리' 씨족 몽(Hmong)인 리더와 합작해 중립주의자들과 공산주의자들을 위앙짠에서 몰아낸다. 위앙짠에서 퇴각하던 빠텟라오와 중립파 세력이 1961년 1월에 점령한 곳이 바로 시앙쾅주의 단지평원이었다.

    1960년대 초만 해도 약 30여만 명의 몽 사람들이 시앙쾅주에 살고 있었는데, 이들 대부분은 해발 800미터 이상의 고산지대에 살았다. 이들 대다수가 화전민이었고 옥수수나 채소 등을 길러 자급자족하면서 아편 재배와 무역을 통해 외부 사회와도 비교적 활발하게 교류했다. 아편은 이들에게 현금을 얻는 수단이자 만병통치약과도 같았다. 특히 고산지대의 기후와 환경은 아편을 재배하기에 적합했다. 이곳에서 자란 아편이 버마/미얀마, 태국, 라오스 국경이 맞닿은 황금 삼각지(Golden Triangle)나 중국에서 활발하게 거래되었다. 1800~1900년에 중국 남부에서 청 제국의 탄압에 저항하다가 살길을 찾아 이곳에 왔기 때문에 필요에 따라 라오어를 배우고 라오의 관습을 따르기는 했지만 동시에 의식적으로 라오인들로부터 자신들의 정체성을 지키려 했다. 몽은 부계 중심의 씨족사회였기 때문에 몽 전체가 하나의 성격으로 규정되기보다는 각각이 속한 씨족사회나 공동체의 정치·사회적 구조를 존중하며 살아왔다. 그래서 반드시 몽이 아니어도 필요한 경우에는 외부 세력과 결탁하여 경쟁관계에 있는 다른 씨족보다 우위에 서려는 노력도 게을리 하지 않았다. 씨족 공동체는 태어날 때부터 결정되는 경우가 대부분이지만 입양을 통해서 바꿀 수도 있었다. 즉 씨족 중심의 공동체이지만 완전히 폐쇄적인 집단은 아니었다.

앞서 말했듯 프랑스가 라오스를 지배할 때 시앙쾅은 직접 통치했다. 그래서 시앙쾅 주민들은 프랑스 식민정부에 직접 세금을 내야 했다. 동시에 베트남과 국경을 접하고 있어 시앙쾅에 자유로이 드나들던 베트남인들에게 물질적인 착취를 당하기도 했다. 19세기 말에 프랑스 식민정부의 세금 착취에 대항해 여러 차례 봉기를 일으킨 결과 시앙쾅에 거주하던 몽 씨족 공동체 일부에게 식민지 정부의 관료가 되는 길이 열렸다.

그 과정에서 프랑스 식민정부 관료들과 협력하는 몽 공동체가 생겨나고, 이들 간에 정치적 경쟁이 일어나기 시작했다. 특히 1930년대 말부터 시앙쾅에서 가장 영향력이 있었던 '리' 씨족과 '로' 씨족이 시앙쾅 주정부 자리를 놓고 경쟁하면서 몽 공동체도 분열되기 시작했다. '리' 씨족 공동체의 우두머리들은 친프랑스화되고 식민정부에 협력하던 라오스 왕실과도 가까워지게 된다. 권력 경쟁에서 밀린 '로' 씨족은 친베트남화되고 라오스 독립을 위해 싸우던 빠텟라오와 협력하게 된다. 1953년에 라오스가 프랑스로부터 독립하자마자 친프랑스파 왕실 대 친베트남파 왕실 간의 갈등이 심화되면서, 두 세력은 중립을 지키기 힘들 정도로 서로 멀어지기만 했다. 특히 1961년 1월에 단지평원이 빠텟라오와 중립파 세력에 의해 점령되자 몽 공동체는 더욱 분열되었다.[3]

하늘에서 폭탄이
비처럼 쏟아졌던 나날들

1960년대 초 '리' 씨족 공동체의 우두머리는 미국 중앙정보부에 매수된 라오스 군부와 손을 잡고 빠텟라오와 중립주의자들을 진압하기 위한 작전에 나섰다. 미국 중앙정보부가 내전 초반에 제안한 것은 태국의 준군사조직을 시앙쾅과 그 주변 지역의 몽 마을에 보내 주민들을 특수 게릴라 부대로 훈련시키는 것이었다. 이들이 단지평원에 집결한 빠텟라오와 중립파 세력, 그리고 이들을 돕기 위해 국경을 건너온 베트남의 월맹군을 공격하여 전투력을 약화한다는 것이 초기의 구상이었다.

하지만 단 몇 주간 훈련받은 몽 특수 게릴라 부대가 1940년부터 프랑스와 일본 군대를 상대로 무장 독립투쟁을 해온 월맹군과 이들이 훈련시킨 빠텟라오군을 제압하기에는 역부족이었다. 결국 1964년에 월맹군과 빠텟라오군은 단지평원을 넘어 남부로 진출하는 데 성공했고, 미국 중앙정보부는 미 공군에 공습 지원을 요청했다. 미 공군의 무차별적인 공습으로 몽 게릴라들을 지원하려 했지만 오히려 몽 사상자가 압도적으로 늘면서, 태국도 비밀리에 군대를 보냈다. 하지만 전세를 뒤집기는 힘들었다. 1964년 8월 미국 의회는 린든 존슨 대통령의 제안에 따라 베트남 전쟁에 미군을 파병하기로 결정한다. 1965년 3월 미군이 남베트남에 상륙함과 동시에 베트남과 라오스 북부, 그리고 국경에 걸쳐 있는 월맹군의 비밀 물자보급로 '호찌민 트레일'을 중심으로 무차별 공습이 가해

단지평원의 돌항아리들

졌다. 단지평원은 말 그대로 불지옥이 되었다.[4]

2002년 10월 단지평원에 처음 갔던 날, 필자는 그날의 경험을 기록해두었는데, 그중 일부를 공유하려 한다.

> 오늘 단지평원을 보러 갔을 땐 신기한 돌항아리보다 산등성이에 깊이 파여 있던 폭탄 흔적이 더 눈에 들어왔다. 푸른 산 위에 허망하게 박혀 있는 황토색의 구멍들… 전쟁의 상처를 매일같이 보고 살면서도 순박하고 따뜻한 미소를 간직하고 있는 사람들을 만나니 참 기분이 묘했다. 정말, 정말 묘했다. 아무리 20~30년 전의 일이라지만 저 구멍들처럼 상처는 아직도 라오 사람들의 가슴에 남아 있을 텐데 왜 이들은 이리 착하기만 한 걸까… 제1구역에서 억새밭 비슷한 길을 걷는데 갑자기 평화로운 정적을 깨고 헬리콥터 한 대가 요란하게 지나갔다. 옆 산에서는 뭘 태우는지 연기가 피어오르고 있었고, 왠지 모를 공포감이 느껴졌다. 그 헬리콥터가 태양을 향해 질주하듯 날아가는 모습을 눈이 따가워 더 이상 보지 못할 때까지 계속 쳐다봤다. 그때도 저렇게 헬기가 날아가고, 그 모습을 신기하게 쳐다보고 있었을 눈이 맑은 라오 사람들에게 폭탄 비를 퍼부었겠지. 그 헬리콥터가 태양 가까이 가서 타버렸으면 하는 생각마저도 들었다.

베트남 전쟁 당시 미국 정부 관료들을 위해 라오어 통역을 담당했던 프레드 브랜프먼(Fred Branfman)은 2000명이 넘는 라오 주민들을 인터뷰했고, 이후 베트남 전쟁에 가려져 미국 중앙정보부의 '비

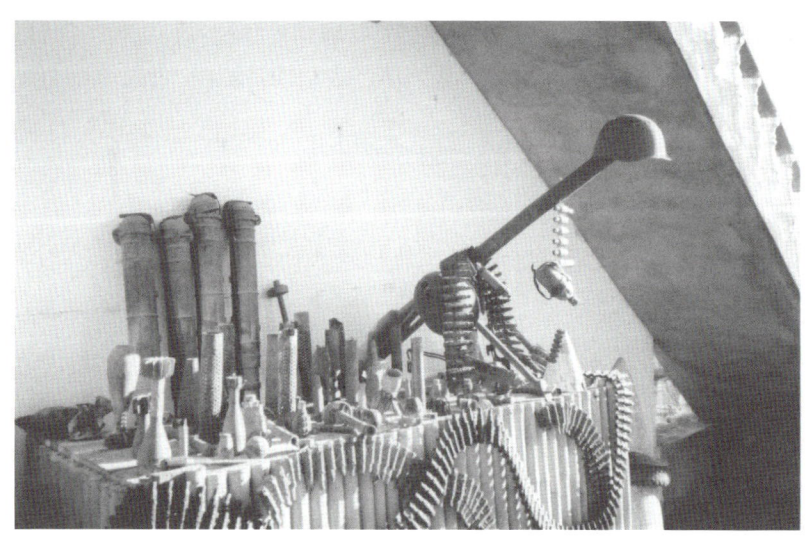

길거리에 전시된 폭탄 잔재

밀작전'으로만 남아 있던 미군의 라오스 공습을 대중에게 알렸다. 미국과 북베트남이 1973년 1월 정전협정에 서명하기 전인 1972년에 프레드는 자신이 인터뷰했던 내용과, 말로는 다 할 수 없어 자신의 경험을 그림으로 그려 보여주었던 수많은 피해자의 그림들을 모아 『단지평원에서의 목소리(Voices from the Plain of Jars)』라는 책을 냈다.[5] 그림에 있는 선 하나하나가 폭탄 파편에 터져나가는 핏줄처럼 비명을 지른다.

10년 가까이 이어진 전쟁은 씻을 수 없는 상흔을 남겼다. 1965~1973년 라오스에는 210만 톤의 폭탄이 투하되었다. 제2차 세계대전 당시 미국과 영국이 유럽에 투하한 폭탄이 270만 톤이었음을 생각하면 실로 엄청난 양이라는 것을 알 수 있다. 지금까지도 라오스는 인구당 가장 많은 피폭을 당한 국가로 기록되어 있다. 그중 3분의 1은 불발탄이어서 아직도 폭탄으로 인한 희생자가 끊이지 않고 있다. 지금도 불발탄을 제거하는 작업이 계속되고 있다. 터지지 않은 폭탄들은 녹이 슨 채 포탄 껍질과 함께 폰사완 시내 곳곳에 차곡차곡 쌓여 있다. 이곳을 찾는 사람들에게 전쟁이 얼마나 잔인하고 깊은 상흔을 남겼는지를 증언하는 현장인 것이다.

1975년에 라오스 공산당이 정권을 잡으면서 미국과 친미파에 협조했던 모든 몽은 반공파 라오인들과 함께 정권의 주적이 되었다. 라오스 인민혁명당이 공산정권을 수립할 당시 태국 국경 난민 캠프에 수용된 이들 중 3만 명이 몽이었다. 일찌감치 패전을 예감한 친미파 몽과 미국 조력자들은 1975년 4월에 남베트남 수도 사이공이 북베트남군에게 점령당하기 전에 라오스를 탈출했다. 1975

루앙프라방에서
몽 수예품을 파는 할머니

년부터 1984년까지 25만 명이 넘는 라오인들이 메콩강을 넘어 태국의 난민캠프로 흘러들어왔다. 이들 중 약 5만 5000여 명의 몽이 미국으로 보내졌다.

라오스의 시장에서 흔히 볼 수 있는 관광상품 중 하나가 바로 몽의 수예품이다. 형형색색의 기하학적 무늬를 수놓은 옷과 가방, 다리 토시 같은 액세서리, 액자에 담아 벽에 걸어놓으면 멋스러울 것 같은 직물이 주를 이룬다. 화직(몽 언어로는 'flower cloth'를 뜻하는 '팬다우')이라고 알려진, 몽 여성들이 자신의 일상을 기록하거나 결혼과 같은 특별한 날을 기념해 만드는 수예품은 그 역사가 길다. 이들은 끝이 보이지 않는 정글을 걷고, 칠흑같이 깜깜한 밤에 목숨을 걸고 메콩강을 건너 태국 난민캠프에 도착했고, 그 힘겨웠던 피난길을 이 태피스트리 안에 새겨 넣기 시작했다. 미국이라는 낯선 땅으로 이주한 이들이 집과 나라를 잃은 자신들의 삶을 기록한 태피스트리를 시장에 내놓으면서 영어로 'story cloth'라고 불리기 시작했다. 말 그대로 역사를 기록한 옷감인 것이다. 하지만 이 형형색색의 아름다운 옷감도 결코 깊고 잔인한 전쟁의 상흔을 감추지는 못한다. 오히려 그 화려한 색깔은 이국적인 아시아 수예품을 수집하는 이들에게 자신들의 아픈 역사를 알아달라고 외치는 소리 없는 비명인 것만 같아 가슴이 먹먹해지곤 한다.

불발탄이 아닌
현재가 숨기고 있는 희망으로

전쟁의 상처가 깊지만 그런 역사를 뒤로할 수 있다면, 폰사완은 너무 아름답고 평화로운, 그래서 매력적인 도시다. 단체관광객으로 북적이는 호텔을 선호하지 않는 배낭여행객은 폰사완 시내 옆으로 듬성듬성 자리 잡은 방갈로에서 묵을 수도 있고, 폭탄 잔재로 만든 'Bomb Fire'에서 캠프파이어를 하면서 수다도 떨고 맛난 라오스식 소주도 즐길 수 있다. 재래시장을 돌아다니거나 오래된 중국식당이나 노천카페에서 시간을 보내는 것도 좋다. 폰사완 재래시장에는 우리나라 시골 오일장처럼 정말 없는 게 없다. 이곳 사람들이 어떻게 사는지를 한 번에 탐색할 수 있을 정도로 다양한 물품을 팔고 있다. 매대를 지키는 수줍은 미소를 가진 소녀가 신나게 날아드는 벌레를 쫓으려 파리채를 날리는 모습도 볼 수 있고, 다 떨어진 군모를 쓴 아버지가 자꾸 보채는 아이를 달래는 광경도 볼 수 있다.

외국인 배낭여행객들은 현지 음식에 적응하지 못해 탈이 날까 봐 주로 볶음밥이나 볶음국수를 먹곤 한다. 그래도 도전해보고 싶다면 폰사완은 미식가들의 천국이 될 수 있다. 중국 화교들이 만들어서 팔았을까 싶은 닭고기 밥을 비롯해 프랑스 식민지의 유산으로 보이는 고수를 비롯한 다양한 허브를 넣은 바게트 샌드위치, 마라보다 더 혀가 얼얼해지는 라오스식 파파야 샐러드, 대나무통에서 찐 찹쌀밥, 그리고 이 모두를 정리해주는 강렬한 로부스타 커피 한 잔을 즐길 수 있는 곳이 바로 폰사완이다. 베트남 전쟁의 그늘만 벗

재래시장에서 만난 라오인

어나면 폰사완, 시앙쾅은 라오인과 몽을 비롯한 여러 소수민족이 공존하는 다문화 지역이라는 것을 단번에 알 수 있다. 수많은 동남아시아 왕국과 프랑스 제국의 흥망성쇠의 역사가 비포장도로에 흩날리는 모래와 돌처럼 시간과 공간을 초월해 재래시장의 매대처럼 펼쳐져 있는 곳이다. 그래서 음식도, 거리에 무심하게 펼쳐진 풍경도, 이 거리를 채운 사람들마저도 볼 때마다, 겪을 때마다 새롭다.

무엇보다도 먹먹했던 가슴을 확 트이게 해주는 고산지대의 평원이 이 도시의 가장 큰 매력이다. 저녁노을이 슬렁슬렁 머리 위로 걸쳐질 무렵 방갈로로 돌아가던 내 눈을 사로잡은 건 넓은 평원에서 낮게 솟은 둔덕 사이를 뛰어다니며 숨바꼭질을 하고 축구공을 차던 아이들이었다. 깔깔거리며 뛰어다니는 맑은 눈을 가진 아이들에게 과속방지턱이 없는 그 넓은 평원을 달리며 현재가 숨기고 있는 희망만을 보라고 말하고 싶었다. 전쟁은 기억되어야 하고, 그 상흔은 치유되어야 한다. 하지만 그 일을 이 아이들이 살아갈 미래까지 미룰 이유는 그 어디에도 없다.

* 현시내

11

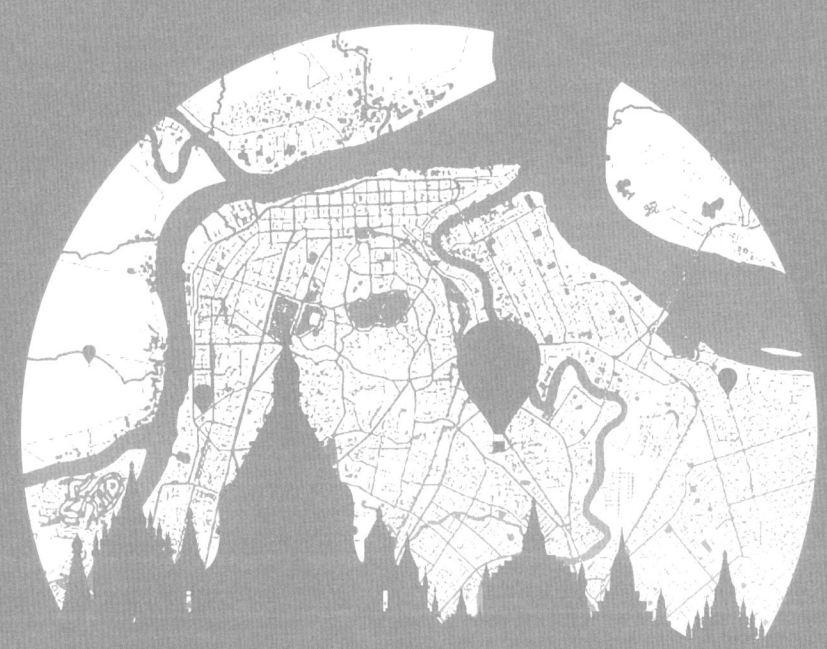

양곤, 불교의 나라 미얀마의
코즈모폴리턴 도시

Yangon

양곤의 첫인상은 수행을 중시하는 소승불교의 나라 미얀마의 대표 도시답지 않게 매우 붐비는 도시라는 것이다. 다운타운을 가득 메운 낡았지만 현대적인 건물과 많은 차량, 바쁘게 움직이는 사람들을 보고 있노라면 조금 놀랍기도 하다. 그러나 조금만 도시를 거닐다 보면 도심 한가운데 떡하니 자리 잡고 있는 황금빛 불교 사원인 술레 파고다(Sule Pagoda)와 도심 외곽에 위치한 거대하고 화려한 사원인 쉐다곤 파고다(Shwedagon Pagoda)와 마주하게 된다. 그리고 이내 양곤의 첫인상은 깨지고 만다. 사원을 중심으로 불교를 신봉하는 양곤 시민들의 일상을 보고 있으면 이곳이 바로 우리가 상상하던 소승불교의 나라 미얀마라는 것을 실감하게 된다. 미얀마는 동남아시아에서 소승불교를 가장 처음 받아들여 다른 대륙부 동남아시아 국가인 태국, 캄보디아, 라오스 등으로 전파했다.

미얀마의 역사와 양곤의 역사를 조금 알고 나서 그들의 일상을 바라보면 이곳이 과거 다양한 인종이 거주하던 코즈모폴리턴 도시였다는 것을 상상하기는 어려울 것이다. 그러나 눈 밝은 이들이라면 간간이 발견되는 이국적 건축물과 숨겨진 유산들을 통해 조금이나마 이 도시의 과거를 짐작할 수 있었을 것이다. 1931년 양곤은 인구의 절반이 인도인이었고, 중국인·유럽인 등 다양한 인종이 혼거하던 국제도시였다. 하지만 21세기 현재 양곤은 대다수가 버마인이며 다른 인종이 그리 많지 않은 불교 도시다. 100년도 채 되지 않은 과거, 거대한 불교 사원과 인도인, 유럽인, 중국인이 섞여 살던 식민도시 양곤은 어떤 모습이었을까. 양곤의 과거를 상상해보며 거리를 거니는 맛이 있을 것이다.

미얀마 남부, 대강인 에야와디강과 인도양이 만나는 지점에 위치한 양곤(Yangon)은 흥미로운 도시다. 양곤은 군부독재 정권이 국호를 버마에서 미얀마로 변경하기 전까지 랑군(Rangoon)으로 불렸고, 2006년 군부가 수도를 북부의 네피도(Naypyidaw)로 옮기기 전까지만 해도 미얀마의 오랜 수도였다. 지금은 양곤주의 주도로 인구(약 730만 명)가 가장 많은 도시이자 상업이 가장 발달한 경제 도시다. 도심으로 국한하면 면적이 서울과 거의 비슷하다.

더욱 흥미로운 점은 양곤이라는 도시의 풍경이다. 미얀마에서 가장 유명한 사원인 쉐다곤 파고다와 술레 파고다가 100여 년 동안 이어진 영국 식민시기의 다양한 건축물과 함께 도시의 흔치 않은 풍경을 이루고 있다. 또한 도시 구석구석에서 식민시기에 이주한 인도인과 중국인들의 흔적을 볼 수 있다. 동시에 버마인의 로컬 문화를 잘 보여주는 야시장도 유명하다.

미얀마 여행의 핵심은 불교 문화유산이다. 일찍부터 소승불교를 받아들여 인구의 90퍼센트 이상이 불교를 믿는 국가답게 영토 전역에 잘 보존된 오래된 불교 사원이 가득하다. 버강(Bagan)을 시작

소승불교를 믿는 버마인들의 정신적 지주인 쉐다곤 파고다.
그 화려한 모습으로 양곤에서 가장 유명한 관광지이기도 하다.
(출처: 위키미디어 커먼스)

으로 만달레이(Mandalay), 양곤 등의 대도시에서도 거대한 사원이 도시의 핵심이자 여행 코스의 중심이다. 또한 양곤은 인천에서 국적기를 통해 직항으로 갈 수 있어 미얀마 여행의 시작으로 각광받는데, 역시나 그 중심은 쉐다곤 파고다와 술레 파고다 등 불교문화 체험에 있다. 물론 방문객을 압도하는 화려한 금빛의 불교 사원을 그냥 지나칠 수는 없겠지만, 사실 사람들이 가장 많이 몰리는 지역은 양곤 시내 중심에 위치한 차이나타운 거리다. 각종 먹을거리와 볼거리가 많아 사원 탐방 이후 지친 여행객의 발길을 붙잡는 곳이다. 특히 19번가 '꼬치거리'가 유명하다.

여행객들은 불교 사원에 압도되어 양곤이 식민도시였다는 점과 원래는 버마인보다 인도인과 중국인 등 이주민이 훨씬 많았던 코즈모폴리턴 도시였다는 점을 잊곤 한다. 근대 역사에서 양곤은 명백히 이주민의 도시였고, 그 유산이 도시 곳곳에 스며들어 있다. 이를 염두에 두고 거리를 걷다 보면 아는 사람에게만 보이는 양곤의 이면을 발견하는 재미를 느낄 수 있을 것이다.

양곤을 방문한 타고르의 절망

인도의 시성으로 추앙받는 노벨문학상 수상자 타고르는 1916년에 양곤을 방문한 뒤 이렇게 묘사한 바 있다.[1]

> 이 도시는 국가라는 토양으로부터 난 나무처럼 성장하지 않았다.

> (…) 마치 시간이라는 조류 위의 거품처럼 떠도는 듯하다. (…) 나는 랑군(양곤)을 둘러봤지만, 그저 겉으로만 보았을 뿐이었고, 그 속에는 버마라고 여길 만한 것은 없었다. (…) 그 도시는 추상화다.

타고르의 감상은 식민시기 양곤이 영국에 의해 세워진 도시라는 점, 그 때문에 내부에는 버마적인 요소가 없다는 점을 강조하고 있다. 실제 타고르는 양곤을 방문했을 때 수많은 인도인이 영국 제국주의자들에 의해 이주해왔다는 사실에 놀라고, 그 인도인들이 원주민인 버마인들을 착취하고 있다는 데 실망했다고 한다. 영국 식민통치의 고통을 받고 있던 인도인들이 같은 처지인 버마인을 '이등 제국민'이라는 지위를 이용해 착취하고 있다는 사실에 절망했던 것이다.

식민시기에 본격적으로 개발된 양곤은 주로 인도인, 중국인, 유럽인의 도시였고, 원주민인 버마인은 일부 엘리트 계층을 제외하고는 오랫동안 들러리에 불과했다. 그러니 타고르의 눈에 이 도시는 국가 구성원들 간의 동질성, 소속감, 공통의 전통이 없이 모여 있을 뿐, 언제든 바람이 불면 훅 꺼질 것처럼 떠다니는 거품에 지나지 않아 보였다. 타고르의 관찰은 핵심을 꿰뚫는 것이었다. 한편으로는 양곤이라는 도시가 미얀마에서 얼마나 이질적인 공간이었는지를 잘 보여준다.

그로부터 100여 년이 흐른 지금, 양곤은 독특한 모습을 보여주고 있다. 제2차 세계대전 때 영국의 패배와 이후 이어진 미얀마의 독립으로 인도인들 상당수가 물러갔다. 하지만 중국계 이주민은 그대로 남아 살아가고 있는데, 식민시기 이주민들의 역사와 흔적, 유산이야말로 오늘날 양곤의 특징과 문화를 잘 보여준다.

일반적으로 동남아시아 역사에서 제국주의 식민시기에는 중국계 이주민의 수가 급증했고, 그들은 식민지 도시 공동체의 핵심이었다. 보통 중국계 이주민은 동남아시아 식민지 거대 도시에서 주요 종족이자 원주민 다음으로 많은 인구수를 자랑한다. 심지어 원주민 인구와 비슷하거나 더 많은 수가 거주하기도 한다. 싱가포르, 페낭, 믈라카, 쿠칭, 자카르타, 마닐라, 방콕 등이 그런 곳이다. 그러나 양곤은 다르다. 영국의 식민지가 되면서 거대 상업도시로 탄생한 양곤은 과반의 인구가 영국에 의해 자의 혹은 타의로 이주한 인도계였고, 그다음이 원주민인 버마인이었다. 중국계 이주민은 소수종족이었다. 1931년 기준 양곤의 인구는 인도계(18만 명), 버마족을 비롯한 원주민(12만 명), 중국계(3만 명), 유럽인(4000명), 유럽계 혼혈(1만 명)로 구성되어 있었다.[2]

중국계 이주민이 상업 거리를 조성하고 상업 분야를 담당한 것은 맞지만, 다른 식민지 대도시처럼 압도적인 경제력을 자랑한 것은 아니었다. 오히려 식민시기 양곤은 명백히 인도인들의 도시였고, 중국계는 소수였다. 따라서 중국계의 존재감이나 경제적 영향력이 동남아시아 다른 도시에 비해 뚜렷하지는 않다. 그런 이유로 미얀마가 독립했을 때 식민 청산을 위한 불만과 증오의 대상은 주로 인도인이었다. 동남아시아 다른 지역에서는 대리 착취자로 혐오의 대상이었던 중국계가 최소한 양곤에서는 '상대적'으로 눈에 띄지 않았던 것으로 보인다.

1945년(위)과 2018년(아래)의 양곤 거리.
두 사진 모두 도로 끝에 보이는 술레 파고다가 인상적이다.
양곤의 상징인 쉐다곤 파고다는 북쪽 외곽에, 술레 파고다는 도심 한복판에 있다.
실제 식민시기부터 지금까지 양곤 도심의 한 축은 술레 파고다이다.
식민시기 이주민들의 거주구역 역시 술레 파고다 주변에 자리 잡고 있다.
(출처: 위키미디어 커먼스)

그러나 독립 이후 양곤의 중국계 역시 버마인들에게 반감의 대상이 되었다. 가장 큰 이유는 중국과의 관계 때문이었다. 1967년 중국 문화대혁명의 영향으로 공산주의 사상이 양곤의 중국계 공동체에 파고드는 것에 대한 반감이 커지면서 반중 폭동이 일어났다. 최근 양곤에서는 중국인에 대한 인식이 더욱 악화되었다. 중국 정부의 일대일로 정책에 군부정권이 적극적으로 호응하면서 점점 강해지는 중국의 영향력에 대해 버마인들은 커다란 반감을 갖고 있다. 최근에는 버마인들이 중국 공장 32곳을 공격하기도 했다. 물론 반감의 대상은 21세기 이후 새로 유입된 신이민자들이다. 이러한 상황은 그들과 문화적·종족적으로 연결되어 있는 구이민자들에게도 중대한 위협이 될 수 있다.

양곤은 미얀마가 영국의 식민지에서 버마족 중심의 국가가 되는 과정을 잘 보여주는 도시 풍경을 품고 있다. 양곤을 돌아다니다 보면, 상업지를 중심으로 과거 화려했던 시절을 수놓은 이방인들의 유산과 흔적을 발견할 수 있다. 이는 영국 식민의 흔적이기도 하고, 버마족에게는 착취의 역사이기도 하며, 양곤이라는 미얀마 대표 도시의 다양성을 보여주는 것이기도 하다.

미얀마 역사의 전개와
영국 식민 과정

미얀마의 진정한 원주민은 에야와디강을 중심으로 거주하던 퓨족

(Pyu)과 몬족(Mon)이었다.[3] 그러다가 800년경에 티베트 지역에서 이주해온 버마족이 에야와디강을 중심으로 정착한다. 현재 미얀마 인구의 70퍼센트에 달하는 버마족의 시작이다. 이들은 이후 버강(Pagang)이라는 나라를 세워 퓨족과 몬족을 다스리는데, 이때가 11세기경이다. 이후 영국의 식민지가 되기 전까지 미얀마의 전근대 역사는 버마족과 퓨족, 몬족 사이의 갈등으로 점철되었다고 해도 과언이 아니다. 버마족은 이즈음에 실론섬(지금의 스리랑카)으로부터 소승불교를 받아들이면서 대승불교를 믿고 있던 대륙부 동남아시아에 소승불교를 처음으로 전파하게 된다. 1100년경 버강은 도시 전체가 상좌불교(소승불교)와 인도화의 영향으로 받아들였던 힌두교의 사원으로 가득한 국가가 되었고, 그 유산은 지금까지도 남아 있다. 도시 전체가 유네스코 세계유산으로 지정된 버강의 신비로운 풍경이 대표적이다. 강성하던 버강은 13세기 후반 몽골 제국의 침입으로 멸망한다.

그 후 버마 지역에는 북부에 버마족과 샨족 중심의 아바(Ava) 왕조, 남부 몬족 중심의 페구(Pegu) 왕조, 동부에는 버마족의 따웅우(Taungoo) 왕조가 성립되었다. 그리고 최종적으로 따웅우 왕조에 의해 통합되면서 버강 왕조 이후 미얀마의 통치를 확립한다. 다시 버마족 중심의 왕조가 주도권을 장악한 것이다. 1587년부터 1752년까지 존속한 따웅우 왕조의 약점은 내부 남부 지역 페구를 중심으로 퍼져 있던 몬족의 통합 여부였다. 통혼과 회유책으로 융합시키고자 노력했지만 결국 실패했고, 끊임없는 반란과 이웃 국가 아유타야 왕조(지금의 태국)가 강성하면서 안팎으로 위기를 맞은 따웅우 왕조는 결국 남부를 포기하고 북부로 물러나게 된다.

쇠퇴한 버마족은 다시 꼰바웅(Konbaung) 지역을 중심으로 세력을 키우기 시작했고, 몬족을 포함한 버마 지역 전체를 통일하게 된다. 1752년부터 1885년까지 이어진 꼰바웅 왕조는 매우 강성하여 태국의 시암 왕조를 몰아낼 정도였고, 윈난성을 둘러싸고 벌어진 청과의 전쟁에서 승리할 정도로 팽창했다. 꼰바웅 왕조의 팽창과 강성함은 18세기 후반 바로 옆에서 인도의 지배를 공고히 하고 있던 영국을 자극했다. 문제는 미얀마와 인도의 국경을 접하고 있는 아라칸(Arakan) 지역을 둘러싼 갈등이었고, 결국 양국 사이에 전쟁이 발발했다. 이후 총 세 차례의 전쟁을 통해 영국이 꼰바웅 왕조를 지배하게 된다. 버마족이 넘어온 이후 3개의 통일 왕조를 거친 미얀마 역사의 중요한 변곡점인 식민시기의 시작이었다.

1824년부터 1826년까지 진행된 제1차 버마-영국 전쟁에서 버마가 패배했고, 1826년 얀다보 조약을 통해 버마의 수도에 영국인 주재관을 둠과 동시에 아라칸 지역(지금의 라카인주)을 영국에 양도했다. 당시 영국이 버마에 관심을 가진 이유는 영국령 인도와 국경을 접하고 있다는 사실뿐 아니라 버마산 티크, 루비 광산, 석유, 쌀 등의 자원을 노렸기 때문이다. 거기에 윈난성을 통해 중국으로 진출하려는 야심도 있었다. 제2차 버마-영국 전쟁(1852~1853)으로 남부 지역(Lower Burma)이 영국으로 넘어갔다. 이때부터 에야와디강 유역의 쌀 경작지와 대도시 양곤(당시에는 랑군)을 중심으로 본격적인 식민지 건설이 시작되었다. 일반적으로 1852년부터 영국의 양곤 통치기가 시작되었다고 본다. 이후 제3차 버마-영국 전쟁(1885~

1887)으로 당시 수도였던 만달레이가 점령당함으로써 꼰바웅 왕조는 몰락했다. 왕은 인도로 유폐되었다.

영국의 목적은 인도에 위협이 되는 경계 지역을 점령함으로써 안보 측면에서 인도의 안정을 꾀하는 것이었다. 행정적으로도 버마는 영국령 인도의 한 주로 편입되었다. 실제 진압군은 대부분 인도인 용병이나 소수종족인 카렌족 출신 기독교도였다. 식민지 내부 종족 사이의 전쟁은 당시 인력 부족에 시달리던 제국주의 국가들이 흔히 사용하던 전략이었다. 제2차 전쟁 이후 남부 지역을 중심으로 대규모 쌀 경작이 이루어졌고, 특히 양곤을 중심으로 도시가 확대됨과 동시에 영국이 식민지 행정기구를 조직했다. 도시 인프라를 조성하기 시작했고, 수출입 경제를 확대하기 위해 근대적 제도를 도입했다. 남부 해안과 에야와디강 하류 인근에 위치한 양곤을 중심으로 한 수출 주도의 식민지 경제가 형성된 것이다. 그 과정에서 인도인과 중국인들이 동원되어 중요한 역할을 했다. 다른 말로 하면 원주민인 버마인들이 그들로부터 경제적 억압과 착취를 당하기 시작했다는 의미다. 바로 이 시기부터 버마인과 이주민들 사이에 대립의 골이 깊어졌다고 할 수 있다.

꼰바웅 왕조 시기 미얀마의 중심은 마지막 수도인 만달레이를 비롯한 중북부 지역이었다. 그러나 영국 점령 이후 꼰바웅 왕실의 영향력과 버마인의 결속력을 약화시키기 위해 남부에 랑군(양곤)이라는 식민지 대도시를 조성했다. 물론 여기에는 양곤이 주요 항구도시이자, 에야와디강 델타 지역에 형성된 거대한 쌀 경작지와 가깝다는 점도 고려되었을 것이다. 동남아시아의 서구 식민지 대도

1892~1895년에 지어진 양곤 식민정부 건물.
당시 영국의 식민정책에 따라 양곤에는
많은 근대식 건축물이 지어졌다.
(출처: 위키미디어 커먼스)

시는 쿠알라룸푸르를 비롯한 몇몇 지역을 제외하고는 대부분 바다나 강에 면해 있는 항구도시였다.

영국 식민시기에 중국계와 인도계가 미얀마로 이주하기 시작한 것은 아니다. 지리적으로 미얀마의 가장 중요한 특징은 육지를 통해 두 거대 문명인 중국, 인도와 면해 있다는 점이다. 그 때문에 일찍부터 이 두 지역의 이주민이 경계 지역에 거주하거나 혹은 경계를 넘나들고 있었다. 영국이 본격적으로 진출하는 19세기 이전까지 수백 년 동안 인도에서는 무슬림이, 중국에서는 산지를 통해 소수종족이 건너와 버마인이나 다른 현지 소수종족과 혼거하고 있었다. 영국 식민 지배가 가져다준 가장 중요한 변화는 두 지역으로부터 이주민들이 대량으로 건너오기 시작했다는 것이다. 그로 인해 갈등이 빚어졌다. 양곤은 영국 식민정부의 정책에 의해 이주해온 이방인들이 주로 머물던 상징적인 도시였다.

식민도시 양곤의 구획과 코즈모폴리턴 도시의 탄생

1852년 영국의 식민지가 된 양곤에 식민지 관료들이 파견되었다. 그들의 가장 중요한 임무는 도시 설계였다.[4] 핵심은 두 가지였다. 하나는 바다로 연결되는 양곤 강변을 중심으로 거주구역을 조성하는 것이었고, 다른 하나는 거주구역의 도로와 건물을 조성할 때 반드시 방역과 범죄 예방을 염두에 둔다는 것이었다. 전자의 경우 도시에 필요한 수자원의 확보와 더불어 수출입을 용이하게 하기 위해서였다. 후자의 경우 열대 기후의 특성상 각종 전염병에 대비할 필요가 있었고, 꼰바웅 왕실이 여전히 남아 있는 상황에서 버마인의 소요가 도시의 안정을 해칠 수 있다는 점도 고려했을 것이다.

초기 도시 구획의 핵심은 강변을 따라 조성된 긴 스트랜드 로드를 가로축, 중간의 부두와 북부의 쉐다곤 파고다를 연결하는 긴 연결 도로(그레이트 파고다 로드, 지금의 쉐다곤 파고다 로드)를 세로축으로 삼아 양옆으로 격자형의 질서정연한 블록을 조성하는 것이었다. 이 프로젝트를 총괄한 아서 퍼브스 페어(Arthur Purves Phayre) 대령은 인도 캘커타의 상관에게 이 두 축을 중심으로 도시 구획을 진행할 것이라고 보고했다. 이처럼 격자로 구획된 도시 구조는 싱가포르와 유럽 도시를 본뜬 것으로, 영국을 비롯한 유럽계와 그들을 도와 상업과 무역, 각종 노동 서비스를 담당할 이주민들을 수용하기 위한 것이었다. 그 어디에도 버마인을 위한 고려는 없었다. 또한 영국인에게 익숙한 도시 구조는 식민통치를 용이하게 해주었다. 예를 들어 직선으로 쭉 뻗은 넓은 도로와 격자로 구획된 블록은 범죄자 체포, 세금 부과, 부동산 거래 관리, 방역 및 위생 관리 등에 효율적이었다.

도시 구획을 마친 식민정부는 각 블록을 민간에 판매했다. 강변에 가까울수록 가격이 높았다. 당연히 부두를 낀 강변 블록은 유럽인을 비롯한 상위층 차지였다. 블록을 매입한 유럽인들은 식민지풍의 건물을 짓기 시작했다. 식민정부는 그곳의 전통적인 건축 자재인 대나무나 짚은 부식되기 쉽고 원시적이라 여겨 벽돌로 건물

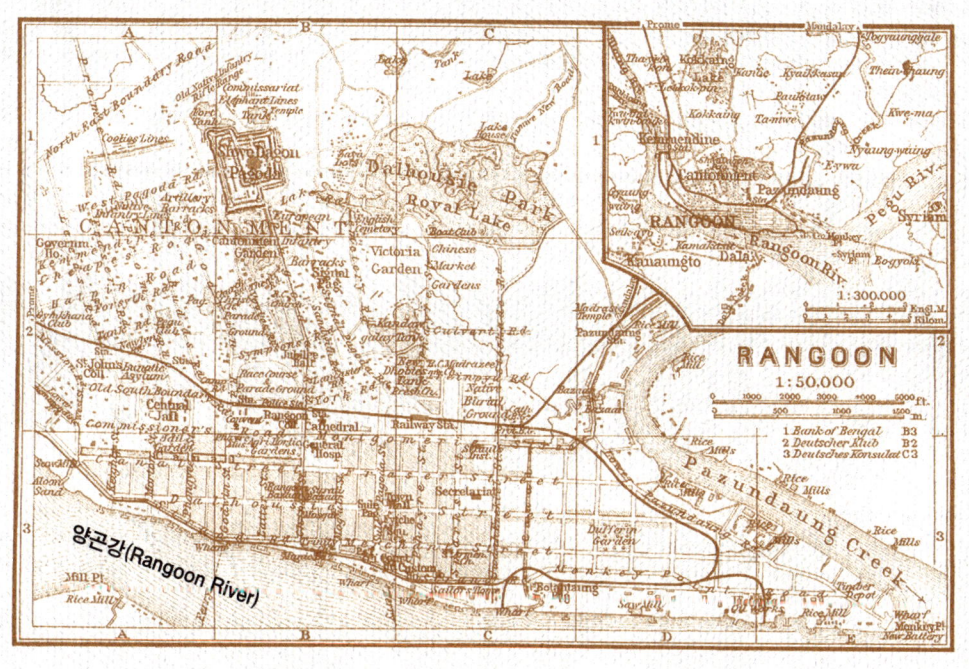

1914년 양곤 도심 지도.
양곤강변을 따라 전체 블록을 커버할 수 있을 정도로 길게 조성된 도로가 스트랜드 로드(Strand Rd)이다.
강변을 따라 곳곳에 배를 정박할 수 있는 부두(Wharf)가 건설되어 있다.
(출처: 위키미디어 커먼스)

을 짓게 했다. 블록을 매입한 뒤 1년 안에 건물을 짓지 않으면 부동산을 몰수했다. 당시 양곤에서 벽돌은 부유한 계층만이 쓸 수 있는 고급 재료였다. 현지인들은 비싸서 쓸 수 없었다는 점을 생각하면, 지배계급 중심의 식민도시 건설을 목표로 했다는 점은 분명하다. 양곤의 최대 인구를 구성하는 이들은 인도인이었다. 인도인들은 영국 식민관료 및 기업가들과 함께 양곤의 지배계급을 형성했다.

1824년 9000여 명에 불과하던 양곤의 인구가 1852년 영국 지배 이후 급증하게 된 데는 인도인의 이주와 정착이 한몫을 했다. 인도와 양곤을 정기적으로 오가는 증기선이 운영되고, 대규모 농경지에서 일하기 위해 인도인 노동자들이 대거 유입되면서 그 중심 도시인 양곤에는 많은 인도인 대부업자, 기업인, 각종 서비스 분야 전문가들이 모여들었다. 그들은 식민지 근대 도시의 형성을 견인했고, 양곤 도시 구획을 주도했다. 1901년 인도인이 양곤 전체 인구의 과반인 12만 명을 넘어서면서 양곤은 명실상부 인도인의 도시가 되었다. 타고르가 인도인 이주민들의 도시로 변모한 양곤을 방문한 것이 바로 이 무렵(1916)이었다.

대도시 양곤에 거주하던 인도인들의 직업은 크게 다섯 종류로, 정부 관료, 경찰 및 군병력, 전문가(법, 교육, 의학 등), 금융 및 무역, 각종 서비스업 등이었다.[5] 이러한 다양한 분포는 영국 식민시기 양곤의 도시 인프라 및 사회의 유지에 인도인들이 핵심적인 역할을 했음을 보여준다. 같은 인도인이라도 종교는 힌두교, 이슬람교, 시크교, 영국의 영향을 받은 기독교 등으로 다양했다. 식민시기 국제도시 양곤에 거주하는 인도인들은 중간계층을 형성하고 있었고,

1880년대 양곤 스트랜드 로드.
강변을 따라 쭉 뻗은 넓은 도로와 길게 늘어선 식민지풍의 건축물들은
당시 동남아시아 식민도시의 전형적인 풍경이었다.
(출처: 위키미디어 커먼스)

하위계층인 버마인들을 관리 및 착취하고 있었다. 과거 꼰바웅 왕조의 주민이었던 버마인들은 도시로 성장한 양곤에 자의 혹은 타의로 동원되어 유럽인, 인도인, 중국인들의 지배를 받는 최하층민으로 전락한 것이다.

물론 영국이 주도하고 인도인들이 담당한 양곤의 근대화가 버마인들에게 아무런 기회도 제공해주지 않은 것은 아니었다. 영국은 근대적 상업 인프라와 교육의 기회를 버마인 엘리트들에게도 제공해주었다. 덕분에 양곤은 수많은 독립운동가와 건국의 영웅을 배출했다. 1930년대 랑군대학(지금의 양곤대학)의 버마인 학생들을 중심으로 민족주의와 사회주의 기반 독립운동이 활발히 전개된 것이 대표적인 예다. 그들은 인도인 및 영국인에 의한 차별과 사회주의 사상의 도입을 계기로 반제국주의 운동에 뛰어들게 된다. 그 핵심 인물 중 한 명이 유명한 독립영웅 아웅산(Aung San) 장군이다.[6] 현재 평가는 엇갈리지만, 그는 미얀마의 가장 유력한 정치인인 아웅산 수 치(Aung San Suu Kyi) 여사의 부친이자 가장 중요한 정치적 자산이다. 식민시기 양곤은 버마인들에게 인도인과 중국인, 영국인들에 의한 착취를 상징하는 도시이자, 버마인 엘리트들이 그들만의 국가를 건설하려는 움직임이 본격화된 지역이라는 양면성을 지니고 있다.

중국계 이주민들의 강점

한편, 양곤의 식민화와 근대 도시 구획 및 정비, 그리고 상업 중심지로의 전환은 중국계 이주민들에게도 새로운 기회를 제공했다. 사실 중국계 이주민들, 주로 해협식민지(Straits Settlements: 말레이시아 페낭, 믈라카, 싱가포르로 구성된 영국의 식민지)에서 건너온 소수의 광둥인과 푸젠인은 18세기 말, 꼰바웅 왕조 통치기에 이미 거주하면서 정크선을 활용한 무역활동에 종사하고 있었다. 1795년에는 그들만의 전용 부두를 건설할 정도였다. 식민시기 양곤이 근대화되고 상업적 기회가 풍부해지면서 새로운 기회를 노린 중국계 이주민들이 바다를 건너오기 시작했다. 중국계 이주민의 수는 계속 늘어서 1881년 양곤 전체 인구의 3퍼센트, 1901년 4.5퍼센트, 1911년 8.9퍼센트에 달했다. 앞서 언급한 것처럼 1931년 기준 약 3만 명의 중국계 이주민이 양곤에 살고 있었다. 1911년에 이미 56퍼센트를 차지하고 있던 인도계 이주민에 비하면 소수였고, 상업적인 측면에서도 영국인과 함께 수출입 무역을 장악하고 있던 인도계에 밀리는 실정이었다.

불리한 상황에서도 중국계 이주민들은 나름대로 적응할 수 있었는데, 그들에게는 크게 두 가지 장점이 있었다. 첫째, 바다 건너 페낭과 싱가포르의 경제를 장악하고 있던 중국계 이주민들과의 초국적 혈연·지연 네트워크를 적극 활용할 수 있었다. 19세기 중반에서 20세기 중반까지 페낭과 싱가포르는 대량의 물자가 드나들던 자유무역 항구도시였고, 그 항구를 장악하고 있던 화인들은 양곤

1890년대 양곤의 화상(華商)과 그의 부인.
집이 아닌 스튜디오에서 찍은 것으로 보인다.
당시 화인들 사이에 전통 의상을 입고 사진을 찍는 것이 유행했음을 알 수 있다.
이러한 사진은 양곤뿐 아니라 동남아시아 식민도시 곳곳에서 발견된다.
(출처: 위키미디어 커먼스)

의 화인들과 혈연·지연 기반의 '꽌시(關係)'로 이어져 있었다. 그들은 사람과 물자, 정보가 오가는 초국적 화인 네트워크를 활용해 다양한 상품과 서비스를 취급함으로써 양곤의 한 축을 담당했다.

두 번째는 미얀마 역내로의 침투력이다. 식민시기 양곤의 인도인과 영국인들이 주목한 것은 주로 남부 에야와디강 델타 지역에서 생산되는 풍부한 쌀과 다양한 광물자원의 수출, 인도와 영국 본국에서 대량생산된 가공품의 수입 등의 국제무역이었다. 반면 양곤의 화인들은 국내 시장에 집중했다. 당시 인도인과 영국인은 현지인들 사이에 여전히 남아 있는 반감과 국제무역 중심의 전략으로 인해 양곤에 모인 상품을 미얀마 역내에 적극적으로 유통하기는 어려웠다. 화인들은 이를 적극적으로 공략했다. 그들은 역내 구석구석에 침투한 화인 네트워크를 활용해 남부 지역의 쌀을 중북부에 공급하고, 양곤으로 수입된 가공품을 판매했다.

사실 양곤의 화인은 명백히 소수였기에 이제까지 학계에서 그다지 주목하지 않았다. 그러다 보니 그들의 역사와 생활상에 대해서도 제대로 밝혀지지 않은 부분이 많다. 다만 양곤 도심 곳곳에는 지역 기반 협회, 종교 시설, 상점 등 화인의 유산이 여전히 남아 있어 조금이나마 그들의 존재를 짐작할 수 있다.

양곤 도심 속 식민지 이주민들의 유산

양곤에서는 오래된 건축물들을 곳곳에서 발견할 수 있다. 특히 식민시기 주요 도심이자 주류 세력이었던 이주민들이 거주했던 구역에는 연원을 알 수 없지만 사연 있어 보이는 건축물들을 종종 볼 수 있다(오른쪽 지도 참조). 대부분은 거주민들이 살고 있지만, 일부는 완전히 다른 용도로 사용되고 있다.

현재 남아 있는 양곤의 식민시기 건축물 가운데 인도인들의 유산이 가장 많을 것이다. 많은 인구만큼이나 다양한 다세대 주택이 형성되어 있었고, 여러 출신 지역과 직업군만큼이나 다양한 종교 시설이 여전히 남아 있다. 거주구역의 경우 술레 파고다를 중심으로 곳곳에 남아 있는 이국적인 맨션들이 당시 인도인의 존재를 짐작할 수 있게 해준다. 지금까지 양곤에 거주하고 있는 인도인의 존재는 각지에 있는 종교 시설을 통해서도 짐작할 수 있다. 인도인들과 함께 건너온 다양한 인종은 힌두교, 이슬람교(수니파, 시아파, 벵골 지역 등), 기독교(가톨릭, 프로테스탄트), 유대교 등 다양한 종교적 배경을 가지고 있었고, 그 유산은 지금도 상당 부분 남아 있다.

가장 유명한 모스크는 술레 파고다 맞은편 다운타운에 위치한 벵갈리 수니 모스크(Masjid Sunni Bengali)로 19세기 벵골 출신 무슬림이 지은 것으로 알려져 있다. 그 외에도 시아, 출리아 등 출신 지역과 종파에 따라 수십 개의 모스크가 양곤 시내 곳곳에 자리 잡고 있어 식민시기부터 현재까지 남아 있는 인도인 공동체의 존재를 짐작할 수 있게 해준다. 타밀 출신 인도 이주자들이 세운 힌두교 사원도 있다. 슈리 칼리 사원(Shri Kali Temple)은 술레 사원 바로 옆 인도인 거주구역인 리틀 인디아에 자리 잡고 있으며, 식민시기 노동자 계층이나 대부업에 종사하던 타밀인들이 1871년에 지었다. 지

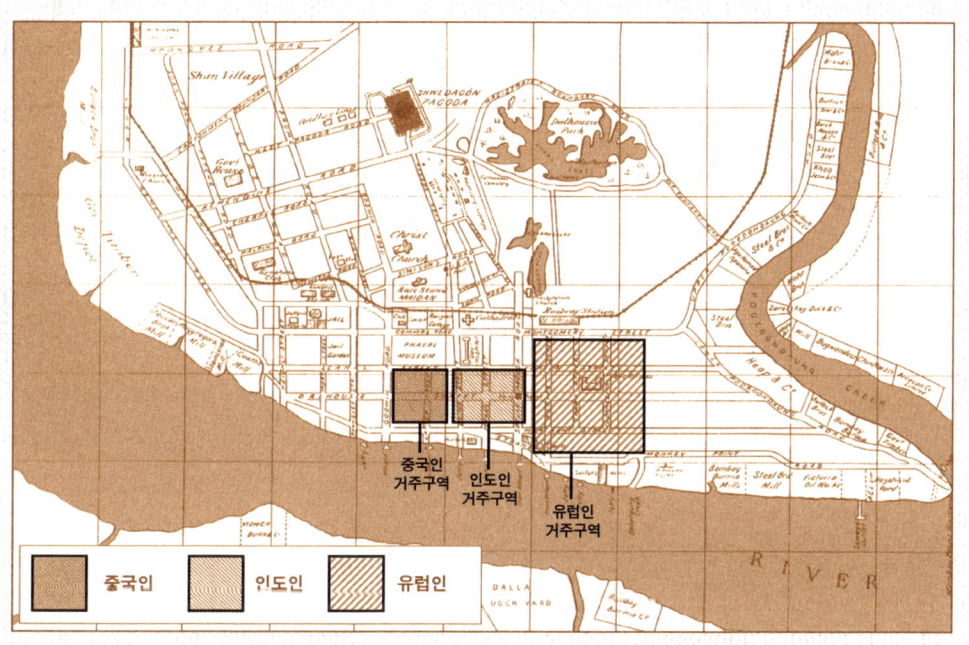

식민시기 양곤의 유럽계, 인도계, 중국계 거주구역의 위치.
당시 양곤에서 가장 중요한 세 집단의 거주구역을 통해 부두를 끼고 강변에 위치하는 것이
곧 권력을 의미했음을 알 수 있다. 한강 조망권이 부동산 가격을 결정하는
현재의 서울을 떠올리게 한다.
(출처: Jayde Lin Roberts. 2016. *Mapping Chinese Rangoon – Place and Nation among the Sino-Burmese*, University of Washington Press. 2016, p. 28)

금도 인도인 공동체에 의해 유지되고 있다.

벵골 지역을 통해 들어온 인도인들 중에는 소수이지만 유대인도 있었다. 술레 파고다 바로 옆 식민시기 인도인 거주구역에는 벵골 출신 유대인들이 지은 시나고그도 있다. 19세기 중후반에 지어진 것으로 보이는 이 유대교 회당은 서아시아에서 벵골 지역을 거쳐 양곤에 정착한 유대인들의 존재를 알 수 있게 해준다. 유대인들이 남긴 또 다른 유산으로는 중심가에 위치한 로카낫(Lokanat) 건물이 대표적이다. 1906년 바그다드 출신 유대인 소페어(Sofaer) 가문이 지은 건축물로 화려한 외관이 관광객들의 시선을 잡아끈다. 양곤의 대표적인 근대 건축으로 1930년 인도인 무역업자에게 넘어갔다가 한때 관공서로 사용되었고 양곤 최초의 아트 갤러리(1971)로 바뀌기도 했다. 지금은 기념품 가게, 은행, 커피숍 등이 입주해 있다. 괜찮은 레스토랑을 찾는 관광객들이 반드시 들르는 소페어앤코(Sofaer&Co.) 카페도 이 건물에 있다.

양곤의 화인 거주구역은 스트랜드 로드와 쉐다곤 파고다 로드가 교차하는 지점을 중심으로 형성되어 있다. 이는 술레 파고다 바로 옆 블록으로 양곤 시내에서도 가장 핵심지다. 이 땅은 양곤이 식민지가 되기 이전부터 화상들이 부두를 짓고 상행위를 하던 곳이다. 원래는 버마인들이 매춘부와 장애인을 격리 수용하던 구역이었으나 식민도시가 되면서 중심가로 탈바꿈했다. 양곤의 화인들은 방언 그룹 기반 협회, 혹은 부유한 상인들이 나서서 주변 지역을 부지런히 사들였다. 그 결과 19세기 말에서 20세기 초에 걸쳐 지금의 란마도 스트리트(Lanmadaw St.), 스트랜드 로드, 쉐다곤 파고다 로드

벵갈리 수니 모스크
(출처: 위키미디어 커먼스)

슈리 칼리 사원.
동남아시아 인도인 거주구역에서
흔히 볼 수 있는
힌두 사원중 하나다.
(출처: 위키미디어 커먼스)

푸젠인들이 설립한 불교 사원 경복궁.
양곤강변의 스트랜드 로드에 있다.
(출처: 위키미디어 커먼스)

로 둘러싸인 화인 거주구역이 형성되었다.

현재 양곤 화인 사회의 중심은 경복궁(慶福宮, Kheng Hock Keong)이다. 원래는 푸젠인이 지은 관음보살을 모신 불교 사원으로 150여 년의 역사를 자랑하는 곳이다. 양곤의 23개 협회의 대표들이 모여 전체 화인을 관리하기 위한 기관으로 삼으면서 경복궁으로 불리게 되었다. 특히 1967년 반중 폭동이 양곤의 화인 사회를 휩쓸고 간 이후 화인들은 현지 적응에 중점을 두고 불교 사원을 공동체의 주요 장소로 활용하는 모습을 보였는데, 이는 소승불교를 믿는 버마인들에게 친근하게 어필하기 위함이다. 그 이후부터는 협회를 비롯해, 화인 관련 건물에 한자뿐 아니라 버마어와 알파벳을 병기하는 경향이 강하다.

미얀마 민주화의 성지

20세기 초 영국 식민지 '랑군'을 방문했다가 제국의 이등 신민이 된 인도인들이 같은 처지의 버마인을 착취하고 억압하는 모습에 충격을 받은 타고르가 100년이 지난 지금의 양곤을 본다면 과연 어떤 감상을 남길까. 아무런 기반이 없는 허상으로만 보이던 식민도시 '랑군'은 제2차 세계대전과 독립, 1967년 반중 폭동, 계속되는 군부독재와 양곤대학 학생들의 민주화 시위를 겪으면서 미얀마의 '양곤'이 되었다. 그 아수라장 속에서 식민의 유산인 양곤의 이주민들은 끈질기게 적응해왔고, 지금까지도 나름대로 적응력을 보

양곤의 대표적인 화상 거부 림친총(Lim Chin Tsong)의 궁.
1919년에 지어졌으며, 당시에는 코카인궁이라 불리기도 했다.
팔각형으로 세워 올린 탑 형태의 건축 디자인이 인상적이며, 중국식과 서구식이 섞인
독특한 양식으로 유명하다. 2003년에는 미얀마 문화부 건물로 사용되기도 했으나,
지금은 주립 미술학교로 쓰이고 있다.
(출처: 위키미디어 커먼스)

여주며 양곤 도시 풍경의 일부가 되었다. 이주민들이 남긴 국제도시의 인프라는 고스란히 양곤 시민들이 이어받아 미얀마에서 가장 민주화되고 저항정신이 강한, 미얀마인들의 실질적인 수도로서 그 명맥을 이어가고 있다.

버마인으로 불렸던 미얀마인들에게 식민의 경험은 착취와 차별로 점철된 것이었겠지만, 코즈모폴리턴 도시로서의 경험과 식민에 저항했던 버마인들의 정신은 그대로 남아 20세기 후반부터 21세기까지 이어지는 군부 쿠데타에 가장 먼저 저항하는 미얀마 민주화의 성지와도 같은 도시가 되고 있다. 제국 속 코즈모폴리턴 도시에서 군부독재에 저항하고 민주화를 염원하는 시민들의 도시가 된 양곤은 확실히 매력적인 도시다.

미얀마의 민주화 열망이 부디 좋은 방향으로 마무리되어 언젠가 양곤을 여행할 일이 생긴다면 유명한 쉐다곤 파고다와 술레 파고다, 야시장을 둘러본 후, 하루 정도 시간을 내어 상술한 유산들을 찾아보길 추천한다. 식민도시 랑군과 버마의 랑군, 미얀마의 양곤을 비교해보는 재미가 있을 것이다.

* 김종호

12

하노이,
베트남의 역사를 가득 품은 도시

Hanoi

하노이는 고전미와 현대적 경관이 어우러진 도시다. 이 도시는 과거에 오랫동안 탕롱(Thang Long, 昇龍)이라고 불렸다. 탕롱은 "용이 날아오른다"는 뜻이다. 리(Ly, 李) 왕조는 1009년에 수립된 후 이듬해 수도를 지금의 하노이로 옮기며 도시 명을 탕롱이라 붙였다.[1] 리 왕조(1009~1225)는 국호를 다이비엣(Dai Viet, 大越)으로 정하고 탕롱에서 베트남의 기반을 다졌다. 리 왕조는 하노이의 상징인 일주사(Chua Mot Cot, 一柱寺, 1049년), 문묘(Van Mieu, 文廟, 1070년), 국자감(Quoc Tu Giam, 國子監, 1076년) 등을 설립하여 유교 전통을 만들어갔다. 일주사는 하노이의 상징으로서 '한 기둥 사원'이라고도 알려진 자그마한 불교 절이다. 문묘는 공자를 모신 사당이고 국자감은 과거의 대학이니 한국의 성균관과 형제뻘이 되는 셈이다. 베트남이 중국에 대한 저항심에도 불구하고 유교를 들여와 국가의 기본 질서를 세운 것이다.

리 왕조는 하노이에 새 궁궐을 지었으나 수많은 전쟁으로 인해 파괴됐다. 이후 왕조 때 세운 경천전(Dien Kinh Thien, 敬天展)은 왕성의 중심 건물이었지만 파괴되고 용이 화려하게 조각된 난간과 계단만 남았다. 여기에 단문(Doan Mon, 端門), 후루(Hau Lau, 後樓), 북문(Cua

하노이 궁궐의 정문인 단문(도안몬).
하노이 궁궐 내 경천전은 허물어지고,
화려한 돌계단 장식만 남았다.

Bac, 北門) 등 후대 왕조 때 지은 건물이 일부 남아 있다. 리 왕조가 망하자 리롱뜨엉(Ly Long Tuong, 李龍常) 왕자는 고려로 이주해 화산 이씨의 시조가 됐으니, 하노이는 한국과도 인연이 깊다.

역사상 베트남의 수도는 주로 하노이와 그 인근 지역에 있었다. 베트남이 중부의 후에(Hue)로 도읍을 옮긴 것은 18세기 후반이었다. 떠이선(Tay Son, 西山) 운동의 주역인 꽝쭝(Quang Tung) 황제가 전국을 통일한 뒤 수도를 후에로 정했다. 자롱(Gia Long) 황제가 1802년 마지막 왕조인 응우옌(Nguyen) 왕조를 수립한 뒤에도 수도를 그대로 후에에 뒀고, 제2대 민망(Minh Mang) 황제는 1831년 탕롱이라는 이름을 하노이(Ha Noi, 河內)로 바꿨다.[2] '용'이 후에에 있으니, '탕롱'은 바뀔 운명에 있었다. 하노이는 홍하(紅河, 홍강)의 안쪽(內)에 있는 지역이라는 뜻이다.

베트남은 응우옌 왕조 때인 1858년부터 프랑스의 침략을 받기 시작해 1883년에 국권을 완전히 상실했다. 프랑스는 1887년 베트남과 캄보디아를 포함해 프랑스령 인도차이나 연방을 수립하고 나중에는 라오스까지 여기에 포함시켰다. 프랑스는 인도차이나 총독부를 하노이에 두었다. 베트남은 1940년 후반부터 일본의 침공으로 프랑스와 일본의 이중 지배를 받다가, 1945년 8월 일본이 항복하면서 9월 2일 하노이에서 베트남민주공화국을 선포했다.

중국을 물리친 칼과 말뚝

베트남의 역사를 북거남진(北拒南進)의 역사라고 한다. 북쪽의 중국에 항거하고 중남부의 참파(Champa)와 남부의 크메르, 즉 옛 캄보디아의 영토를 획득해 확장한 역사를 말한다. 따라서 중국에 대한 베트남의 역사적 인식을 보여주는 단어는 '항거'다. 그래서 베트남은 중국에 저항한 지도자들의 이름을 거리에 붙이고 국민의 가슴에 저항정신을 각인시킨다. 베트남은 기원전 111년부터 1000년 동안이나 중국의 직접 지배를 받았고, 938년 중국을 물리치고 이듬해에 독립국을 선포한 후에도 여러 차례 중국의 침공을 받았다.

하노이 구시가지 중심에서 가장 사랑받는 곳은 호안끼엠 호수(Ho Hoan Kiem, 湖環劍)일 것이다. 이 호수는 하노이의 심장에 해당한다. 걸어서 30분 정도면 호수를 한 바퀴 돌 수 있다. 명나라가 1407년부터 베트남을 지배했는데, 레러이(Le Loi)가 타인호아(Thanh Hoa) 지방에서 봉기해 강에서 건져 올린 신비한 검을 가지고 명나라 군대를 물리쳤다. 그리고 1427년에 레(Le) 왕조를 창건했다. 그 후 그가 배를 타고 호안끼엠 호수를 도는데, 거북이 나타나 이 검(劍)을 반환(環)해 갔기에, 이 호수 이름은 '환검호'가 됐다.[3] 사람들은 이 호수에 신성한 거북이 살고 있다고 믿는다. 몇 해 전에 엄청나게 큰 거북이 떠오른 적도 있다. 호수 안의 북쪽에는 응옥선(Ngoc Son) 사당이 있고, 남쪽에는 거북탑(Thap Rua)이 있다. 응옥선 사당에는 전설의 거북을 박제해 보관해놓았다. 이와 함께 쩐흥다오(Tran Hung Dao) 장군을 모셔놓았다. 그도 중국 원나라에 저항한 장군이지만, 검을 반환한 레러이를 모시는 게 제격이었을 것 같다.

호안끼엠 호수 남쪽 지역에 동서로 길이 여러 개 나 있다. 두 번째 거리부터 하이바쭝(Hai Ba Trung), 리트엉끼엣(Ly Thuong Kiet), 쩐

호안끼엠 호수 안에 거북탑이 있다.

흥다오(Tran Hung Dao) 거리가 이어진다. 중국에 저항했던 지도자들의 이름을 붙인 거리들이다.

중국이 1000년간 베트남을 지배하던 시기에 첫 번째 저항운동을 일으킨 지도자가 '쯩(Trung)'이라는 이름을 가진 자매다. 이들이 '하이바쯩'인데, 직역하면 '두 분의 쯩 여사'다. 쯩 자매는 40년에 하노이 서쪽 메린(Me Linh) 지역에서 봉기해 왕을 칭했다. 이듬해 중국의 마원 장군의 부대가 공격해왔고, 쯩 자매는 그들에게 저항하다가 43년에 생포돼 처형당했다.[4] 호안끼엠 호수 서쪽 거리가 끝나는 지점부터 바찌에우(Ba Trieu) 거리가 남쪽으로 뻗어 있다. 찌에우 여사도 248년 중국의 식민 지배에 저항해 봉기했던 여성 지도자다. 베트남의 역사에서는 여성의 역할이 컸다.

하이바쯩 거리 바로 남쪽에 리트엉끼엣 거리가 동서로 나 있다. 리트엉끼엣은 11세기 후반 송나라의 침입에 대항한 베트남의 장군이다. 그는 송나라 군대를 공격하기 전날 밤 부하들에게 "남국산하 남제거(南國山河南帝居)"로 시작하는 노래를 부르게 해 사기를 북돋웠다고 한다. '남국' 베트남에는 '남제', 즉 남쪽의 황제가 있다는 것이다. 베트남 사람들은 오래전부터 자신들이 중국 '북국'과 대등하다는 인식을 갖고 있었다. 이 노래는 "너희[송나라]는 참담한 패배를 맛보고야 말리라"로 끝난다.[5]

쩐흥다오는 13세기 말 원나라의 침입을 물리친 인물이다. 그는 원나라 군대가 쳐들어오자 썰물 때 바익당(Bach Dang)강에 말뚝을 박아놓고 밀물 때 원나라 배를 유인해 강을 거슬러 오르게 했다. 바익당강 하구는 지금의 하이퐁(Hai Phong) 근처 바다와 만나는 지점이다. 썰물이 되면서 원나라의 큰 배가 움직이지 못하자, 쩐흥다오 군대가 역공격을 가해 승리를 거뒀다.[6] 이 '말뚝 전술'은 938년 응오꾸옌이 중국에 대항해 이미 썼던 전술이다. 당시 응오꾸옌은 바익당강 어귀에 군사를 매복시키고 강바닥에 말뚝을 박아두었다. 그의 부대는 중국 남한의 수군이 공격해오면 강을 거슬러 도망쳤다가, 썰물이 돼 적군이 말뚝에 걸렸을 때 공격해 승리했다.[7] 그 말뚝은 현재 하노이의 역사박물관에 전시돼 있다. 중국이 베트남의 '말뚝 전술'로 이미 패한 적이 있음에도 불구하고 왜 또 같은 전술로 패했는지 모르겠다. 그래서 역사를 기억해야 하나 보다. 하노이에서 역사를 알려면 역사박물관, 혁명박물관, 군사박물관, 호찌민박물관, 미술박물관, 민족학박물관 등지를 가봐야 한다.

프랑스의 식민 지배를 넘어

호안끼엠 호수 북쪽으로는 구시가지가 넓게 자리 잡고 있다. 보통 '36거리'라고 불리는 곳이다. 이 구역의 거리가 36개라고 해서 그리 불린다. 오래된 거리에 낡은 가게가 즐비하다. 하노이 주위에서 옮겨온 사람들이 같은 종류의 물건을 파는 가게를 열면서 거리가 형성되었다. 그 거리에서 주로 매매되는 품목이 거리의 이름이 되었다. 예컨대 포항박(Pho Hang Bac)의 '포'는 거리, '항'은 물건, '박'은 은이므로, 포항박은 금은방 거리다. 포항가이(Pho Hang Gai)는 베옷 거리로 출발해서 그런지 패션 부티크 숍이 많다. 그 외에도 포항자(Pho Hang Da)는 가죽제품 거리, 포항드엉(Pho Hang Duong)은 설탕 거리, 포항무오이(Pho Hang Muoi)는 소금 거리다. 그 북쪽에 대규모 도매시장인 동쑤언(Dong Xuan) 시장이 자리 잡고 있다. 거리를 구경하며 이런저런 물건을 싸게 사는 재미도 쏠쏠하다. 길거리에 내놓은 식탁에 앉아 쌀국수 한 그릇을 비우는 재미도 놓칠 수 없다. 여행객들에게 '맥주 거리'로 알려진 따히엔(Ta Hien)은 초저녁부터 불야성을 이룬다. 각양각색의 안줏거리는 시원한 생맥주에 얹는 덤이다.

호안끼엠 호수 중간쯤부터 남쪽으로 널찍하게 잘 구획된 지역이 펼쳐진다. 이른바 프렌치 쿼터다. 프랑스 식민 지배 시기에 개발된 곳이다. 호수 중간의 동쪽에는 시청과 중앙우체국, 서쪽에는 대성당이 자리 잡고 있다. 호수 남쪽으로는 짱띠엔(Trang Tien) 거리와 짱티(Trang Thi) 거리가 이어진다. 짱띠엔 거리는 호수 남단에서 시작해 동쪽으로 오페라하우스까지 이어진다. 짱띠엔 거리에는 화랑과 서점, 패션 상점, 선물 가게 등이 자리 잡고 있다. 규모는 훨씬 작지만, 중국 베이징의 유리창(琉璃廠) 같은 곳이라고 할까? 도시가 확장되기 전 서울 명동에 해당하는 곳이라고 해도 무방하다. 오페라하우스에 조금 못 미쳐 하노이 증권거래소가 있고, 길 건너에는 하노이 레전드 메트로폴 호텔이 있다. 메트로폴 호텔은 1901년에 세워졌으니 글자 그대로 레전드다. 짱띠엔 거리 끝에 있는 하노이 오페라하우스는 파리의 오페라하우스 팔레 가르니에(Palais Garnier)를 모델로 삼아 1911년에 세워졌다. 모두 고풍스러운 아름다움을 지녔다. 호안끼엠 호수 서쪽으로 뻗은 짱티 거리에는 국가도서관이 자리 잡고 있는데, 왕조시대에는 과거시험장이 있었고 프랑스 식민 지배 시기에는 아카이브와 비블리오텍이 있었던 자리다.

하노이와 베트남 전쟁, 그리고 미국

베트남은 오랜 중국과의 대결, 프랑스와 일본의 식민 지배에서 벗어나 1945년 9월에 드디어 독립을 선포했다. 호찌민이 이끄는 베트남민주공화국이 출범했다. 그러나 프랑스는 이를 인정하지 않고 식민지를 복구하려고 획책했다. 1946년 말부터 두 나라는 전쟁에 돌입했는데, 이것이 제1차 인도차이나 전쟁이다. 베트남은 1954년 5월까지 서북부 산간지대인 디엔비엔푸에서 치른 마지막 대항전에서 간난신고 끝에 프랑스를 물리치고 전쟁을 마무리했다. 강대국들이 제네바에 모여 베트남을 2년간 분단한 후 총선거를 치러 통일국가를 세운다는 방안을 내놓았을 때, 힘이 약한 베트남은 받아들일 수밖에 없었다. 그렇게 하여 베트남은 1954년 7월에 국토가 분단되어, 북부에는 베트남민주공화국, 남부에는 베트남공화국이 들어섰다. 베트남공화국은 제1차 인도차이나 전쟁 중 1949년에 프랑스의 후원으로 세워진 '베트남국'을 이어받은 국가였다. 미국은 제1차 인도차이나 전쟁에서 프랑스를 지원했고, 프랑스가 베트남을 떠나자 남베트남을 지원하는 역할을 이어받았다. 남북 베트남은 서로 대치하다가 각각 외국의 지원을 받으며 1964년부터 열전을 치른다. 제2차 인도차이나 전쟁, 곧 베트남 전쟁이다. 이 전쟁은 1975년 4월 북베트남이 남베트남을 무력으로 점령하며 끝났다.

호아로 수용소

2021년 8월 하노이를 방문한 카멀라 해리스 미국 부통령은 쭉바익(Truc Bach) 호숫가에 있는 비석에 헌화했다. 쭉바익은 하노이에서 가장 큰 호수인 호떠이(Ho Tay, 西湖) 바로 동쪽에 있다. 그 비석은 베트남 전쟁 때 1967년에 하노이를 폭격하러 왔다가 격추당한 공군 조종사 존 매케인(John McCain)을 기리기 위해 세운 것이다. 당시 매케인은 생포돼 호아로(Hoa Lo) 수용소에 5년 6개월간 수감됐다. 1973년에 석방된 후 귀국해 미국 상원의원을 지냈고 2018년 8월에 사망했다. 그가 사망했을 때 대니얼 크리튼브링크 베트남 주재 미국 대사가 이 호숫가의 기념비에 헌화하기도 했다. 2021년 7월 로이드 오스틴 미국 국방장관도 베트남 방문길에 매케인이 수감됐던 호아로 수용소를 둘러보고 이 기념비에 헌화했다.[8] 이처럼 하노이는 베트남 전쟁과 뗄 수 없는 도시다.

베트남 전쟁 때 호아로 수용소는 미군 조종사 300여 명이 수감되어 있어 '하노이 힐튼'이라고 불렸다. 사실 호아로 수용소는 프랑스 식민정부가 19세기 말에 만든 중앙교도소(Maison Centrale)로 수많은 베트남 민족운동가들에게 고통을 안겨준 곳이다. 그 지역이 화로(火爐)를 만들던 곳이라 '호아로'라고 한다. 호찌민 다음으로 고위 인사였던 쯔엉찐(Truong Chinh) 등 많은 인사가 호아로에 수감됐었다. 지금은 수용소의 일부를 박물관으로 개조했고, 나머지 구역에는 높은 주상복합 건물 '하노이 타워'가 들어섰다.

베트남 전쟁 때 미국은 1965년부터 북베트남을 제압하거나 종전 회담에서 유리한 위치에 서기 위해 하노이에 엄청난 폭격을 가했다. 회담과 결렬이 반복되는 과정에서, 하늘에 뜬 미군의 B-52

는 공포의 대상이었다. 미국은 1972년 12월 북베트남을 회담장으로 끌어내기 위해 대대적인 크리스마스 폭격을 가했다. 당시 미군의 폭격으로 하노이의 대형 병원인 바익마이 병원이 큰 피해를 입었는데, 가장 폭격이 심한 날에는 의사와 간호사 30명이 잔해 더미에 묻히기도 했다. 미군의 폭격은 컴티엔(Kham Thien) 거리에도 흔적을 남겼다. 수많은 가정집이 파괴됐고 대대적인 폭격이 있던 날 이 거리에서 사망한 주민은 577명이었다고 한다.[9] 컴티엔에는 희생자들을 기리기 위해 죽은 아이를 안은 어머니상과 함께 기념비가 세워져 있다.

미군의 폭격을 맞은 사람 중에는 미국인도 있었다. 전쟁 중에 가수 존 바에즈, 배우 제인 폰다 등 반전 인사들이 하노이를 방문했는데, 그들은 폭격을 피해 메트로폴 호텔의 지하 방공호로 피신해야 했다.[10] 존 바에즈는 2013년에 이 호텔을 다시 방문해서 자신이 그린 소년 초상화를 기증했다. 이 그림은 호텔 로비에 걸려 있다. 이 메트로폴 호텔이 2019년 2월에 김정은과 트럼프의 정상회담 장소가 됐다. 식민 지배와 전쟁의 장소에서 평화의 결실을 맺을 수 있을 뻔했는데, 회담이 깨져 아쉽게 됐다.

개혁 속 사회의 지속과 변화

베트남은 전쟁의 시련을 이겨내고 1975년에 통일을 이뤘지만, 그 후 10년 동안 경제적 어려움을 겪어야 했다. 쌀이 귀해 쌀국수도 부족했고, 설탕이 모자라 아이스크림도 만들지 못했다. 사람들은 고향에서

메트로폴 호텔의 지하 벙커와 존 바에즈가 기증한 그림

비공식적으로 쌀을 조달해야 했고, 이를 '고향쌀'이라고 불렀다.[11] 베트남 정부는 경제난을 극복하기 위해 1980년대 후반에 전면적 개혁에 나섰다. 개혁은 도시의 경관을 그대로 두기도 하고 바꾸기도 했다.

구시가지의 주택은 개혁 이후에도 여전히 옛 모습을 간직하고 있다. 이런 집을 냐옹(Nha ong)이라고 하며, 영어로는 튜브하우스(Tube House)라고 한다. 길가로 난 쪽의 폭이 4미터이고 뒤쪽은 20미터 정도다. 보통 3층이나 4층으로 짓는다. 부이쑤언파이(Bui Xuan Phai)는 하노이 구시가지 풍경을 그린 대표적인 화가다. 그의 그림 속 구시가지의 집들은 지금도 거기에 그대로 있다. 하노이에서 그리 유명하지 않은 화가 즈엉비엣남(Duong Viet Nam)의 집은 호안끼엠 호수 북쪽의 꺼우고(Cau Go) 거리에 있다. 집은 도시의 전형적인 숍하우스로 1층에 가게, 2층에 주거 공간이 있다. 3대가 살고 있는데, 집 내부 공간은 트여 있다. 침대가 3개 있고, 천 하나로 세대 간을 가리고 있다. 한편 지금도 부촌인 호떠이(서호) 인근 지역에는 3, 4층짜리 빌라들이 호수 주위를 둘러싸고 있다. 레이크 뷰 빌라의 가격은 우리 돈으로 20억 원에 이른다.

남쪽으로 눈을 돌리면 전혀 다른 경관을 마주하게 된다. 개혁정책 이후 하노이의 주택도 대격변을 맞았다. 새로 개발된 하노이 남부는 한국의 강남이라고 할 수 있다. '하노이 강남'의 개발은 시뿌짜(Ciputra) 빌라 단지와 쭝호아(Trung Hoa), 년찐(년찡, Nhan Trinh)의 아파트 단지에서부터 시작됐다. 하노이의 '강남'은 이제 미딘(미딩, My Dinh), 송다(Song Da), 떠이호떠이(Tay Ho Tay) 등지로 급속히 확산되고 있다. '강남'을 선망하는 한국 사람들은 하노이에 거주할 때 쭝호

하노이 구시가지 주택과
호떠이(서호) 주변의 레이크 뷰 빌라

아의 아파트에 머물다가 미딘으로 옮기고, 다시 새로운 신개발지구로 옮겨간다.

한발 늦게 베트남의 대표 기업 빈(Vin)그룹이 아파트 건설에 뛰어들었다. 빈그룹은 하노이 시내에 빈홈즈 로열시티, 타임즈시티 등을 조성했고, 홍강 건너 하노이 외곽에 리버사이드, 오션파크 등 몇 군데 빈홈즈 단지를 건설했다. 오션파크에는 세계적 수준의 대학을 목표로 빈대학을 설립했다. 빈홈즈 단지는 아파트와 단독 빌라로 구성돼 있는데, 빌라가 상당히 호화롭다. 리버사이드의 한 빌라는 집 정면을 도로로 접근하게 하고 그 뒤를 인공 수로로 연결해 놓았다. 그 집 주인은 아침 운동으로 보트를 젓는다고 한다. 빈그룹은 하노이 바로 옆에 있는 흥옌 성 반장 지역에도 빈홈즈 드림시티 단지를 조성하고 있다.

쌀국수 '퍼'의 3대 천왕

음식은 사회 변화에 맞춰 곧바로 변하지는 않는다. 외국 음식점이 점점 늘고는 있지만 베트남 음식점들은 여전히 건재하다. 맛있는 베트남 음식이 셀 수 없이 많은데 한국 사람들에게 몇 가지만 소개하는 게 안타까울 정도다. 우리는 베트남 음식 하면 쌀국수를 떠올린다. 베트남 쌀국수가 한국에 처음 들어올 때 '포(pho)'라고 알려졌다. 포호아(Pho Hoa), 포베이(Pho Bay) 등이 그 예다. 베트남어는 발음을 표기하기 위해 로마자에 기호를 붙이는데, 베트남어에 익숙하지 않아 생긴 일이다. '퍼(pho)'가 맞다. 사람들은 '퍼'가 하노이에서 시작됐는지 남딘(Nam Dinh)에서 시작됐는지 원조 논쟁을 벌이기도 한다. 남딘은 하노이에서 동남쪽으로 80킬로미터 떨어진 홍강(홍하) 델타의 한 지역이다. 사람들은 뭐든지 '3대 천왕'을 꼽는 것을 좋아하는데, 하노이 '퍼'의 3대 천왕으로 퍼 자쭈옌(Pho Gia Truyen, 家傳), 퍼 리꾸옥스(Pho 10 Ly Quoc Su), 퍼 틴(Pho Thin)을 든다.

퍼 자쭈옌은 밧단(49 Bat Dan) 거리에 있는데 하노이 쌀국수의 전형을 보여준다. 국물이 살짝 기름진 것 같기는 하다. 가게를 여는 시간이 한정돼 있어, 시간을 잘 맞춰 가야 한다. '퍼'를 주문할 때 국수에 얹는 소고기로 익힌 고기나 생고기를 선택할 수 있는데, 반반씩 주문할 수도 있다. 외국인들은 보통 익힌 고기를 얹는데, 하노이 사람들은 생고기를 좋아하는 편이다. 생고기는 뜨거운 국물에 들어가면 금방 익는다. 국수에 넣는 채소로는 쪽파가 기본이다. 여기에 라임을 짜 넣고, 취향에 따라 마늘을 넣은 식초를 조금 뿌리거나 묽은 고추장을 넣기도 한다.

퍼 리꾸옥스는 문재인 대통령이 하노이 공식 방문 시 늘렀던 곳이기도 하다. 본점은 리꾸옥스 10번지에 있으며, 문 대통령이 간 곳은 하노이 남쪽에 있는 분점이다. 여기도 전형적인 하노이 '퍼'를 내는데, 국물이 자쭈옌보다 더 맑은 느낌이다.

퍼 틴은 두 군데에 있어서 혼동할 수 있다. 한 곳은 호안끼엠 호수 동쪽 딘띠엔호앙(Dinh Tien Hoang) 거리 중간쯤에 난 작은 골목 안에 있다. 1955년에 문을 열었다고 한다. 현 주인장의 할아버지 부이찌틴이 용의 해에 태어나 '틴'이라고 이름을 지었는데, 가게 이름도 그리 지었다고 한다.[12] 이곳에서는 전형적인 하노이 '퍼'를 낸다. 다른 한 곳은 호안끼엠 호수 남쪽으로 1.5킬로미터 떨어진 로득(13 Lo Duc) 거리에 있다. 이곳의 주인장도 1952년 용의 해에 태어나 이름이 '틴'이고, 1979년 개업할 때 이를 그대로 가게 이름으로 썼다. 이곳에서는 쌀국수에 쪽파를 듬뿍 썰어 넣고 볶은 소고기를 얹어준다. 고소한 맛이 입안에 가득 퍼진다. 로득 퍼 틴은 2019년 3월 일본에 가게를 내 큰 인기를 끌었다. 이 퍼 틴 맛이 그리워지던 차에 우연히 한국에도 퍼 틴이 여러 군데 생겼다는 것을 알았다. 역시 비즈니스맨은 빠르다. 사진을 보니 로득 퍼 틴 스타일이다. 이 두 퍼 틴은 은근히 서로 경쟁한다. 호안끼엠 호수 옆 퍼 틴은 2019년 2월 하노이에서 북미 정상회담이 열릴 때 국제미디어센터에서 기자들에게 전통 '퍼'를 냈다. 전통의 맛으로는 호수 옆 퍼 틴이 승자, 고소하기로는 로득 퍼 틴이 승자라고 보는 게 맞겠다.

한편 정통 '퍼'는 쌀로 만든 국수와 소고기를 사용하지만, 한때 소고기 사용이 금지되면서 닭고기 국수가 등장했다. 지금도 닭고기 쌀국수로 유명한 노포가 남응으(7 Nam Ngu) 거리에 있는 '퍼럼 남응으(Pho Lam Nam Ngu)'다. 1972년 4월에 베트남 정부가 개인 상점에서 쌀, 옥수수, 밀 등을 가공해 술이나 국수를 만들지 못하게 했고, 가축을 농경에 이용하려고 소와 물소의 살육을 금지했었다. 정부가 국영 상점에만 소고기, 쌀국수 등을 팔 수 있도록 허용하자, 남응으 쌀국수집은 콩국수에 닭고기를 얹은 쌀국수 대체품을 내놓아 호평을 받았다. 이후 콩국수는 쌀국수로 다시 대체됐지만, 닭고기를 얹는 전통은 그대로 이어졌다. 닭고기 쌀국수가 베트남

퍼 리꾸옥스와 로득 퍼 틴의 쌀국수

에서 등장한 게 이때가 처음인지는 알 수 없다. 닭고기 쌀국수가 인기를 끌자 남응으 거리에는 닭고기 쌀국수 가게가 우후죽순으로 들어서면서 '닭고기 쌀국수 거리'가 됐다.[13] 거위 고기 쌀국수도 있다고 하니 궁금하면 찾아가 볼 만하다.

또 다른 하노이 대표 음식으로 분짜(bun cha)를 꼽을 수 있다. 대표라기보다 흔히 먹는 음식이라고 하는 게 낫겠다. 오바마 미국 대통령이 2016년 5월에 베트남을 공식 방문했을 때 '분짜흐엉리엔(Bun cha Huong Lien)'에 들르면서 이 식당이 유명해졌다. 그전에는 '분짜닥낌(Bun cha Dac Kim)'을 찾는 사람이 많았다. 하노이 분짜 3대 천왕에 속하는 곳들이다. 나머지 하나가 어딘지는 논쟁적이다. 분짜는 석쇠에 구운 돼지고기와 '분'이라는 쌀국수를 채소와 함께 묽은 느억맘 소스에 한데 적셔서 먹는 것이다. 길거리 분짜 가게를 지나다 보면 연탄불 위에 석쇠를 얹어놓고 돼지고기를 굽느라 연신 부채질을 하고 있는 사람을 볼 수 있다. 당사자는 땀을 뻘뻘 흘리며 고생하지만, 고기 굽는 냄새와 연기가 주변에 퍼져 그 옆을 지나치기만 해도 냄새가 몸에 온통 밸 것 같다.

베트남 인민들의 밥 '평민밥'

사실 베트남 사람들이 평상시 밖에서 먹는 음식은 껌빈전(빙전, com binh dan)이다. '껌'은 밥, '빈전'은 평민(平民)이란 뜻이니, '보통 사람 밥'이다. 이 음식점은 밥, 국과 함께 반찬을 예닐곱 가지 준비해

둔다. 규모가 큰 식당은 반찬을 열댓 가지 준비해놓는다. 소규모 뷔페라고 할 수 있다. 손님이 반찬을 고르면, 음식점 주인은 접시에 밥을 푸고 반찬을 얹어준다. 접시에 준다고 해서 '접시 밥'이라는 뜻의 껌디어(com dia)라고 부르기도 한다. 또는 껌부이(com bui)라고도 하는데, '부이'는 먼지라는 뜻이니 '껌부이'는 먼지처럼 가벼운 한 끼 식사라는 의미도 있다.

개혁이 진행되면서 이런 모습도 변하고 있다. 냉방이 잘된 실내에서 껌반퐁(com van phong)을 메뉴에서 골라 먹는 데가 늘었다. '반퐁'이 사무실이니, 화이트칼라들이 보통 먹는 밥이다. 카페에서 음식 한 가지와 커피 한 잔으로 단출하게 식사를 즐기기도 한다. 베트남식 바게트빵인 바인미(banh mi, 북부 발음으로는 바잉미, 남부 발음으로는 반미)로 간단히 요기하기도 한다.

자, 이제 노을이 질 시간이면 하노이에서 가장 큰 호수의 바람을 맞으러 호떠이(서호)로 향하는 것도 좋겠다. 호떠이 남단의 거리에는 소박한 카페들이 호수를 끼고 즐비하게 늘어서 있다. 값싼 생맥주 '비어허이(Bia Hoi)'나 고급 수제 맥주를 파는 펍, 진한 베트남 커피를 내려주는 카페, 다채로운 해산물 식당 등 각양각색이다. 좀 더 깔끔한 곳을 좋아하는 커플이라면 인터콘티넨털 웨스트 레이크 호텔의 오픈 테라스에서 넓은 호수를 보며 정담을 나눌 수 있다. 또는 쭉바익 호수 북쪽의 팬퍼시픽 호텔의 루프탑에서 멀리 호떠이를 내려다보는 재미를 누리는 것도 괜찮겠다.

★이한우

13

호찌민시,
동커이 거리에서 만나는 베트남 근현대사

Ho Chi Minh City

호찌민시는 식민지 시기, 1960~1970년대, 현대의 모습이 어우러져 있는 도시다. 호찌민시행 보딩패스의 목적지는 'SGN'이라고 적혀 있다. 국제항공운송협회(IATA)가 세계 공항을 표기하는 '쓰리 레터 코드'인 'SGN'은 'Sai Gon(사이공)'을 뜻한다. 도시명이 호찌민시로 바뀌었어도 옛 사이공은 여전히 거기에 있다. 남북 베트남이 1975년에 통일된 이듬해에 호찌민시로 바뀌었으나, 사이공 사람들은 지금도 이 도시를 사이공이라고 부른다. 베트남어 표준 발음으로는 '사이곤'이 맞지만, 우리에게는 '사이공'으로 굳어졌다. 현시에 가서 들으면 '사이공'으로 들리기도 한다.

사이공은 영문으로 'Ho Chi Minh City'이며 줄여서 HCMC라고 표기한다. 호찌민은 베트남 국부의 이름이니, '호찌민'과 '호찌민시'는 구분해야 한다. 지금도 이 도시를 '호치민'이라고 부르는 한국인들이 많다. 이는 베트남어에 익숙하지 않았을 때 부르던 습관 때문이다. 비행기를 타고 호찌민시로 들어가는 관문은 떤선녓(Tan Son Nhat) 공항이다. 예전에는 '떤선늣(Tan Son Nhut)'이라고 하였기에, 1960~1970년대에 한국인들은 '탄손누트' 공항이라고 불렀다.

'녓(Nhat)'이나 '늣(Nhut)' 모두 첫째를 뜻하는데, 전에 '늣'이라고 쓰다가 지금은 '녓'이라고 쓰고 있다. 떤선녓은 공항이 위치한 지역의 이름이다.

원래 이 지역은 크메르, 즉 옛 캄보디아의 땅이었고, 프레이노코르(Prey Nokor)라고 불렸다. 이 지역이 개발되기 전에는 목화나무가 많았는데, 사이공이라는 지명은 목화나무의 한자 표기인 '자곤(柴棍)'에서 유래했다고 한다. 프랑스가 남부를 식민 지배하면서 지명이 '사이공'이 됐다. 지금은 사이공을 한자로 '서공(西貢)', 중국어 발음으로는 '시꿍(꿍)'이라고 한다. 베트남어 'Sai Gon'을 발음에 맞춰 한자로 표기하다 보니 '서공'이 된 것이다.

현 베트남의 남부 지역은 1세기부터 6세기까지 푸난(Funan, 扶南), 이후 쩐라(Chen La, 眞臘), 그리고 앙코르 왕국의 영역에 속했다. 앙코르 왕국은 지금의 캄보디아 및 태국의 전역, 라오스 남부 및 베트남 남부를 지배했다. 푸난은 동남부의 메콩델타 지역에 힌두교와 불교가 혼합된 옥에오(Oc Eo) 문화를 남겼다. 현재 이 지역이 베트남에 속하다 보니, 베트남은 옥에오 문화를 베트남 문화 속에 포함시키려고 한다. 하지만 캄보디아 사람들은 여전히 이 지역을 빼앗긴 곳으로 여긴다.

과거에 북부에 자리 잡고 있던 베트남은 현 베트남의 중남부 지역인 참파(Champa)를 공략하고 남부의 크메르 영역까지 영토를 확장했다. 베트남의 남부 '개척' 역사는 1623년 사이공과 벤응에(Ben Nghe)에 세금징수소를 설치하면서 시작됐다.[1] 당시 베트남은 후 레(Le) 왕조 시대였는데, 17세기 초부터 실질적 권력은 북부의 찐

(Trinh, 鄭) 씨와 남부의 응우옌(Nguyen, 阮) 씨 세력이 갖고 있었다. 응우옌 씨 세력이 남부로 영토를 확장하면서 현 베트남 중·남부의 인구가 유입됐고, 당국은 개척자들에게 땅의 소유권을 주었다. 명나라가 망하자 피신해온 중국인들을 수용해 남부 지역에 거주하게 했다. 베트남이 남부 지역을 차지하고 1698년 지금의 호찌민시와 인근의 몇 개 지역을 포함해 '자딘 부(phu Gia Dinh, 嘉定府)'를 세웠다.[2] 베트남은 남부 메콩델타로 영역을 확장해 18세기 후반에는 남쪽 끝 까마우(Ca Mau), 남서쪽 끝 하띠엔(Ha Tien)까지 베트남 영역에 귀속시켰다.[3] 베트남의 마지막 왕조인 응우옌 왕조가 1802년에 수립된 후 남부의 '베트남화'는 더욱 강화됐다.[4] 그러나 남부 지역은 19세기 후반부터 프랑스의 지배를 받게 된다. 베트남은 1862년에 남부 지역 가운데 동부 3성을 프랑스에 할양했고, 1874년에 나머지 서부 3성도 프랑스에 넘겼다. 프랑스는 1862년에 동부 3성을 차지한 후 '자딘'을 '사이공'으로 바꿨다. 베트남 남부가 프랑스의 지배를 받으면서 그 중심지인 사이공은 급속히 발전해 "극동의 진주"라고 불렸다.

'까띠나'에서 '뜨조'로, 그리고 '동커이'로

호찌민시에서 먼저 들를 곳은 동커이(Dong Khoi) 거리다. 식민지 시대와 통일 이전에 가장 번성했던 거리로 서울의 명동과 같은 곳이다. 영화 〈인도차이나〉를 보고 나서 이 거리를 걸으면 더 좋을 것이다. 영화에 나온 곳들을 답사하며 영화 속 장면을 떠올리는 재미를 느낄 수 있다.

동커이 거리는 굴곡진 베트남의 근현대사를 품고 있다. 동커이는 프랑스 식민지 시기에는 까띠나(rue Catinat)로 불렸다. 1954년 제네바 협정으로 프랑스가 물러가고 베트남이 남북으로 분단된 이듬해 '뜨조(Tu Do, 자유)'로 바뀌었다. 베트남 전쟁 때 남베트남에 갔던 한국인들은 이 거리를 '투도'라고 불렀다. '뜨조'는 베트남 통일 후 '동커이(Dong Khoi, 同起=總起義)'로 바뀌었다.

사이공 대성당에서 사이공강으로 이어지는 동커이 거리는 걸어서 30분쯤 걸린다. 현재 동커이 거리가 시작되는 지점에 파리 코뮌(Cong xa Paris) 광장이 있다. 이름에서 사회주의 냄새가 난다. 그 뒤쪽에 프랑스 식민 지배 시기에 세워진 사이공 대성당이 있으며, 광장 중앙에는 성모상이 서 있다. 이 대성당은 보통 노트르담 성당이라고 불리는데, 베트남어로는 '냐터 득바(Nha tho Duc ba)'다. '성모성당'이란 뜻이다. 이 성당을 설계한 사람은 조르주 에르미테(Georges I'Hermitte)이며, 파리의 노트르담을 모델로 삼아 로마네스크와 고딕 양식을 혼합하여 1880년에 완공했다.[5] 성당은 관광객의 무분별한 입장을 제한하고 있는데, 요령껏 안으로 들어가 보기를 권한다. 내부는 정교한 장식으로 채워져 있고, 벽면에는 봉헌자의 이름이 적힌 석판이 즐비하게 붙어 있다. 프랑스 식민 지배 시기에는 현 성모상 자리에 피뇨 드 베엔느(Pigneau de Behaine) 상이 있었다. 피뇨 드 베엔느는 응우옌 왕조의 창시를 지원했던 프랑스인 가

사이공 대성당과
파리 코뮌 광장

톨릭 사제였다. 프랑스 식민당국이 그를 기리기 위해 1903년에 이 중심 광장에 그의 동상을 세운 것이다. 베트남은 프랑스의 지배를 받다가 1941년 후반에 일본에게 점령되어 두 나라의 공동 지배를 받게 된다. 1945년 8월에 일본이 패망하고 9월에 베트남민주공화국이 수립된 후 그 동상은 철거됐다. 1954년에 남북이 분단된 후 1959년에 평화 성모상이 그 자리에 세워졌고, 그 광장은 '평화광장'이 됐다. 1964년에 이 광장은 '존 F. 케네디 대통령 광장'으로 이름이 바뀌었다. 케네디는 1963년에 암살당했지만, 남베트남을 지원했기에 그의 이름을 붙인 것이다. 1975년 통일 후에는 '파리 코뮌 광장'으로 바뀌었다. 이 광장 하나에도 굴곡진 베트남의 근현대사가 고스란히 담겨 있다.

현재 파리 코뮌 광장의 동쪽에는 중앙우체국이 있다. 과거에 교통의 중심은 철도역이었고 소통의 중심은 우체국이었다. 중앙우체국은 1891년에 완공됐다. 파리 에펠탑을 설계한 귀스타브 에펠(Gustav Eiffel)이 설계했다고 알려지기도 했으나, 알프레드 풀루(Alfred Foulhoux)가 설계했다고 한다.[6] 사이공 중앙우체국으로 들어서면 저 멀리 맞은편에 걸린 호찌민 초상화가 눈에 들어온다. 통일 이후에 걸었을 것이다. 입구 안쪽 좌우 높은 벽에는 지도가 그려져 있다. 프랑스 식민 지배 시기인 1892년 상황을 그린 사이공 및 인근 지역 지도와 1936년 베트남 남부와 캄보디아 동남부 지역의 전신(텔레그램)선 지도다. 프랑스 식민지일 때 베트남의 남부는 코친차이나, 중부는 안남, 북부는 통킹으로 불렸다. 안남은 프랑스의 보호국이었지만 여전히 베트남 황제가 다스리고 있었고, 통킹은 프

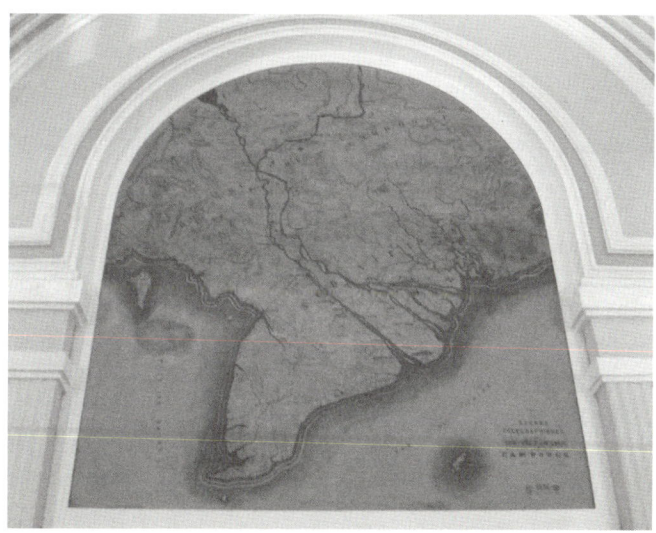

중앙우체국 안에 있는
프랑스 식민지 시기의 사이공 및 인근 지역 지도(위)와
베트남 남부와 캄보디아 동남부 지역의 지도(아래)

랑스 보호령이었다. 물론 이 두 지역에서도 국가의 주요 결정은 프랑스의 승인을 얻어야 했다. 코친차이나는 프랑스의 속령으로 말그대로 프랑스 땅이었다. 그래서 코친차이나에는 다른 지역보다 더 빨리 자본주의가 들어왔고 식민지 근대화가 진행됐다. 1867년에 코코넛 오일 가로등이 거리를 밝히기 시작했고, 이후 가로등의 연료는 가솔린, 가스로 바뀌었다. 1900년에 전기가 처음 도입됐다. 식민당국은 1905년에 아스팔트로 도로를 포장하기 시작했다.[7]

양가휘 주연의 영화 〈연인〉의 촬영지

프랑스의 식민 지배 시기에 중국계 인구의 유입도 적지 않았다. 중국인들의 유입은 그 이전부터 시작되었다. 1880년대 사이공과 쩌런(Cho Lon)에 거주하는 중국인 인구는 베트남인 인구수와 비슷하거나 약간 적은 정도였다.[8] 쩌런은 '큰 시장'이란 뜻으로 사이공 중심에서 서쪽에 있다. 이후 중국인들이 쩌런으로 모이면서, 사이공의 중국인 수는 상대적으로 줄었다.[9] 당시 화교들은 사이공의 상업, 대외교역, 미곡상, 도정업 등에 진출해 부를 쌓고 있었다. 베트남에 거주하던 중국인 부호의 면모는 장 자크 아노 감독이 마르그리트 뒤라스의 소설을 각색한 영화 〈연인〉에서 잘 보여준다. 양가휘(梁家輝)가 연기한 주인공 남성은 열여섯 살의 프랑스 소녀와 성관계를 갖는다. 그는 그 프랑스 소녀를 사랑하지만 아버지의 재산을 물려받으려면 그녀와 결혼할 수 없다. 두 사람은 메콩델타의 사덱(Sa Dec)에서 사이공으로 가는 배에서 처음 만났다. 소녀는 꼭 돈 때문에 그와 계속 만난 것은 아니었으나 남성이 주는 돈은 그녀를 풍족하게 했다. 그녀의 어머니는 그런 딸의 연애를 방조한다. 부도덕한 프랑스인 어머니와 타락한 그의 형제들은 식민지에 살던 몰락한 프랑스인 가정을 보여준다. 어머니의 이런 행동은 비굴해 보이기까지 하지만 남편 없이 가정을 꾸려가야 하는 삶의 무게도 엿보인다. 주인공 소녀가 다니던 고등학교는 리쎄 샤슬루-로바였다. 감독은 전에 리쎄 페트로스 끼였던 레홍퐁 고등학교에 샤슬루-로바 간판을 붙여 촬영했다. 탐방객들은 〈연인〉의 현장을 보려고 레홍퐁 고등학교로 향한다.

중앙우체국 입구로 들어서면 몇 개의 전화 부스가 있다. 나는 30년 전에 처음 베트남을 방문했을 때 여기에서 집으로 국제전화를 걸곤 했다. 직원에게 한국 전화번호를 적어주면 몇 번 방에 들어가 있으라고 한다. 거기에서 기다리다가 벨이 울리면 수화기를 들고 통화하는 방식이었다. 지금은 어떤지 모르겠다.

대성당 뒤쪽의 알렉산드르 드 로드(Alexandre de Rhodes) 거리는 여전히 그대로 있다. 드 로드는 현대 베트남어 문자인 꾸옥응으(Quoc Ngu, 國語)를 만드는 데 중요한 역할을 한 프랑스인 가톨릭 선교사다. 포르투갈 가톨릭 선교사들이 16세기부터 베트남어를 로마자로 표기하기 시작했고, 드 로드가 17세기 중반에 베트남어-포르투갈어-라틴어 사전을 편찬해 '꾸옥응으'를 집대성했다. 실은 포르투갈 선교사 프란시스코 드 피나(Francisco de Pina)가 더 많이 기여했다는 주장도 있다.[10] 어쨌든 드 로드가 현대 베트남어 문자체계의 기반을 만든 중요한 인물 중 한 명이니, 베트남이 그를 기리는 것은 의미 있는 일이다.

베트남 전쟁과 통일의 흔적들

대성당에서 서쪽으로 7, 8분 걸으면 통일궁을 만나게 된다. 현재의 건물은 1966년에 새로 지은 것이다. 그 이전에 있던 프랑스식 건물은 노로돔궁(Norodom Palace)이었다. 사이공 대성당을 설계한 조르주 에르미테가 설계했고 1873년에 완공했다. 노로돔궁은 처음에 코친차이나 총독의 공관이었다. 1887년에 베트남과 캄보디아를 포함한 프랑스령 인도차이나 연방이 수립되고 1893년에 라오스까지 포함시킨 이후, 중심이 하노이로 옮겨가면서, 사이공의 노로돔궁은 부수적인 기능만 하게 됐다. 베트남과 프랑스가 제1차 인도차이나 전쟁을 끝내고 1954년에 제네바 협정을 맺은 후 이듬해에 노로돔궁은 독립궁으로 이름을 바꿨다. 독립궁은 남베트남, 즉 베트남 공화국 응오딘지엠 대통령의 공관이 됐다. 1962년 2월에 남베트남 정부에 반대하던 남베트남 공군 조종사가 전투기를 몰고 와 이 공관을 폭격해 일부가 무너졌다. 남베트남 정부는 독립궁을 허물고 1962년 7월에 새 건물을 짓기 시작했고 1966년 10월에 개관했다. 그사이 응오딘지엠 대통령은 1963년 11월 쿠데타로 살해되고, 새 공관의 주인은 응우옌반티에우 대통령이 되었다. 1975년 4월에 통일이 되고, 그해 11월에 독립궁은 통일궁(통일회의장)으로 바뀌었

통일궁

다.[11] 이 건물은 현재 국가의 주요 행사에 가끔 사용되고 평시에는 개방되고 있다. 방문자들은 베트남공화국 대통령의 집무실, 접견실, 회의실 등을 둘러보고, 지하 벙커에서 미국과 교신하던 숨 가쁜 순간들을 떠올릴 수 있다.

통일궁 앞에 동쪽으로 난 길이 통일 전 '통늣(Thong Nhut, 통일)' 거리였는데, 통일 후 '레주언(Le Duan)' 거리로 바뀌었다. 레주언은 사회주의 혁명가의 이름이다. 그는 베트남 중부의 꽝찌(Quang Tri)성에서 태어나 교육을 제대로 받지 못하고 노동자로 일했다. 하노이에서 철도 노동자로 일하기도 했으며, 공산당에 초기부터 참여했다. 그는 1950년대에 북베트남의 공산당 산하에 있던 남베트남 중앙국을 이끌며 남부에서 혁명세력을 지도하다가, 1957년에 하노이로 복귀해 1959년에 호찌민 다음가는 권력자가 됐다. 그때부터 실제 권력은 레주언이 행사했다고 한다. 통일 후 베트남은 통일에 대한 그의 기여를 기리기 위해 사이공의 중심 대로에 그의 이름을 붙였다.

레주언 거리를 동쪽으로 조금 더 걸으면 미국 총영사관이 나온다. 통일 전에는 미국 대사관이 있던 곳이다. 1949년에 프랑스의 후원 아래 '베트남국'이 수립되자, 미국은 1950년에 이를 승인하고 총영사관을 설치했다. 미국은 1952년 6월에 이를 대사관으로 승격하고 함응이(Ham Nghi) 거리에 대사관을 설치했다. 베트남 전쟁이 한창이던 1965년 3월에 공산 게릴라가 미국 대사관에 폭탄 테러를 가해 건물 일부가 파손되었다. 그 후 미국은 1965년부터 옛 통늣 거리에 새 대사관을 짓기 시작해 1967년 9월에 개관했다. 그

호찌민시에 있는
미국 총영사관 정문 앞에 세운
구정 공세 기념비

러나 얼마 지나지 않아 1968년 1월 말 구정 공세(Tet Offensive) 때 공산 게릴라들에게 습격당하는 수모를 겪었다. 베트남도 한국처럼 음력설을 쇠는데 이를 '뗏(Tet)'이라고 한다. 베트남 전쟁이 끝나고 미국 대사관은 빈 채로 남아 있었다. 1995년에 베트남과 미국의 관계가 정상화되었고, 1999년 옛 대사관을 허문 자리에 새로 총영사관이 들어섰다.

베트남은 미국 총영사관 정문 가까이에 1968년의 구정 공세를 기리는 기념비를 세웠고 이런 글귀를 적어두었다. "원숭이해의 설날, 1968년 1월 31일에 민족해방사업을 위해 미국 대사관에 대한 공격 전투에서 완강히 싸우고 영웅적으로 희생된 사이공-자딘 지구 특공 전사들의 공을 조국은 영원히 기록하며, 인민은 그 은혜를 영원히 기억한다."

사이공 대성당 앞 파리 코뮌 광장에서 동커이 거리로 들어서기 직전에 동서로 난 길이 응우옌주(Nguyen Du) 거리다. 광장에서 이 거리 서쪽으로 조금만 걸어가면 대한민국 총영사관이 나온다. 그 건물은 베트남 통일 이전에는 대한민국 대사관이었다. 1954년 제네바 협정으로 베트남이 분단됐을 때 한국은 자유주의 국가인 남베트남, 즉 베트남공화국과 국교를 수립했었다. 양국 관계는 1975년 4월 베트남 통일 후 단절됐다. 한국은 통일 베트남과 1992년 12월에 수교한 후 협력 관계를 이어오고 있다. 한국은 대사관을 하노이에 두고, 호찌민시에 있던 옛 대사관에 총영사관을 열었다.

파리 코뮌 광장에서 동커이 거리로 들어서 사이공강 방향으로 곧장 가다 보면 왼쪽에 빈꼼(Vincom) 센터가 나타난다. 빈꼼은 빈그룹이 세운 백화점과 오피스 빌딩이다. 그곳을 지나면 바로 팍슨 백화점과 콘티넨털 호텔로 이어진다. 팍슨과 콘티넨털 건너에는 과거 에덴 빌딩 자리에 또 다른 빈꼼 쇼핑몰, 유니온 스퀘어가 들어섰다. 1층에는 해외 명품 브랜드 매장이 들어차 있다. 호찌민시의 이 중심가에 대형 백화점을 2개씩이나 세운 빈그룹의 '능력'이 대단하다. 빈그룹은 베트남의 최대 민간 재벌기업이다. 빈그룹은 이제까지 주로 부동산 분야에서 많은 실적을 보였다. 빈펄 리조트, 빈꼼 쇼핑몰과 백화점, 빈홈즈 아파트 건설 등의 사업을 벌여왔고 빈스쿨, 빈멕 병원도 운영하고 있다. 얼마 전부터는 빈패스트 자동차를 생산하고 있다. 최근에는 초중고교에 이어 대학을 설립했고, 백신 개발에도 참여했다. 이런 사업들이 단지 경제 논리만으로 가능하지는 않을 것이다. 어쨌든 '빈'은 베트남 최고의 민간 재벌이며, 그래서 '베트남의 삼성'이라고 불린다.

현 콘티넨털 호텔 자리에는 1877년경부터 까띠나(현 동커이) 거리 쪽으로 파브(Fave) 호텔이 있었다고 한다.[12] 콘티넨털 호텔은 대극장 옆으로 건물을 새로 짓고 1880년에 개상했다. 새 이름은 콘티넨털 팰리스 호텔이었다. 이 호텔이 사이공에서 최초의 호텔은 아니지만, 시내 중심에 자리 잡고 있어 공무원과 군 장교들이 많이 이용했다고 한다. 앙드레 말로, 타고르, 그레이엄 그린 등 유명 인사들도 이 호텔에 묵었다. 그린이 묵었던 214호는 대극장 앞 광장이 내다보이는 전망 좋은 방이었다.[13] 그린은 소설 《콰이어트 아메리칸》에서 베트남에서 프랑스 지배의 쇠락과 미국의 개입 과정을 그렸다. 이 소설은 영화로도 만들어졌다. 당시는 중국 대륙이 1949

호찌민시 대극장과 콘티넨털 호텔,
그 뒤로 서 있는 빈꼼 센터

년 10월에 공산화된 직후였기에, 미국은 공산 세력이 동남아로 확산되는 데 민감하게 반응했다. 베트남이 공산화되면 도미노가 쓰러지듯 이웃한 다른 국가들도 차례로 공산화될 것으로 보았다. 게다가 1950년 6월 25일에 북한이 전쟁을 일으켜 한반도 남부가 공산화 위협에 처해 있었다. 프랑스는 호찌민과 그의 세력이 공산주의자임을 강조했고, 미국은 프랑스를 지원했다. 제2차 세계대전이 끝나고 베트남이 독립국을 선포하자, 프랑스는 베트남을 다시 식민 지배하려고 획책했다. 두 나라는 1946년 말부터 1954년 5월까지 전쟁을 벌였다. 이것이 제1차 인도차이나 전쟁이다. 미국은 이때부터 프랑스를 지원하며 베트남에 개입하기 시작했다. 군수물자를 실은 미군 수송기가 1950년 6월 말 사이공 공항에 처음으로 도착했고, 군사원조고문단이 구성됐다.[14] 당시 한국의 이승만 대통령도 베트남에 파병하겠다고 제안했으나 거부당했다. 콘티넨털 호텔 옆에는 호찌민시 대극장이 자리 잡고 있다. 이 극장은 유진 페레(Eugene Ferret)가 설계해 1897년에 완공됐다. 1955년에 개축돼 베트남공화국 의회로 사용됐으며, 통일 이후 다시 극장으로 돌아갔다. 이 극장은 1998년에 사이공 설립 300주년을 기념해 재정비 작업을 거쳐 옛 오페라하우스의 화려함을 복원했다.

전쟁을 뒤로하고 미래를 향하여

호찌민시에서 빼어난 건물 가운데 호찌민시 인민위원회 청사, 옛

호찌민시 인민위원회 청사와 호찌민 동상

사이공 시청사를 빼놓을 수 없다. 통일 후 베트남 정부는 호찌민시 인민위원회 청사 앞 광장에 어린이를 안고 있는 호찌민 좌상을 세웠다. 이를 보고 사람들은 호찌민의 인간다움을 높이 샀다. 그러나 정부는 2015년 5월 호찌민 탄생 125주년을 기념해 호찌민 좌상 대신에 거기에 입상을 세웠다. 기존의 좌상은 호찌민시 아동센터 앞으로 옮겨졌다. 우뚝 선 호찌민은 사이공강 쪽을 손으로 가리키고 있다. 베트남의 미래를 가리키는 듯하다. 베트남은 공식적으로 호찌민을 국부로 모시지만, 젊은 사람들은 크게 관심을 갖지 않는 분위기다.[15]

다시 동커이 거리로 돌아와 사이공강 쪽을 향해 서면 왼편에 카라벨 호텔이 보인다. 프랑스 식민지 시기에 그 자리에는 극장 호텔(Hotel du Theatre)이 있었다. 옛 호텔은 허물어지고 1959년에 카라벨 호텔이 들어섰다. 당시 카라벨은 냉방 설비, 방탄유리, 이탈리아 대리석 등을 갖춘 최신식 호텔이었다. 또한 1960년 4월에 남베트남의 응오딘지엠 정부에 저항하는 정치인 그룹인 자유·진보 블록이 '카라벨 선언'을 발표한 장소이기도 하다. 미군은 일일 군사 브리핑 장소를 렉스 호텔에서 카라벨로 옮겼다. 당시 기자들은 미군의 브리핑이 사실과 너무 달라, "부조리한 전장에서 가장 오래된 '웃픈' 코미디 극"이라고 비꼬았다고 한다. 카라벨은 세계 통신사들의 사무소가 있던 곳이어서, 루프탑바는 비공식 프레스 클럽이었다.[16] 지금도 카라벨 호텔 구관 옥상에는 '사이공 사이공 바'라는 루프탑바가 있는데, 통일 전 분위기가 나는 듯도 하다.

카라벨 호텔을 나와 사이공강 쪽으로 동커이 거리를 걷다 보면,

호텔, 선물 가게, 음식점, 술집 등이 줄지어 있다. 유서 깊은 그랜드 호텔을 지나 거리 끄트머리에 다다르면 마제스틱 호텔에 닿는다. 마제스틱 호텔은 중국인 사업가에 의해 1925년에 문을 열었다. 이후 일본군이 점령한 적도 있고, 프랑스 지배 시기에 인도차이나 관광국이 인수해 개축하는 등 몇 차례 변화를 겪었다. 소설가 그레이엄 그린이 여기에 머물기도 했는데, 당시 그는 사이공강이 내려다보이는 루프탑바를 즐겨 찾았다고 한다. 베트남 전쟁 때는 특파원들이 거주했고, 폭격을 받아 상층이 파손되기도 했다. 전쟁이 끝나고 재개장한 후에는 미테랑 프랑스 대통령, 카트린 드뇌브, 태국의 시린돈 공주 등 유명 인사들이 여기에 묵기도 했다.[17]

마제스틱 호텔은 한국과도 인연이 있다. 1975년 4월 통일 직후 사이공에는 한국인 외교관 3명이 억류되어 있었다. 베트남 측은 이들이 경찰과 정보 담당자라는 것을 알고 있었다. 한국인 밀고자가 있었기 때문이다. 이 외교관 3명과 다른 한국인들은 9월 말 마제스틱 호텔 502호, 503호에서 북한 공작요원 3명으로부터 심문을 받았다.[18] 그 후 그 외교관들은 찌호아(Chi Hoa) 교도소에 수감됐다가 1980년 4월에야 석방됐다.

이렇게 동커이 거리는 베트남의 식민 지배, 분단, 전쟁, 통일의 역사를 품고 있다. 이런 기억의 심연 속에서 걷다 보면 동커이 끝에 닿는데, 실은 여기가 동커이 거리 1번지이자 시작점이다. 여기에서 동커이는 똔득탕(Ton Duc Thang) 거리를 만난다. 똔득탕은 남부 출신의 혁명가로 프랑스의 식민 지배에 저항하고 공산주의 혁명운동에 참여했다. 그는 호찌민이 1969년에 사망한 후 북베트남의 국가

마제스틱 호텔

주석을 지냈으며, 통일 베트남의 국가주석이 되었다. 이 거리를 건너면 곧바로 사이공강의 시원한 바람을 맞게 된다.

개혁이 몰고 온 도시 경관의 변화

1군 지역의 돈득탕 거리에서 바라보는 강 건너 2군 풍경은 아직 썰렁하고 스산하기까지 하다. 이제 막 개발이 시작되고 있어 건설 장비가 부산하게 움직인다. 강 건너에 보이는 곳이 투티엠(Thu Thiem) 지역이고, 조금 더 가면 안푸(An Phu) 지역이다. 호찌민시의 '강남'인 7군이 거의 개발되자, 개발업자들은 2군으로 눈을 돌렸다. 이 지역이 개발되고 나면 곧 호찌민시의 '푸둥'이 될 것이다.

호찌민시에는 이제 지역을 가리지 않고 도시 전체에 개발 열풍이 휘몰아치고 있다. 개혁은 도시의 경관을 급속히 바꿔놓았다. 호찌민시의 중심인 1군에만도 빈그룹이 빈홈즈 골든리버 사이공 아파트 단지를 조성했다. 빈그룹은 1군 바로 건너 빈타인군(quan Binh Thanh)에도 빈홈즈 센트럴파크 아파트 단지를 조성했고 '랜드마크 81' 빌딩도 세웠다. '랜드마크 81'은 공사 시작 4년 만인 2018년 7월에 완공됐는데, 현재 베트남에서 가장 높은 빌딩이다. 베트남의 발전상을 그대로 보여준다. 이 건물의 설계는 영국 회사가 맡았지만, 시공은 베트남 회사 코테콘이 맡았다. 그전까지 베트남에서 가장 높은 빌딩은 호찌민시의 68층 비텍스코 파이낸셜 타워, 그리고 하노이의 '랜드마크 72'였다. 비텍스코 타워는 베트남 기업 비텍스코가 발주해 한국의 현대건설이 시공했고, '랜드마크 72'는 한국 경남기업의 투자로 지어졌다. 빈그룹은 빈타인군과 1군에 초고층 빌딩과 최신식 아파트를 지어 베트남의 자존심을 회복했다. 이처럼 베트남의 변화는 너무 빨라 따라잡기 힘들 정도다.

베트남 근현대사의 현장을 지나 베트남의 미래상을 접했다면, 동커이 1번지 마제스틱 호텔 루프탑바에서 쉬기를 권한다. 아티스트들의 감미로운 라이브 뮤직은 굴절된 베트남의 역사를 묻고, 내려다보이는 사이공강은 이 모든 역사를 안고 도도히 흐른다.

*이한우

에필로그
도시 속에 오롯이 담긴 동남아시아 역사를 읽다

이 책은 전공 분야 및 전공 국가가 서로 다른 5명의 학자들이 7개 나라에서 고른 13개 도시의 이야기를 각자의 방식과 관심에 따라 기술한 것이다. 공저자들이 들려주는 도시 이야기는 11개의 나라에 수백 수천의 언어와 문화가 공존하는 동남아시아처럼 다채롭고 풍요롭다.

베트남 정치경제를 전공한 정치학자가 하노이와 호찌민시(사이공)의 거리와 건축물에 새겨진 베트남의 저항, 독립, 통일, 발전의 기억을, 인도네시아 발리의 전통과 관광을 연구한 인류학자가 덴파사르(발리), 족자카르타, 수라바야가 창출해낸 정치적·문화적 의미와 상징을, 동남아시아 불교 미술에 천착해온 미술사학자가 믈라카와 페낭의 종교 건축물에 담긴 식민지 쟁탈전의 역사를, 동남아시아 화교를 연구하는 역사학자가 싱가포르, 양곤, 쿠칭(말레이시아) 세 도시의 형성과 차이나타운의 성장 사이에 드러난 양면적 관계를, 마지막으로 태국 현대사를 전공하는 역사학자가 방콕, 치앙라이, 폰사완(라오스)의 민주화, 민족 갈등, 전쟁 경험을 통해 그려내는 태국과 라오스의 불행한 현대사를 각자의 관점으로 해석하고 기술한다. 그러면서도 도시라는 창문을 통해 한 나라의 역사를 압축적으로 소개하려는 저자들의 공통된 목표는 서로 어긋나지 않는다.

도시와 역사, 도시의 역사

도시를 통해 한 나라의 역사를 되짚어보려는 저자들의 접근방식에 동남아시아의 과거만을 기억하는 독자들은 의아해할 수도 있겠다. 동남아시아가 지금은 중국, 인도와 더불어 세계 초고속 성장 지역으로 주목받고 있지만, 불과 반세기 전까지만 해도 식민지, 신생국, 저개발국, 제3세계, 주변부 국가의 전형으로 취급되며 발전과 근대성을 화려하게 발산하는 도시의 이미지와는 어울리지 않았기 때문이다. 그러나 도시를 근대적 현상으로 보는 일반론도, 동남아시아를 반도시적인 지역으로 보는 시각도 역사적 사실에 부합하지 않는다.

    도시의 역사를 비교사적으로 살펴보면, 도시는 문명화의 산물이지 결코 근대화의 산물이 아니다. 세계 '4대' 문명의 개화는 도시의 출현과 성장 속에서 이루어졌다. 인구가 수천 명 정도에 불과했던 이들 초기 국가의 도시들에 이어 등장한 고대 그리스의 도시국가 중에는 아테네와 같이 10만 명이 넘는 곳도 있었다. 유럽 전역을 처음으로 통일한 로마제국의 수도는 그 전성기에 인구 100만을 자랑했으나, 이는 근대 이전 유럽사를 통틀어 지극히 예외적인 사례에 불과하다. 봉건제가 확립되는 중세에 접어들면서 전반적으로 도시들은 쇠퇴해 당시 가장 큰 규모의 도시 인구가 고작 수만 명을 넘지 못했다. 그러다가 중세 중엽 이후, 특히 대항해시대를 만나면서,[1] 지중해, 대서양, 북부 유럽 해안에 부유한 도시국가들이 대거 출현해 국제무역을 둘러싼 상호 경쟁 속에 성장했다. 18세기 말부터 시작되는 유럽의 도시화 현상은 산업혁명 이후 급속히 전개된 근대화의 당연한 결과였다. 그 이전에는 옛 로마와 동로마제국의 수도 콘스탄티노플(지금의 이스탄불)을 제외하고 인구가 50만 명을 넘긴 유럽의 도시는 없었다.

고전시기 동남아시아의 국가와 도시

고대 동남아시아에도 도시가 있었다. 단순히 존재한 것이 아니라 번성했다. 동남아시아의 고대는 인도와 중국으로부터 유입된 문명이 동남아시아의 토착사회에 접목되어 찬란하게 꽃을 피웠기에 '고전시기' 또는 '고전시대'(Classical Period, Classical Age)라고 불린다.[2] 동남아시아의 고전시기는 길게는 4세기부터 14세기까지 1000년 이상, 짧게는 9세기부터 14세기까지 500년 정도 지속되었다고 본다. 고전시기를 풍미한 도시들은 수적으로나 규모 면에서 근대 이전 유럽의 도시들을 능가했다. 캄보디아의 옛 왕국 앙코르가 성기에 달했던 11~13세기 수도의 인구는 100만 명에 달해 세계 최대 규모를 자랑했다.[3] 소규모 농어촌 마을과 마을 공동체로 전형화된 근대 이전 동남아시아에서 앙코르와 같은 도시들이 존재했다는 사실은 궁금증을 자아낸다. 도대체 어떻게 이렇게 큰 도시가 건설되고 유지될 수 있었는지 당시 과학과 기술의 수준도 놀랍지만, 이런 대규모 도시를 계획한 정치적·문화적 배경도 궁금하다.

고전시기 동남아는 도서부와 대륙부에 정부 조직은 달라도 국가 성격이 같은 두 국가 체계(복수의 국가들이 모여 만든 하나의 체계), 즉 제국을 탄생시켰다. 지금의 캄보디아 씨엠립에 근거지를 두었던 앙코르(크메르)와 수마트라섬 팔렘방 근처에 수도를 두고 있던 스리위자야가 두 전형으로 꼽힌다.[4] 앙코르는 광활하고 비옥한 메콩, 톤레삽 호수, 차오프라야강 유역에 발달한 효율적인 관개시설과 조직적인 수리 체계를 이용해 수도작을 하는 농민들을 성원으로 하는 제국을 건설했다. 사회구조는 인도만큼 엄격하진 않아도 카스트가 작동했고, 중앙(왕궁)과 지방 간에는 중앙집권적이지는 않아도 계서적인 권력관계가 존재하는, 그러면서도 지방에 상당한 자율성을 부여하는 국가 체계를 유지했다. 앙코르에 비해 스리위자야 제국은 단위들 간의 관계가 더욱더 느슨했다. 스리위자야는 하나의 단일한 국가라기보다는 도서부 해안 곳곳에 흩어져 있던 도시국가들과 지방 공동체가 참여하는 무역 네트워크에 가까웠으나, 중앙의 신성한 왕권에 대한 충성심과 일체감은 강했다. 두 제국은 이처럼 지리적·

경제적·정치적 차이에도 불구하고 모두 인도 문명의 영향을 받은 '고전국가(classical state)'였다는 '결정적인' 공통점이 있다.

유럽의 도시가 적어도 중세 중엽까지는 농촌 중심의 봉건체제에서 보조적·보완적 역할에 만족했다면, 고전시기 동남아시아의 도시는 유럽의 도시가 감히 넘볼 수 없는 훨씬 더 중요한, 핵심적인 위상을 갖고 있었다. 경제적·인구학적으로 보면 물적·인적 자원이 집중되고, 정치적·문화적 관점에서 보면 최고 권력과 권력 자원이 터전을 두고 있던 곳이 바로 동남아시아의 도시였다. 도시(town)를 뜻하는 산스크리트어에서 유래해 인도네시아어가 된 느가라(negara), 느그리(negeri), 나가리(nagari)는 나라, 국가, 국토, 수도, 도시, 궁정, 영역, 문명권 등을 내포하고 있다.[5] 캄보디아의 앙코르 사원(Angkor Wat)에서 앙코르나 호찌민시의 옛 이름 프레이노코르(Prey Nokor)의 노코르도 역시 나라와 도시의 의미를 동시에 담고 있는 산스크리트어 '나가리'에 어원을 두고 있다. 고전시기 동남아시아에서는 나라가 곧 도시(수도)이고 도시가 곧 나라였다.

고전국가의 왕과 권력

프랑스의 고고학자 조르주 세데스(George Coedes)는 상좌불교, 이슬람, 기독교 등 세계 종교가 유입되어 새로운 바람을 일으키기 이전의 동남아시아를 '인도화된 국가(Indianized states)'로 개념화했다.[6] 인도화된 국가의 중심에는 왕이 있는데, 왕은 현세, 즉 이 땅 위에 우주적 질서를 재현하고 건설하는, 우주를 주재하는 신에 버금가는, '신성한' 존재, 즉 '반신왕(demigod)'으로 추앙받았다. 우주의 주인이 신이듯, 인간들이 사는 땅의 주인은 바로 왕이다. 나라의 중심은 수도이고, 수도의 중심에는 왕궁이 있으며, 왕궁의 중심에 왕이 거주한다. 우주를 축약하여 형상화한 만달라(mandala)의 구조를 떠올리면 된다.

만달라 개념은 우주-세계-국가-도시-왕궁-신전으로 집중화되는 지리적·물리적 구조를 설명할 뿐 아니라, 카스트 제도, 행정구조, 권력관계, 왕족체계와 같은 인간과 인간 사이의 관계에도 적용되었다.[7] 그 구조와 관계는 계서적·위계적이고, 그 서열을 결정짓는 요소는 신에게서 따라서 신성한 왕에게서, 우주로부터 따라서 신전과 왕궁으로부터, 얼마나 가까이 또는 멀리 위치하는가 하는 것이다. 보로부두르 사원이나 앙코르와트와 같은 종교 건축물의 조감도는 만달라적 형상을 보여준다. 사원과 건축물군의 중심에는 최고신과 신전이 자리 잡는다. 위계성은 피라미드 형태보다 동심원적 형태를 유지한다. 중심에서 멀어질수록 신성성, 즉 시위의 가치는 하락한다.[8] 왕족 출신도 몇 세대를 지나면 신성성을 상실하고 평민으로 전락한다. 고전시기 국가들은 수도에서 멀어질수록, 변방으로 갈수록 그 지역의 소속감이나 충성심은 점점 약화되어 급기야 모호함이나 이중성에 이르게 된다. 수도는 존재하나 국경은 없거나 모호하다. 따라서 근대 이전 동남아시아에서는 단순히 국토를 넓히기 위한 전쟁이나 국경 분쟁 같은 것은 없었다. 가치는 땅에 있는 것이 아니라 사람에게 있었고, 전쟁은 인력을 확충

하기 위함이었다.[9]

고전시기 동남아시아의 도시는 경제적·정치적·문화적 측면에서 자원과 가치를 독점했다. 신성함과 권력이 중심에서 멀어질수록 약화되었기에, 주변부인 농촌이나 변방 지역이 동원할 수 있는 자원은 중앙인 도시의 능력에 견줄 수가 없었다. 오늘날 동남아시아를 보더라도 도시와 농촌 간의 격차가 다른 어떤 지역보다 크고, 수도와 다른 도시들 간의 격차도 압도적이다. 지금도 동남아시아만큼 나라와 수도, 국가와 중앙정부가 동일시되는 지역이나 나라를 찾아보기 힘들다. 방콕이 곧 태국이고, 자카르타가 곧 인도네시아다. 우리가 수도와 도시를 통해 동남아시아의 역사에 접근해보려는 역사적·문화적 근거는 바로 이러한 고전적인 세계관과 권력관계의 영향을 받은 국가구조와 사회체계가 여전히 현대 동남아시아의 작동에 영향을 미치고 있다고 믿기 때문이다.

동남아시아 역사 속의 도시

고전시기에 만달라적 국가체계에서 중심적 위치를 차지했던 도시들은 13~14세기경 고전시기가 막을 내리면서 대부분 사라졌다. 고전국가의 중심은 어디까지나 우주의 기운을 한 몸에 안고 있는 왕이었기에 왕이 없어지거나 거처를 옮기면 과거의 수도는 나라의 중심으로서 위상을 상실했다. 고전국가의 몰락과 고전시기의 쇠퇴에 대해서는 외세의 침략, 새로운 종교나 종파의 전래, 지진을 비롯한 자연재해, 말라리아 같은 전염병 등 다양한 요인을 둘러싸고 이견이 많지만, 어쨌든 국난을 극복하지 못한 왕은 신성함과 이에 기반한 권력, 즉 왕권을 상실했다. 대부분 국가도 수도도 사라졌다. 한 기록에 따르면 믈라카 왕국의 시조 파라메스와라가 스리위자야 왕국이 자바 왕국의 공격을 받자 수도 팔렘방을 떠나 싱가포르에 도읍을 정했다가, 얼마 후에는 싱가포르를 버리고 믈라카로 근거지를 옮겼을 때, 팔렘방과 싱가포르의 왕국은 왕을 잃고 사라졌지만, 물리적인 도시 형태도 왕과 함께 사라졌다.

현대 동남아시아 국가의 수도 중에서 고전시기에 기원을 둔 도시는 하노이와 반다르스리브가완(브루나이의 수도)밖에 없다. 그러나 중국의 영향이 짙은 하노이는 고전시대 동남아시아 도시의 전형이라고 보기는 힘들고, 브루나이는 고전 왕국과 이후 이슬람 왕국 사이에 단절과 공백이 존재한다. 지금 존재하는 고전시기에 기원을 둔 도시들은 대부분 고전시기 이후 파괴, 방기, 망각 또는 실종되었다가 근현대에 들어 재발견, 발굴, 복원 또는 단장된 것들이다. 현재 캄보디아의 수도 프놈펜은 앙코르 제국을 계승하여 15세기에 건설되었지만, 19세기 말까지 국가나 수도로서의 권력과 권위를 상실했으므로 그 연속성을 인정하기 힘들다.

결국 제2차 세계대전 후에 탄생한 동남아시아 신생국들의 수도는 거의 전부가 식민지 정부로부터 상속받은 것이다. 동남아시아 국가들 간의 국경선이 제국주의 시대 서구 열강들의 식민지 쟁탈전의 결과로 그어졌다면, 식민지의 수도는 식민주의자들의 계획과 필요에 따라 새롭게 건설되고 변화했다. 도서부의 자카르타, 마닐라, 쿠알라룸푸르, 싱가포르, 딜리(동티모르)와 대륙부의 호찌민시(구 남베트남), 비엔티안, 랑군(양곤)은 고전시대에는 아예 존재하지 않았거나 도시의 규모나 형태를 갖추지 못했던 곳이다. 식민지로 전락한 적이 없는 태국의 수도 방콕은 서구 열강들의 동남아시아 진출이 격화되던 18세기 말에 자립적으로 건설되었으나, 식민통치의 직접적 유산은 아니라 할지라도 식민주의의 모방 또는 반동으로 탄생했다.

이 책에서 다루고 있는 13개 도시를 그 기원과 형성 과정을 기준으로 분류해보면 다음 둘 중의 하나다. 첫째는 근대 이전 – 그러나 대부분 고전시대가 막을 내린 뒤, 또는 '후기 고전시기(Post-Colonial Period)' – 에 탄생했으나, 도시로서 본격적인 발전은 식민통치기에 이루어진 도시로서, 하노이, 방콕, 족자카르타, 덴파사르, 믈라카, 쿠칭, 치앙마이 등이 여기에 속한다. 둘째, 식민통치기에 식민정부의 행정 중심지 또는 한 도시로 처음 건설되어 독립 이후로 이어진 경우다. 싱가포르, 양곤, 호찌민시, 페낭, 수라바야가 이에 해당한다. 요컨대 동남아시아 도시들의 탄생 시기는 다양하나 도시로 성장하고 발전한 것은 식민 지배와 국가 건설 과정에서다.

다음은 독자들의 이해를 돕고자 본문을 저자별로 정리한 것이다. 순서는 도시가 건설된 시기에 따르고, 그 저자가 기술한 다른 도시들도 앞선 도시와 함께 묶어 논의했다.

하노이와 호찌민시

우선 베트남 전문가인 정치학자 이한우는 베트남의 수도 하노이와 통일 전 남베트남의 수도였던 호찌민시(사이공)가 겪고 인내한 수많은 역사적 굴곡, 즉 침략과 저항, 식민통치와 독립운동, 전쟁과 번영의 흔적을 하나하나 짚어가는 것으로 베트남의 장구한 역사를 정리해준다. 능숙한 투어가이드처럼 두 도시의 주요 거리를 훑으며, 그 거리의 이름과 늘어선 건축물에 담긴 의미와 사연을 들려준다. "도보로 시내를 관광하며(walking city tour)", "현장에서 역사를 체험"하는 듯하다. 그가 안내하는 하노이 거리와 유적지 탐방은 중국의 지배와 침략에 항거한 영웅들의 행적을 배우고, 베트남 전쟁의 참상과 교훈을 생생하게 느끼게 한다. 여기에 저자가 곁들이는 베트남 고유 음식인 쌀국수, 분짜, 반미 소개와 맛집 안내는 하노이 탐방의 풍미를 한층 더해준다.

하노이에 이어 호찌민시에 대한 저자의 기술 역시 독자들에게 식민통치, 베트남 전쟁, 통일의 의미를 되새겨주고 개혁개방 이후 현대적인 도시로 탈바꿈한 모습을 소개한다. 저자 자신도 동커이 거리가 "식민 지배, 분단, 전쟁, 통일의 역사를 온몸으로 품고 있다"라고 표현하고 있다. 통일 이후 베트남 교육 현장이나 언론 방송에서 미국이나 중국을 비난·비방하는 내용을 찾기 힘든 이유가 베트남 최대 도시 두 곳을 빈틈없이 채운 영웅 이름의 거리, 공공건물, 역사 유적지, 각종 박물관과 기념관들이 충분히 역사 교육을 해주고 있기 때문이 아닐까?

족자카르타, 덴파사르, 수라바야

발리의 전통과 문화를 연구하는 문화인류학자 정정훈이 해설해주는 인도네시아의 세 도시는 동남아시아 도시에 대한 이해의 지평을 넓혀준다. 저자가 선정한 세 도시, 즉 자바의 전통과 문화의 중심 족자카르타, 세계적인 관광지 발리섬의 행정 수도 덴파사르, 제2의 도시로서 역사적·정치적 의미와 상징물을 가득 품은 수라바야를 놓고 비교해보면 "다양성 속에 통합"을 추구하는 인도네시아의 도시들이 결코 한 가지 얼굴만을 가지지 않았음을 알 수 있다. 저자는 개별적인 문화 현상 속에 담겨 있는 특수한 속성, 개별적 특수성을 밝혀내려는 문화인류학자의 자세로, 이 도시들을 하나하나 깊숙이 들여다보고 있다.

족자카르타는 인도네시아에서 유일하게 전통 왕조에 의한 자치가 부분적으로나마 허용된 주(도시)로서, 자신들의 전통과 문화에 대한 긍지와 자부심이 인도네시아의 다른 어떤 종족보다도 강한 자바인들의 영원한 정신적 고향 같은 곳이다. 저자는 주변에 산재해 있는, 보로부두르 사원과 프람바난 사원을 필두로 하는 세계적인 문화유산, 이슬람화되기는 했지만 힌두불교적 왕권사상의 영향이 짙은 술탄과 그들이 사는 신성한 왕궁 크라톤과 유적지, 독립과 국가 건설에 앞장섰던 왕족들의 치적에 대한 존경심, 인도네시아에서 가장 귀족적이고 세련되었다고 자부하는 자바의 문화와 예술, 자바인들의 정체성이 강하게 담긴 음식 등을 자세히 소개하면서 이 역사적인 고도가 주는 정치적·문화적 의미를 되새겨주고 있다.

덴파사르가 있는 발리는 섬 전체가 갤러리, 극장, 박물관이라고 불러도 좋을 정도로 예술품, 건축물, 유적, 문화재로 가득 찬 곳이다. 다만 저자가 초점을 맞춘 덴파사르와 그 아래 남쪽 지역은 발리 문화와 다소 동떨어져 오히려 관광지에 가깝다. 저자는 발리의 전통적인 지역이 수행하지 못하는 고유한 역할을 담당하는 덴파사르에 주목한다. 덴파사르도 18~19세기에는 한 전통 왕조의 수도이기는 했으나, 근현대 속의 덴파사르는 발리섬의 대다수를 차지하는 배후지 동·서·북부 지역과 관광객의 활동 지역인 남부와 남단 지역의 경계에 위치하여, 전통적 발리인과 현대 인도네시아인과 외부인 사이의 완충지대, 발리의 문화가 관광상품으로 탈바꿈해 판매되는 시장, 발리인이 본연의 농업 생산과 문화, 종교 생활에 전념하도록 정치·행정·관광 마케팅 등 대외적인 역할을 담당하는 곳으로 묘사된다.

마지막으로 수라바야는 독립 인도네시아가 '전통을 새로운 브랜드로 재창조한' 도시란 점에서 앞선 두 고전적인 전통 도시와는 다르다. 근대 이전에는 크고 작은 왕조들과 이슬람 술탄국들이 이 도시를 중심으로 근거지와 활동무대를 마련했지만, 현대적인 도시 수라바야와는 연속성이 약하다. 저자는 수라바야가 근현대사 속에서 새로운 정치적 의미와 상징성을 만들어냈다고 해석한다. 지금의 수라바야에는 식민통치에 항거하고 독립과 건국을 위해 투쟁한 "영웅들의 도시"라는 의미가 뚜렷이 각인되어 있다. 저자는 이러한 새로운 의미를 상징하고 표현하는, 도시 곳곳에 흩어져 있는 거리, 공원, 묘지, 기념탑, 건축물로 친절하게 안내한다.

믈라카와 페낭

동아시아의 불교미술사 연구에 매진해온 강희정은 동남아시아의 식민통치 시대를 연 "동양의 베니스" 믈라카(말라카)와 영국인들이 "최초로 식민지 건설의 교두보로 삼은" "아시아의 진주" 페낭이 서구 식민주의의 전개 속에서 복합적인 종족과 종교가 어우러진 국제무역 도시로 변모하고 성장해온 역사를 상세히 기술하고 있다. 말레이반도 남쪽 끝 트마섹(싱가포르)에서 도주해온 말레이 왕이 믈라카에 도읍을 정한 1402년부터 6세기에 걸쳐 지배집단의 종교는 힌두불교, 이슬람, 가톨릭, 개신교, 성공회를 거쳐 다시 이슬람으로 정착하게 되는데, 미술사학자인 저자는 자신의 내레이션에 이들이 남긴 다양한 종교 건축물을 하나하나 끼워 넣어 시각적인 해설을 덧붙인다. 1957년 말레이시아가 영국으로부터 완전한 독립을 쟁취할 때까지 무려 555년이 흐르는 동안, 믈라카를 창건·발전·식민통치하거나 이곳에 이주·정착·왕래한 다양한 사람들, 즉 토착적이거나 이슬람화된 말레이인, 이들과 협력하고 교류한 중국인, 아랍인, 인도인, 이들과 경쟁한 타이인과 인도네시아인, 다른 누구보다도 믈라카를 직접 통치한 포르투갈인, 네덜란드인, 영국인 들이 도시 곳곳에 남겨둔 사찰, 사원, 성당, 교회, 사당으로 가득한 믈라카는 그 자체가 박물관인 셈이다. 이렇게 종교적·문화적으로 복잡한 믈라카를 미술사학자인 저자만큼 전문적으로 안내할 학자는 없을 것이다.

말레이시아의 섬 페낭과 그 중심 도시 조지타운은 동남아시아에 진출하고 식민지를 개척하는 영국의 전형적인 패턴을 보여준다는 점에서 매우 흥미롭다. 페낭은 여러 민족과 종교가 서로 경쟁·경합하는 과정에서 생겨난 믈라카와 달리, 단 하나의 식민세력 영국인들이 기획한 식민정책에 기반하여 인위적으로 만들어낸 식민지였다. 페낭도 결과적으로 믈라카와 유사하게 다문화 사회가 되었으나, 그 형성 요인과 과정은 확연히 달랐다. 영국 식민주의자들은 토착 말레이 왕국으로부터 무인도에 가깝던 페낭섬을 (모호한 계약으로) 사들인 뒤, 중국인 노동력, 인도인 하급관리, 무슬림 상인들을 (반강제적으로 유인하듯) 이주시켜, 마침 본격화되던 산업혁명의 바람을 등에 업고 페낭의 급속한 발전과 서구화를 추진했다. 19세기에 이르러 믈라카는 교역 항으로서 용도가 사라지면서 과거의 영광을 잃어간 것에 비해, 페낭은 동남아시아 거상들이 드나들고 부호들이 유럽풍의 호화로운 생활을 향유하는 사치스러운 도시이자 "모든 것이 뒤섞여 있지만 서로 간섭하지 않고, 그렇다고 하나로 통일되지도 않는" 다문화 도시가 되어갔다.

싱가포르, 양곤, 쿠칭

동남아 화인·화교의 역사를 연구하는 김종호는 다른 저자들처럼 한 나라의 여러 도시를 기술한 것이 아니라 싱가포르, 말레이시아, 미얀마 세 나라의 세 도시의 역사를 기술하고 있다. 싱가포르, 쿠칭, 양곤(랑군) 세 도시는 영국의 식민지라는 환경적 요인에 의해 인위적으로 건설되었다는 점, 세 도시가 모두 19세기 초중반 1819~1852년 사이에 본격적으로 개발되기 시작했다는 점 등에서 유사성을 가지고 있다. 저자는 세 도시의 역사를 화인 사회와 차이나타운의 형성에 초점을 맞춰 고찰한다. 흥미로운 것은, 이 세 나라의 차이나타운이 모두 숍하우스 건축군, 사원과 사당, 동향과 종친회관, 박물관을 빠짐없이 갖춘 점이다. 만약 이 세 화인 사회가 엄격한 연구 분석 틀 속에 디자인된다면 훌륭한 비교사적 연구 결과가 나올 수 있을 것이다.

싱가포르는 1819년 공식적으로 영국의 해협식민지의 일원이 된 이후 삽시간에 동남아시아 최고의 도시로 발전했다. 싱가포르를 아시아 최고의 중계무역항으로 만들고자 했던 대영제국의 전폭적인 지원에 힘입어 급성장하게 된다. 저자는 싱가포르라는 도시의 성장을 차이나타운의 확장과 등치시키며, 뗄록 아이에르 거리에서 출발해 점차 확대되어가는 차이나타운에 초점을 맞추고 있다. 싱가포르 건설과 성장에서 주축을 이룬 민족은 단연 중국 남서부에서 이주해온 중국인들이었다. 이들은 다 같은 중국인(한족)이지만, 푸젠인(혹켄), 광둥인(쾽푸), 차오저우인(티오츄), 하이난인(하일람) 등 여러 방언 집단으로 구성되어, 싱가포르를 다민족 사회로 발전시켰다.

중국계 이주민들이 영국이 기획한 야심찬 싱가포르 건설 프로젝트에 노동자와 소상공인 등 다양한 자격으로 대거 참여해 싱가포르를 결국 중국인들의 도시로 만들었다면, 식민통치기 양곤의 건설과 성장의 주역은 어디까지나 인도인들이었다. 식민지 버마가 최전성기를 구가하던 1931년에 양곤 인구의 절반이 인도인이었다.

식민지 관료들이 싱가포르를 본떠 양곤의 도시 구조를 설계했고, 식민체제의 목적에 부합하고 토착민들보다 유럽인과 이주 아시아인들에게 적합하게 건설되었다. 그럼에도 저자는, 이렇게 외국인과 이주민의 도시였던 양곤이 탈식민화를 거치면서 미얀마인의 도시가 되었듯이, 미얀마의 긴 역사도 그 이전의 원주민이었던 퓨족과 몬족, 끈질기게 전쟁을 벌였던 타이족, 100년 식민 지배의 치욕을 안겼던 영국인, 그들의 하수인으로 식민체제 지킴이 노릇을 했던 인도인과 카렌족을 차례로 제압하거나 몰아내고 버마족이 승리하는 과정으로 흥미롭게 그리고 있다.

원래 사람이 살지 않던 싱가포르나 양곤과 달리, 쿠칭은 식민지가 되기 이전에 이미 1만여 명의 인구를 가진 중소도시를 형성하고 있었으며, 원주민인 이반족(다약족)이 80퍼센트를 차지하고 있었다. 1842년 사라왁이 백인 왕 제임스 브룩에게 할양된 이후 대규모 광산 채굴과 플랜테이션 개발이 이루어지면서 중심지 쿠칭은 앞의 두 도시와 마찬가지로 국내외 이주민이 넘쳐나는 다문화 도시로 변해갔다. 현재는 화인과 말레이인이 전체 인구의 4분의 3을 차지하고 비다유족과 이반족이 중심이 된 토착 원주민은 나머지 4분의 1에 불과하다.

치앙라이, 폰사완, 방콕

마지막으로 태국 현대사를 연구하는 현시내는 동남아시아 국가들이 20세기 후반에 보편적으로 겪은 정치적 갈등과 비극의 다양한 양상을 태국과 라오스의 세 도시를 통해 보여준다. 이 세 도시는 각각 국민국가 형성, 냉전, 민주화라는 도전에 직면하여 감당하기 힘든 피해와 희생을 강요받았다. 태국 북부 변방에 위치한 소도시 치앙라이와 그 주변에 살던 여러 종족은 강대국 사이에서 이리저리 휘둘리다가 결국 태국에 강제 편입되어 소수민족으로 전락하는 서글픈 처지가 된다. 한편 이웃 라오스의 소도시 폰사완이 자리 잡은 시앙쾅주에는 미군 폭격기가 인류 역사상 1인당 가장 많은 양의 폭탄을 베트남 전쟁 중에 퍼부어 라오스인들에게 "씻을 수 없는 상흔"을 남겼으며, 미군과 국내 친미반공 세력에 협력했던 소수민족 몽족(Hmong)은 공산화 이후 라오스를 떠나 태국과 미국으로 이주했다. 마지막으로, 태국 정치는 건국 이래 군부 개입과 민주화 사이를 오가며 정치적 갈등을 빚는 동안 시위와 진압이 일상화되긴 했지만, 지난 10여 년간 정쟁이 악화일로로 치달으면서 관광도시로서의 이미지와 기능이 큰 타격을 입었다.

방콕은 세계적인 관광도시다. 수많은 불교 사원, 반신격화된 국왕이 사는 화려한 궁전, 크고 작은 상점들과 대형 쇼핑몰, 활기찬 나이트라이프, 값싸고 맛있는 먹을거리 등은 매년 3000만 명이 넘는 외국인을 방콕으로 유혹하기에 충분하다. 그러나 이 글에서는 관광도시 방콕이 역사학자의 능숙한 필설에 의해 정치 테마 관광도시로 변모한다. 1932년 입헌군주제 혁명이 뚜껑을 연 정치 변동의 판도라 상자는 태국 정치를 군사 쿠데타, 민주화 투쟁, 민주화의 영원한 순환 속으로 빠뜨렸고, 수도 방콕은 많은 도로와 광장에 그 기억들을 고스란히 새겨놓았다. 저자는 역사적인 민주화 시위나 군부의 강경 진압이 있었던 장소들을 이어 '민주화를 찾아가는 길'이라 명명한다. 1932년 입헌군주제 혁명, 1973년 학생운동, 1976년 '피의 월요일', 2010년 랏쁘라송 시위와 유혈진압, 2014년 이후 Z세대 플래시몹의 현장으로 안내하며 군부 개입과 민주화의 반복 속에서도 시간이 흐름에 따라 높아지는 정치개혁의 수준과 요구에 주의를 환기시킨다. 특히 2020년 미래전진당 해산 결정 이후 본격화되기 시작한 Z세대의 정치 참여는 태국 정치의 미래가 어둡지만은 않음을 보여준다.

이어서 저자는 북부 변방의 소도시 치앙라이 주변에 흩어져 사는 소수민족에 대한 정치경제학적 분석을 통해 태국이 근대 국민국가로 거듭나는 과정의 어두운 단면을 보여주려 한다. 치앙라이 지역에서 수백 년을 살아온 소수민족들은 란나 왕국, 버마의 따웅우 왕조, 꼰바웅 왕조의 지배를 차례로 받다가 1933년 시암 왕국에 강제 편입되어 "타이 민족국가의 경계인이 되어가는 가슴 아픈 역사"를 가진 사람들이다. 치앙라이의 종족늘이 비소소 근대국가 태국의 일원이 된 것은 이들이 태국, 미얀마, 라오스 3국 국경을 넘나들며 행하던 아편 재배와 거래를 태국 정부가 후원하는 커피 재배로 대체한 이후다. 초국가적이고 불법적인 환금작물인 아편과 달리 커피는 국내에서 합법적으로 재배되므로 생산자와 생산량에 대한 국가의 감시와 통제가 가능해졌다.

라오스의 소도시 폰사완은 인구가 4만 명도 채 되지 않는 미니 도시이지만,[10] "작은 도시가 담기에는 너무나 큰 역사를 등에 지고 있는 도시"다. 라오스는 베트남 전쟁에 '끌려 들어가' 미 공군으로부터 5년간에 걸쳐 쉴 새 없이 폭격을 당했는데, 제2차 세계대전 때 유럽 전역에 투하된 폭탄의 양에서 40만 톤 모자라는 210만 톤이 베트남 전쟁 기간 동안 투하되었고, 폰사완시와 시앙쾅주는 피해가 극심했던 지역 중의 하나였다. 시앙쾅주에 집중적으로 거주하던 소수민족인 몽족의 운명은 라오스인보다 더 기구하여, 고지대에 화전민으로 살며 아편 재배를 주업으로 삼고 있었는데 프랑스 식민주의자들의 분리 통치(divide and rule) 정책에 의해 라오족의 불신을 받게 되고 급기야는 내부 분열까지 맛보았다. 게다가 상당수의 몽인이 독립 이전에는 프랑스의 용병으로, 이후에는 미국 중앙정보국(CIA)과 우익 군부가 주도한 '비밀 전쟁'의 전사로 협력한 탓에 1975년 라오스 통일 이후 공산당 정부로부터 감당할 수 없는 보복과 핍박을 받아 결국 조국 아닌 조국 라오스를 떠났다. 저자는 식민통치, 냉전, 내전, 베트남 전쟁으로 이어지는 라오스의 길고도 참혹한 현대사를 폰사완의 피폭과 몽족의 대탈주라는 한 편의 드라마에 압축해놓았다.

더 많은 동남아시아 도시에 대한 흥미로운 이야기는 후속편으로 계속 이어지길 기대한다. 이 책에 포함되지 않은 동남아시아 수도들, 자카르타, 마닐라, 쿠알라룸푸르, 프놈펜, 비엔티안, 반다르스리브가완, 딜리까지 7개 도시는 이 책에서 이미 다룬 도시들 못지않게 다양하고 흥미진진한 역사 이야기를 들려줄 것이다. 식민지 건설의 시발점이자 중심부였던 이 7개의 도시는 길게는 수백 년,

짧아도 수십 년에 걸쳐 독립국가의 수도로 진화하는 과정 속에서 겪은 근현대사의 굴곡을 오롯이 담고 있는 역사 공부의 현장이기 때문이다. 이와 더불어, 최소한 전근대기 이전, 심지어 고전시대까지 그 기원이 거슬러 올라가는 도시들, 즉 팔렘방, 버구(Pegu), 만달레이, 치앙마이, 루앙프라방, 수라카르타, 후에, 호이안, 세부, 반다아체, 마카사르와 같은 도시는 서구의, 서구화된 도시에 세뇌된 우리에게 도시에 대한 새로운 안목과 발상의 전환을 선사해줄 수 있다. 이들 중에는 역사 유적지로 보존되거나 복원되어 세계적인 관광지로 변모한 곳도 있고, 독립 이후 경제 발전을 경험하면서 현대적인 도시로 거듭난 곳도 있다. 마지막으로 근자에 들어 완전히 새로운 개념의 도시가 등장하기 시작했다. 말레이시아의 행정 수도 푸트라자야, 미얀마의 수도 네피도, 그리고 인도네시아가 건설 중인 누산타라는 전통적인 수도 개념에서 '행정적 중심'이란 내포만 가져온, 그래서 인구가 가장 많은 도시도 아니고, 경제적 부가 집중되어 있지 않으며, 복합적인 기능을 수행하지 않는 유형의 도시들이다. 이렇듯 동남아시아의 매력인 다양성은 동남아시아의 도시에서도 나타난다. 모두 도시라고 불러도 똑같은 도시일 수는 없지만, 동남아시아 도시들의 다양성은 눈이 부실 정도다. 벌써부터 후속 편이 기다려진다.

* **신윤환**

주

1. 믈라카, 동양의 베니스

1) 2018년 통계다. 트립어드바이저에는 믈라카가 말레이시아의 10대 관광지 중 하나라고 나온다. 국내 여행객도 많다는 이야기다. https://web.archive.org/web/20181118112242/https://www.tripadvisor.com.my/TravelersChoice-Destinations-cTop-g293951.

2) Francis Ng, "What tree did Parameswara really see in Malacca?", Star Bizweek, November, 2011, The Star, 2011.

3) 마환, 홍상훈 역주, 『영애승람』, 미출간본.

4) 파라하나 슈하이미, 정상천 옮김, 『믈라카』, 산지니, 2020. 이 책은 기본적으로 『스자라 믈라유(Sejarah Melayu)』에 기반한 것이며 믈라카 왕국 라자와 술탄에 대한 기록을 연대기적으로 서술한 것이다. 그러나 왕들의 이름이 중복되거나 설명이 서로 다른 경우도 적지 않아서 중국이나 한국의 정사(正史)처럼 일목요연하게 정리되지 않았다는 단점이 있다.

5) 파라하나 슈하이미, 『말라카』.

6) M. C. Ricklefs, *A History of Modern Indonesia Since c.1300* (2nd ed.), London: MacMillan, 1993, pp. 23~24.

7) Ong Puay Liu, "Community Involvement for Sustainable World Heritage Sites: The Melaka Case", Kajian Malaysia, Vol. 35, Supp. 1, 2017, pp. 59~76.

2. 페낭, 매력 넘치는 세계문화유산의 도시

1) Nordin Hussin, *Trade and Society in the Straits of Melaka: Dutch Melaka and English Penang, 1780~1830*, Singapore: National University of Singapore Press, 2007, p. 115.
2) 강희정, 『아편과 깡통의 궁전: 동남아의 근대와 페낭 화교사회』, 푸른역사, 2019, 36쪽.
3) Jonas Daniel Vaughan, "Note on the Chinese of Pinang", *Journal of the Indian Archipelago*, No. 8, 1854, pp. 3~4.
4) Tuan Wong Yee, "The Rise and Fall of the Big Five of Penang and their Regional Networks, 1800s~1900s", Ph.D. thesis of the Australian National University, 2007, p. 51.
5) 장동하, 「배론신학교 교육 과정에 관한 연구」, 『신학과 사상』 51, 2005, 7~56쪽.
6) 김규성, 「다블뤼의 『조선 순교사 비망기』에 나온 『황사영 백서』 순교자 약전 인용 연구」, 『신학과 철학』 36, 2020, 199~222쪽.
7) Lan Shiang Huang, "A Comparison on the Urban Spatial Structures of the British Colonial Port Cities among Calcutta, George Town and Singapore", *Proceeding in The Penang Story – International Conference*, 2002.
8) Ching-Hwang Yen, "Ch'ing's sale of honours and the Chinese leadership in Singapore and Malaya (1877~1912)", *Journal of Southeast Asian Studies*, Vol. 1(2), 1970, p. 28.
9) 강희정, 『아편과 깡통의 궁전: 동남아의 근대와 페낭 화교사회』, 311~313쪽.
10) Queeny Chang, *Memories of a Nonya. Eastern University Press*, 1981. Reprint Singapore: Marshall Caverndish International, 2016, pp. 63~70.

3. 쿠칭, 고즈넉한 고양이의 도시

1) Lynn Pan, *The Encyclopedia of Chinese Overseas*, Chinese Heritage Center, 1998, p.

185.

2) Craig A. Lockard, "The Early Development of Kuching, 1820-1857", *Journal of the Malaysian Branch of the Royal Asiatic Society*, Vol. 49, No. 2, 1976.

3) Craig A. Lockard, "Leadership and Power within the Chinese Community of Sarawak: A Historical Survey", *Journal of Southeast Asian Studies*, Vol. 2, No. 2, 1971.

4) Tien Ju-Kang. "The Chinese of Sarawak: Thirty Years of Change", *Southeast Asian Studies*, Vol. 21, No. 3, 1983.

5) Craig A. Lockard, "Leadership and Power within the Chinese Community of Sarawak: A Historical Survey".

6) Lam Chee Kheung, "Wee Kheng Chiang of Sarawak: Entrepreneur Extraordinaire", *Malaysian Journal of Chinese Studies*, 1, 2012; Lynn Pan, *The Encyclopedia of Chinese Overseas*, Chinese Heritage Center, 1998.

7) 각 방언 그룹별 종교 시설의 경우 푸젠계는 봉산사(Hong San Si Temple, 鳳山寺), 차오저우계는 상제묘(Siang Ti Temple, 上帝廟), 하이난계는 천후묘(Hin Ho Bio Temple, 天後廟), 광둥계는 관제묘(Kuan Ti Temple, 關帝廟) 등이 있다. 대부분 19세기 중반에 지어진 사원들이다.

4. 족자카르타, 인도네시아의 숨은 보석

1) 아쩨주가 아쩨 특별지역(Daerah Istimewa Aceh)으로 선포된 것은 1959년이다. 아쩨주는 인도네시아 군도에서 가장 일찍이 이슬람을 받아들였고, 오랜 기간 이슬람 왕국이었던 아쩨 술탄국의 지배하에 있었다. 특히 네덜란드와 식민지 지배에 처절하게 저항했던 역사적 전통이 남아 있는 지역이다. 인도네시아가 네덜란드로부터 완전한 독립을 이룬 1949년에 아쩨주 역시 북부 수마트라의 하나의 주가 되었다. 하지만 종족·언어·종교 성향의 차이로 아쩨인들은 지속적으로 분리독립 운동을 펼쳤고, 이를 약화하기 위해 인도네시아 정부는 아쩨주에 자치권을 부여했다.

2) 술탄은 이슬람 세계의 세습 군주를 부르는 말이다. '권위, 권력'을 뜻하는 아랍어에서 유래했으며, 일반적으로 정치와 종교를 아우르는 통치자를 의미한다. 본래는 종교적 최고 권위자인 칼리파가 세속의 군주에게 하사하던 호칭이다. 현재 이라크 일대의 이슬람의 두 번째 세습 제국이었던 아바스 왕조의 제25대 칼리파였던 알카디르가 가즈니 제국의 마흐무드에게 수여한 것이 최초의 기록이다. 오만과 브루나이 군주, 말레이시아와 인도네시아의 지방 군주들이 술탄 칭호를 사용한다.
3) 족자카르타의 현재 술탄은 하멩쿠부워노 10세(Sri Sultan Hamengkubuwono X)다. 족자카르타 왕국의 술탄이자, 현재 족자카르타 특별주의 3대 주지사다.
4) 래플스는 보로부두르(Borobudur) 사원을 보로 보도르(Boro Bodor)로 명기했다.
5) 석가모니의 사리나 유골을 모신 구조물.
6) 조코위 대통령은 2020년 3월 코로나 바이러스 예방법 중 하나로 자무를 마시라고 제안하기도 했다. 그는 건강관리를 위해 매일 아침, 점심, 저녁에 자무를 마신다고 할 정도로 자무 애호가로 알려져 있다.

5. 덴파사르, 신들의 섬에 사는 발리 사람들

1) 발리섬의 8개 군은 이전 시대부터 있었던 8개 소왕국이 행정구역으로 바뀐 사례다. 덴파사르시는 과거 바둥 왕국이 변한 바둥군에 속했지만, 1992년 사누르 지역 등과 함께 덴파사르시로 분리되었다.
2) 발리섬이 대중적인 관광지로 떠오르기 시작한 1970년대 이전, 즉 현재 유명 관광지인 쿠타, 누사두아, 스미냑 지역이 본격적으로 개발되기 전까지 주요 관광지는 덴파사르와 사누르 지역이었다.
3) 비키 바움은 오스트리아 출신의 소설가이자 극작가다. 약 50권의 책을 출간했고, 이 중 10여 편이 할리우드 영화로 제작되었다. 그의 친구이자 화가인 발터 스피스(Walter Spies)의 초대로 1935년에 발리를 방문해, 다양한 역사와 문화를 경험했다. 당시 발리에서 머물렀던 시간은 그의 작품에 큰 영향을 미쳤다. 발리섬에서 받은 영감을 바탕으로 1906년 네덜란드에 의해 자행된 발리인 학살 시기의 한

가족의 이야기인 『발리에서 사랑과 죽음』(원제: Liebe und Tod auf Bali)을 집필했다.

4) 중국계 이민자들의 주택 형태를 인도네시아인들은 루코라고 부른다. 주택과 상가가 함께 있는 일종의 숍하우스(shop house)를 인도네시아어로 그대로 표기하면 루마 토코(rumah-toko)가 되는데, 이를 줄여서 루코라고 부른다.

5) 찰리 채플린은 1931년 2월 13일 영화 〈시티 라이트〉를 홍보하기 위해 뉴욕에서 출발하여 서유럽을 거쳐 아시아까지 가는 여행을 했다. 스위스를 마지막으로 유럽 여행을 마친 채플린은 1932년 2월 수에즈 운하를 넘어 자카르타에 도착했다. 채플린은 자동차와 기차를 이용해 자바 지역을 여행했고 이후 발리섬 여행을 시작했다. 발리 여행 이후 개인 다큐멘터리 필름인 〈발리에서 채플린(Chaplin in Bali)〉과 여행 경험담을 담은 책 『코미디언 세계를 보다(A Comedian Sees the World)』를 남겼다.

6) 발리섬은 남북으로 68킬로미터, 동서로 150킬로미터이며 면적은 약 5612제곱킬로미터에 달한다. 제주도의 약 세 배 크기다. 인구는 약 400만 명이지만 대부분 발리 남쪽 지역에 거주한다. 발리 중북부 지역에는 해발 2000미터가 넘는 화산과 산악지대가 분포하기 때문이다. 남부 지역에서 북부 지역으로 이동하기가 어렵기 때문에 관광객의 대부분은 남쪽의 해안 지역에 머무른다.

7) 일종의 '만들어진 전통'일 수 있는 께짝 댄스는 관광상품으로 여행객의 시선을 잡아끄는 요소가 많다. 무엇보다 많은 수의 예술가들이 참여하고 음악과 무용이 함께 펼쳐지는 종합예술의 성격을 지니고 있다. 특히 발리에서 가장 유명한 사원 중 하나인 울루와투 사원과 해 질 녘의 광경이 공연과 함께 잘 어우러진다.

6. 수라바야, 행복한 2등 도시

1) 한국과 인도네시아 양국에서 '두 번째'라는 공통점 때문인지, 부산광역시와 수라바야시는 1994년 8월 29일에 자매결연을 맺었다. 이후 두 도시는 교육과 문화를 중심으로 교류를 이어오고 있다.

2) 라덴 위자야는 인도네시아인에게 국가 공동체의 원형이라고 평가받는 마자파힛

왕국을 건국한 초대 국왕이다. 여러 왕국들이 각축을 벌였던 13세기 자바와 수마트라에서 당시 전 세계를 호령하던 몽골 제국의 쿠빌라이 칸의 군대를 물리침으로써 자바섬의 실질적인 지배자가 되었다. 라덴 위자야는 오늘날에도 인도네시아에서 강대국으로부터 국가를 지킨 용맹함을 상징하는 인물로 평가받고 있다.

3) 마자파힛 왕국은 1293년부터 1527년까지 현재의 인도네시아 전 영토, 말레이반도와 필리핀 남부 지역을 지배했던 해상제국이다. 마자파힛 왕국은 인도네시아 전체 역사에서 매우 중요한 위치를 차지한다. 특히 네덜란드 식민사관을 일축할 수 있는 근거이자 인도네시아인들에게 국가 공동체의 원형을 형성했다는 측면에서 마자파힛 왕국의 역사는 매우 중요하게 다루어진다.

4) 15세기 오스만튀르크에 의해 실크로드가 훼손되면서 유럽의 국가들은 해상무역로를 개척할 필요성을 느꼈다. 크리스토퍼 콜럼버스, 바스쿠 다가마, 마젤란 등이 동방의 향신료를 구하기 위해 대항해시대를 시작했고, 말루쿠제도를 차지하기 위해 포르투갈, 스페인, 네덜란드, 영국이 치열하게 경쟁했다.

5) 1945년 태평양 전쟁에서 패배한 일본은 인도네시아에서 안전하게 본국으로 돌아가야 했고, 인도네시아인들은 완전한 독립과 정국의 안정을 이루고자 했다. 하지만 일본에게 식민지를 빼앗겼다고 생각한 네덜란드는 다시 인도네시아를 식민통치하려는 야심을 가졌다. 1945년 8월 22일 일본군은 공식적으로 항복선언을 했지만 완전히 무장해제되지는 않았다. 수카르노가 이끄는 인도네시아공화국의 혁명세력은 네덜란드와 영국을 위시한 연합군과 산발적인 교전을 벌였다. 특히 수라바야에서는 일본군에게서 무기를 빌은 혁명세력이 조국의 안전한 독립을 위해 지속적인 투쟁을 벌여왔다. 독립과 혁명의 열기가 고조되는 가운데 1945년 11월 10일부터 시작된 연합군의 대규모 공습으로 수천 명의 인도네시아인들이 희생되었다. 훗날 수라바야 전투로 불리는 이날의 투쟁으로 혁명세력은 많은 피해를 입었지만, 인도네시아인들이 외세에 대항해 단합된 힘을 보여준 역사가 되었다.

6) 수카르노 대통령의 반식민주의 정책을 가장 잘 보여주는 회의가 1955년 자바섬 반둥시에서 열린 '제1차 아시아-아프리카 회의'(반둥회의)였다. 새로운 국제질서를 확립하기 위해 제3세계 국가의 지도자들이 반둥에 모였고, 이 자리에서 '반둥 10대 원칙'을 선언했다. 모든 국가의 주권과 영토 보전에 대한 존중, 타국

의 내정에 대한 불간섭, 평화적 수단에 의한 국제 분쟁 해결 등의 원칙을 제시함으로써 반제국주의, 반식민주의 민족자결의 정신을 강조했다.

7) 인도네시아에서 화인의 이주 역사는 대체로 15세기 자바섬의 수라바야와 수마트라섬의 팔렘방에서 무역업에 종사한 이들로부터 시작되었다고 본다. 이후 16세기 들어 푸젠과 광둥 지역 사람들이 자카르타(당시 바타비아)에 건설 노동자로 들어오면서 대규모 이주가 시작되었다. 화인의 규모는 현재 인도네시아 전체 인구의 약 3퍼센트인 800만 명으로 추산되지만, 상업활동 등을 통해 막대한 부를 쌓아 인도네시아 경제의 70퍼센트 이상을 장악하고 있다는 평가를 받는다.

7. 싱가포르의 '진짜' 차이나타운을 찾아서

1) HDB는 'Housing Development Board'의 약자로 우리말로 하면 주택개발국이다. 이름 그대로 정부 소속의 싱가포르 공공주택의 건설을 담당하고 있고, 이 HDB에서 건설한 주공아파트를 현지에서는 해당 부처 이름 그대로 'HDB'라고 부르기도 한다. 싱가포르 주거의 80퍼센트 이상이 바로 이 주택개발국에서 건설해 분양하는 주공아파트다. 결혼하여 가정을 꾸린 싱가포르 시민권자 및 영주권자라면 누구나 신청해 분양받을 수 있어 아시아의 대표적인 주거 복지정책으로 불린다.

2) 싱가포르의 인구는 1819년 영국의 식민지가 된 이후 과반이 중국계 이주민이었고, 20세기 이후 이민의 폭발적 증가로 최소 70퍼센트 이상을 넘어섰다. 그 추세는 지금까지도 이어지고 있다. 그런 이유로 싱가포르 사회는 때로는 노골적으로, 때로는 은연중에 중국계가 주류인 모습을 보인다.

3) 그 때문에 원래 스탬퍼드 래플스 경은 리콴유와 함께 싱가포르의 아버지로 불렸다. 그러나 최근에는 그가 싱가포르를 '발견'한 것인지, 혹은 원주민들이 살고 있던 식민 이전의 싱가푸라(Singapura) 지역을 탈환해 식민화한 것인지를 놓고 역사적 재평가가 활발히 이루어지고 있다. 관련 내용은 김종호, 「50년의 역사, 200년의 역사, 700년의 역사, '이민국가' 싱가포르의 건국사, 식민사, 21세기 고대사」, 『동서인문』 제12호, 2019 참조.

4) 흔히 동남아시아로 이주해온 중국계 이주민은 지역에 따라 크게 다섯 종류로 나뉜다. 푸젠(福建, 호키엔Hokkien), 광둥(廣東, 캔터니즈Cantonese), 객가(客家, 하카Hakka), 차오저우(潮州, 떼오추Teochew), 하이난(海南, Hainan)이다. 이들은 20세기 초중반 신해혁명(1911)을 통한 공화국 성립과 쑨원(孫文)의 노력으로 조금씩 중화민족으로서의 내셔널리즘을 깨닫기 전만 해도 확실하게 구분되어 있었다. 방언도 서로 달랐고, 문화와 용어도 달랐다. 그들은 오로지 지역성에 기반한 정체성이 강했기에 서로 경쟁했고, 경쟁이 지나쳐 때로는 전쟁을 벌이는 사이였다. 소위 '방언 그룹'이라 불리기도 하는 그들은 단지 같은 문자를 쓰고 있다는 것과 '청'이라 불리는 대륙의 제국에서 건너온 사람들이라는 의식을 매우 느슨하게 공유하고 있었다. 보다 자세한 방언 그룹의 구분과 특징, 동남아시아 화인 사회에서의 역사적 의미 등에 대해서는 김종호, 『화교 이야기: 중국과 동남아 세계를 이해하는 키워드』, 너머북스, 2021 참조.

5) 푸젠인들은 거의 1000년 동안 이어진 해상 실크로드 무역의 주요 참여자였다. 관련 내용은 Wang Gungwu, "Merchant without Empire – Hokkien sojourning communities", *The Rise of Merchan Empires: Long Distance Trade in the Early Modern World, 1350-1750*, James D. Tracy (ed.), Cambridge and New York: Cambridge University Press, 1990 참조.

6) '푸젠회관(福建會館, Hokkein Huay Kwan)', 광둥 출신 객가 그룹이 세운 '잉허회관(應和會館, Ying Fo Fui Kuan)', 믈라카에서 건너온 36개 푸젠 가문이 세운 자선단체인 '경덕회(慶德會, Keng Teck Whay)', 푸젠인들의 대표적 고향인 진지앙 지역민들의 동향 조직인 '진지앙회관(晉江會館)' 뿐 아니라 오래된 도교 사원인 '천복궁(天福宮, Thian Hock Keng)', 화인들의 주요 금융 거래 파트너였던 인도 남부 출신 무슬림이 세운 모스크(the Al-Abrar Mosque and the Nagore Durgha Shrine), 중국계 기독교인들이 세운 최초의 교회(Telok Ayer Chinese Methodist Church) 역시 여전히 남아 있다.

7) 마주는 푸젠 남부 사람들이 믿던 바다의 여신으로, 그 신앙은 푸젠과 광둥인들에 의해 동남아시아로 퍼지게 되었다. 이후 중국 화난과 화중, 화베이 연해 지역뿐만 아니라 한반도와 일본에도 화인 네트워크를 통해 들어오게 된다.

8. 치앙라이, 우리와 그들 사이의 경계를 품은 곳

1) UNHCR Thailand, "Statelessness." (https://www.unhcr.org/th/en/statelessness. 검색일: 2021. 10. 7).
2) 태국의 전근대 역사는 David Wyatt의 통사 책을 추천한다. David K. Wyatt, *Thailand: A Short History*, New Haven: Yale University Press, 1984.
3) 란나 왕국뿐만이 아니라 시암을 둘러싼 왕국들을 짜끄리 왕조가 흡수·병합한 방법과 그 과정에서 불거진 민족의 정체성 문제에 대해 자세히 알고 싶다면 다음의 저서를 추천한다. Chaiyan Rajchagool, *The Rise and Fall of the Thai Absolute Monarchy: Foundations of the Modern Thai State from Feudalism to Peripheral Capitalism*, Bangkok: White Lotus, 1994.
4) Boonchuai Sisawat, *30 chat nai chiang rai* [30 nations in Chiang Rai], second edition, Bangkok: Kled Thai, 2004.
5) 고산지대에 사는 다양한 소수민족과 저지대에 사는 태국인, 버마인 등과의 갈등 관계와 이들의 충돌을 둘러싼 역사적·정치적 의미에 대해 알고 싶다면 다음의 저서를 추천한다. 제임스 스콧, 이상국 옮김, 『조미아, 지배받지 않는 사람들』, 삼천리, 2015.
6) 냉전기 동남아시아에서 이루어지던 아편 무역과 베트남 전쟁과의 관계를 자세하게 다룬 다음의 저서를 참고하라. 황금 삼각지가 어떠한 배경에서 전략적 요충지가 되었으며, 아편 거래가 어떤 역할을 했는지에 대해서 알 수 있다. Alfred W. McCoy, *The Politics of Heroin: CIA Complicity in the Global Drug Trade*, Rev. ed., Chicago: Lawrence Hill Books, 2003.
7) 현시내, 「태국 왕실 '헬리콥터 어머니' 덕에 무소불위됐다」, 『한겨레』, 2021년 2월 6일(https://www.hani.co.kr/arti/culture/religion/982113.html. 검색일: 2021. 7. 14).

9. 방콕, 왕이 걷는 길에서 찾아낸 민주화의 길

1) 프랑스와 시암의 영토 분쟁에 관한 내용과 영향에 대해서는 다음의 책을 참고하

라. Shane Strate, *The Lost Territories: Thailand's History of National Humiliation*, Honolulu: University of Hawai'i Press, 2015.

2) 짜끄리 왕조의 근대 군주와 개혁에 관한 내용은 다음의 책들을 참고하면 좋다. 통차이 위니짜꾼(Thongchai Winichakul). 이상국 옮김, 『지도에서 태어난 태국: 국가의 지리체 역사』, 진인진, 2019; 조흥국, 『근대 태국의 형성』. 소나무, 2015.

3) 사릿 타나랏이 왕정 부흥을 위해 취했던 정책과 자신만의 철학에 대해서는 다음의 책이 집중적으로 다루었다. Thak Chaloemtiarana, *Thailand, the Politics of Despotic Paternalism*, Ithaca: Southeast Asia Program Publications, Southeast Asia Program, Cornell University, 2007.

4) 태국의 근대사를 자세히 알고 싶다면 다음의 책을 추천한다. Chris Baker and Pasuk Phongpaichit, *A History of Thailand*, Port Melbourne, Vic.; New York: Cambridge University Press, 2005.

5) 2010년 5월에 일어난 유혈진압의 원인과 그 이후 태국 정치와 사회에 대해서 더 알고 싶다면 다음의 책을 추천한다. Michael J, Montesano, Pavin Chachavalpongpun, and Aekapol Chongvilaivan, *Bangkok, May 2010: Perspectives on a Divided Thailand*, Singapore: ISEAS – Yusof Ishak Institute, 2012.

6) 2020년에 MZ 세대가 주도한 시위의 성격과 의미를 분석한 논문들은 다음과 같다. Kanokrat Lertchoosakul, "The white ribbon movement: High School Students in the 2020 Thai Youth Protests," *Critical Asian Studies* 53, No. 2, 2021, pp. 206~218. DOI: 10.1080/14672715.2021.1883452; Aim Sinpeng, "Hashtag Activism: Social Media and the #FreeYouth Protests in Thailand", *Critical Asian Studies* 53, No. 2, 2021, pp. 195~205. DOI: 10.1080/14672715.2021.1882866.

7) 2020년 10월 16일에 일어난 진압에 대해서는 다음의 글을 추천한다. Sinae Hyun, "Why are the Border Patrol Police in Bangkok Now?" *ISEAS Perspective*, Issue 2020, No. 133, published on November 23, 2020. https://www.iseas.edu.sg/wp-content/uploads/2020/11/ISEAS_Perspective_2020_133.pdf.

8) 현시내, "미얀마–태국 '쌍둥이 독재자'에 맞서는 밀레니얼 연대." 『한겨레』, 2021년 2월 27일(https://www.hani.co.kr/arti/culture/religion/984739.html 검색일: 2021. 10. 7).

10. 폰사완, 베트남 전쟁의 화염을 피하지 못한 단지평원

1) 유네스코, "씨엥쿠앙의 항아리 거석 유적-항아리 평원-유네스코와 유산." (https://heritage.unesco.or.kr/씨엥쿠앙의-항아리-거석-유적-항아리-평원. 검색일: 2021. 10. 7).

2) 라오스 역사에 대한 전반적인 이해를 돕는 책으로 다음의 저서를 추천한다. Martin Stuart-Fox, *A History of Laos*, Cambridge; New York: Cambridge University Press, 1997.

3) 시앙쾅에 살았던 몽인들에 대한 역사적 기록들은 다음의 저서와 논문에서 찾아볼 수 있다. Mai Na M. Lee, *Dreams of the Hmong kingdom*: *The Quest for Legitimation in French Indochina, 1850-1960*, Madison, WI: The University of Wisconsin Press, 2015; G. Linwood Barney, "The Meo of Xieng Khouang Province, Laos", Peter Kunstadter (ed.), *Southeast Asian Tribes, Minorities, and Nations*, Princeton, NJ: Princeton University Press, 1967.

4) 베트남 전쟁 시기 라오스에 투하된 폭탄의 양과 위치에 관한 정보를 찾아볼 수 있는 다음의 웹사이트를 추천한다. ESRI, "Bombing Missions of the Vietnam War." (https://storymaps.esri.com/stories/2017/vietnam-bombing/index.html. 검색일: 2021. 5. 25).

5) Fred Branfman, *Voices from the Plain of Jars*: *Life under an Air War*, New York: Harper & Row, 1972.

11. 양곤, 불교의 나라 미얀마의 코즈모폴리턴 도시

1) Nalanda-Sriwijaya Centre, *Tagore's Asian Voyage-selected speeches and writings on Rabindranath Tagore*, ISEAS, 2011, p. 12.

2) Su Lin Lewis, *Cities in Motion-Urban Life and Cosmopolitanism in Southeast Asia, 1920-1940*, Cambridge University Press, 2016 참조.

3) 이 장에서 주로 다루는 미얀마의 전체 역사는 다양한 관련 국내외 개설서 및 논

문들을 참고하여 재구성했다. 그 가운데 일반 대중이 참고할 만한 국내서로는 장준영, 『하프와 공작새』, 눌민, 2017; 최병욱, 『동남아시아사 – 전통시대』, 산인, 2006; 최병욱, 『동남아시아사 – 민족주의 시대』, 산인, 2016; 소병국, 『동남아시아사 – 창의적인 수용과 융합의 2천년사』, 책과함께, 2020 등이 있다.

4) Roberts, Jayde Lin, *Mapping Chinese Rangoon – Place and Nation among the Sino – Burmese*, University of Washington Press, 2016, p. 25.

5) 당시 미얀마로 이주해온 인도인들의 대략 90퍼센트에 달하는 이들이 주로 마드라스(지금의 첸나이) 지역과 벵골(지금의 방글라데시)에서 건너온 이들이었다. Uma Shankar Singh, "Indians in Burma(1852 – 1941)", *Proceedings of the Indian History Congress*, Vol. 41, 1980, p. 825.

6) 최병욱, 『동남아시아사 – 민족주의 시대』, 70~71쪽.

12. 하노이, 베트남의 역사를 가득 품은 도시

1) 리 왕조의 태조(太祖)인 타이또(Thai To)가 당시 '다이라(Dai La)'라고 불리던 도시에 도달할 즈음 용이 배 위로 날아오르는 것을 보고 도시 이름을 탕롱으로 붙였다고 한다. (유인선, 『베트남의 역사』, 이산, 2018, 85쪽.) 좀 다른 설명도 있다. 리타이또의 배가 현 하노이 지역에 다다랐을 때 배 위로 날아오르는 용 모양의 구름을 보고 도시 명을 이리 붙였다는 이야기도 있다(Ngo Thi Huong Sen, (ed.), *Guide to Vietnamese Culture: Ha Noi*, Hanoi: The Gioi Publishers, 2017, pp. 4, 11, 20). 다른 견해는 리타이또가 하노이에 궁궐을 지으며 4개의 대문을 내게 했는데, 남문을 완성했을 때 황금 용이 남문 위로 떠올라서 도시 명을 탕롱으로 붙였다고 한다(Dang Phong, *Thang Long – Hanoi: The Story in a Single Street*, Hanoi: Knowledge Publishing House, 2010, p. 22).

2) 리 왕조 이후 탕롱의 도시 명은 몇 차례 바뀌었는데, 동도(Dong Do), 동꿘(Dong Quan), 동낀(Dong Kinh), 쭝도(Trung Do), 박타인(Bac Thanh) 등이 있었다. Ngo Thi Huong Sen, (ed.), *Guide to Vietnamese Culture: Ha Noi*, Hanoi: The Gioi Publishers, 2017, p. 5.

3) Ngo Thi Huong Sen, (ed.), *Guide to Vietnamese Culture: Ha Noi*, Hanoi: The Gioi Publishers, 2017, pp. 144~146.
4) 유인선, 『베트남의 역사』, 34쪽.
5) 유인선, 『베트남의 역사』, 97~98쪽.
6) 유인선, 『베트남의 역사』, 118~119쪽.
7) 유인선, 『베트남의 역사』, 69~70쪽.
8) http://www.insidevina.com/news/articleView.html?idxno=17517.
9) Dang Phong, *Thang Long-Hanoi: The Story in a Single Street*, p. 148.
10) https://www.hani.co.kr/arti/international/asiapacific/883830.html.
11) 이한우, 「베트남의 '도이머이', 어떻게 시작됐나?」, 『아주경제』, 2020년 2월 2일.
12) 정민승, 「쌀국수 성지서 벌어진 '포 띤 vs 포 띤' 원조 대결」, 『한국일보』, 2019년 4월 11일.
13) Dang Phong, *Thang Long-Hanoi: The Story in a Single Street*, p. 157.

13. 호찌민시, 동커이 거리에서 만나는 베트남 근현대사

1) Nguyen Dinh Dau, *From Saigon to Ho Chi Minh City: 300 Year History*, Hanoi: Land Service Science and Technics Publishing House, 1998, p. 9.
2) '자딘' 부(phu Gia Dinh, 嘉定府)는 1800년에 '자딘' 진(tran Gia Dinh, 嘉定鎭)으로, 1808년에 '자딘' 성(thanh Gia Dinh, 嘉定城)으로 변경됐다. '자딘' 성은 산하에 '쩐(tran, 鎭)'을 6개 두었다. 그중 하나가 '피엔안' 진(tran Phien An)이었고, 그 후 '피엔안' 진은 '피엔안' 성으로 바뀌었다. '피엔안' 성은 산하에 '떤빈' 부(phu Tan Binh, 新平府)와 '떤안' 부(phu Tan An, 新安府)를 두고, 산하에 '후옌'(huyen, 縣)을 2개씩 두었다. '떤빈' 부 산하 2개 '후옌'의 대부분 영역과 인근에서 추가된 영역이 현 호찌민시에 속한다. '피엔안' 성은 1836년에 '자딘' 성(嘉定省)으로 이름이 바뀌었다. Nguyen Dinh Dau, *From Saigon to Ho Chi Minh City: 300 Year History*, pp. 33, 41~42, 45, 47~48.
3) 유인선, 『베트남의 역사』, 이산, 2018, 211~214쪽.

4) 최병욱, 『베트남 근현대사』(개정판), 산인, 2016.

5) Tim Doling, *Exploring Ho Chi Minh City*, Hanoi: The Gioi Publishers, p. 67.

6) Tim Doling, *Exploring Ho Chi Minh City*, p. 70.

7) Nguyen Dinh Dau, *From Saigon to Ho Chi Minh City: 300 Year History*, pp. 125~126.

8) 예컨대, 1881년 사이공에는 1만 3481명이 거주했는데, 그중 베트남인은 6246명, 중국인은 5595명이었고, 나머지는 기타 외국인이었다. 쩌런(Cho Lon)에는 거주자 3만 9806명 중 베트남인 2만 677명, 중국인 1만 9046명, 유럽인 83명이 있었다. Nguyen Dinh Dau, *From Saigon to Ho Chi Minh City: 300 Year History*, pp. 120~121.

9) 1951년 사이공에는 90만 270명 중 베트남인 68만 8000명, 중국인 19만 3000명이 있었고, 쩌런에는 70만 1420명 중 베트남인 32만 명, 중국인 38만 명이 있었다. Nguyen Dinh Dau, *From Saigon to Ho Chi Minh City: 300 Year History*, p. 137.

10) https://saigoneer.com/saigon-heritage/9498-street-cred-alexandre-de-rhodes-and-the-birth-of-ch%E1%BB%AF-qu%E1%BB%91c-ng%E1%BB%AF.

11) Tim Doling, *Exploring Ho Chi Minh City*, pp. 61~62.

12) Tim Doling, *Exploring Ho Chi Minh City*, pp. 77~78.

13) Tim Doling, *Exploring Ho Chi Minh City*, pp. 78~79.

14) 유인선, 『베트남의 역사』, 359쪽.

15) 이한우, 「베트남에서 호찌민은 '살아 있다'」, 『아주경제신문』, 2021년 8월 11일.

16) Tim Doling, *Exploring Ho Chi Minh City*, pp. 80~81.

17) Tim Doling, *Exploring Ho Chi Minh City*, pp. 33~35.

18) 이대용, 『사이공 억류기』, 한진출판사, 1981, 64쪽.

에필로그

1) 과거에 사용된 '발견의 시대(Age of Discovery)'라는 표현이 서구 중심적이라는

비판을 받아 이를 대체하고 있는 용어다. 동남아시아 역사학자 리드(Anthony Reid)는 동남아시아인의 관점에서 '상업의 시대(Age of Commerce)'라고 불렀다. 15세기부터 17세기까지를 지칭한다(Southeast Asia in the Age of Commerce, 1450–1680, Volume One, *The Lands below the Winds*, New Haven&London: Yale University Press, 1988).

2) 고전시기 또는 고전시대라는 표현은 다음의 글에서 가장 먼저 사용되었다. Harry Benda, "Structure of Southeast Asian History: Some Preliminary Observations", *Journal of Southeast Asian History* 3, 1, 1962.

3) Milton Osborne, *Southeast Asia: An Introductory History*, Sydney: Allen & Unwin, 1979.

4) Milton Osborne, *Southeast Asia: An Introductory History*. 이 두 제국 외에도 버간(Pagan, Bagan), 수코타이(Sukhothai), 다이벳(Dai Viet), 마자파힛(Majapahit)이 대표적인 고전국가로 꼽힌다. Michael Aung-Thwin, "The 'Classical' in Southeast Asia: The Present in the Past", *Journal of Southeast Asian Studies* 26, 1, 1995, p. 75.

5) Clifford Geertz, *Negara: The Theatre State In Nineteenth-Century Bali*, Princeton: Princeton University Press, 1981, p. 4.

6) Coedes, *The Indianized States of Southeast Asia*, edited by Walter F. Vella, translated by Susan Brown Cowing, Honolulu: University of Hawaii Press, 1970.

7) O W Wolters, *History, Culture and Region in Southeast Asian Perspectives*, Singapore: ISEAS, 1982.

8) Geertz, *Negara: The Theatre State In Nineteenth-Century Bali*, chap. 2.

9) Reid, *Southeast Asia in the Age of Commerce, 1450–1680*, chap. 3.

10) 도시의 규모는 어디까지나 상대적이다. 인구가 3만 7000여 명밖에 되지 않아 유엔의 도시 기준에는 미달하지만, 라오스에서는 일곱 번째로 '큰' 도시다. 라오스에는 인구 10만 명이 넘는 도시는 단 한 곳, 수도 비엔티안뿐이고, 5만 명이 넘는 도시가 4개, 2만 명이 넘는 '도시'가 10개, 만 명이 넘는 '도시'는 19개뿐이다(https://population.mongabay.com/population/laos/).

참고문헌

1. 믈라카, 동양의 베니스

마환, 홍상훈 역주, 『영애승람』, 미출간본.
파라하나 슈하이미, 정상천 옮김, 『믈라카』, 산지니, 2020.
Ng, Francis, "What tree did Parameswara really see in Malacca?", *Star Bizweek*, November, 2011, The Star, 2011.
Liu, Ong Puay, "Community Involvement for Sustainable World Heritage Sites: The Melaka Case", *Kajian Malaysia*, Vol. 35, Supp. 1, 2017.
Ricklefs, M. C., *A History of Modern Indonesia Since c.1300* (2nd ed.), London: MacMillan, 1993, pp. 23~24.

2. 페낭, 매력 넘치는 세계문화유산의 도시

강희정, 『아편과 깡통의 궁전: 동남아의 근대와 페낭 화교사회』, 푸른역사, 2019.
김규성, 「다블뤼의 『조선 순교사 비망기』에 나온 『황사영 백서』 순교자 약전 인용 연구」, 『신학과 철학』 36, 2020.
장동하, 「배론신학교 교육 과정에 관한 연구」, 『신학과 사상』 51, 2005.
Chang, Queeny, *Memories of a Nonya*, Eastern University Press, 1981. Reprint

Singapore: Marshall Caverndish International, 2016.

Huang, Lan Shiang, "A Comparison on the Urban Spatial Structures of the British Colonial Port Cities among Calcutta, George Town and Singapore", *Proceeding in The Penang Story – International Conference*, 2002.

Hussin, Nordin, *Trade and Society in the Straits of Melaka: Dutch Melaka and English Penang, 1780~1830*, Singapore: National University of Singapore Press, 2007.

Vaughan, Jonas Daniel, "Note on the Chinese of Pinang", *Journal of the Indian Archipelago*, No. 8, 1854.

Wong, Yee Tuan, "The Rise and Fall of the Big Five of Penang and their Regional Networks, 1800s~1900s", Ph.D. thesis of the Australian National University, 2007.

Yen, Ching-Hwang, "Ch'ing's sale of honours and the Chinese leadership in Singapore and Malaya (1877~1912)", *Journal of Southeast Asian Studies*, Vol. 1(2), 1970.

3. 쿠칭, 고즈넉한 고양이의 도시

Ah Chon Ho, *Kuching in Pictures, 1841 – 1946*, See Hua Kaily News Bhd, 2000.

Fumitaka Furuoka, "Economic development in Sarawak, Malaysia: An overview", *MPRA Paper*, No. 60477, 2014.

Lam Chee Kheung, "Wee Kheng Chiang of Sarawak: Entrepreneur Extraordinaire", *Malaysian Journal of Chinese Studies*, 1, 2012.

Lockard, Craig A., "Leadership and Power within the Chinese Community of Sarawak: A Historical Survey", *Journal of Southeast Asian Studies*, Vol. 2, No. 2, 1971.

Lockard, Craig A., "The Early Development of Kuching, 1820 – 1857", *Journal of the Malaysian Branch of the Royal Asiatic Society*, Vol. 49, No. 2, 1976.

Pan, Lynn., *The Encyclopedia of Chinese Overseas*, Chinese Heritage Center, 1998.

Maja Khemlani DAVID, Caesar DEALWIS, "Reasons for Assimilation: Focus on the Indian Muslims in Kuching, Malaysia", *Migracijske i etničke teme*, 25, 2009.

Tien Ju-Kang, "The Chinese of Sarawak: Thirty Years of Change", *Southeast Asian Studies*, Vol. 21, No. 3, 1983.

4. 족자카르타, 인도네시아의 숨은 보석

가종수, 『자바의 사원과 유적 - 바다의 실크로드에서 융성한 자바 왕조사』, 주류성출판사, 2010.

양승윤, 『인도네시아사』, 한국외국어대학교 지식출판원, 2010.

양승윤, 『인도네시아: 많이 알려지지 않은 이야기들』, 한국외국어대학교 지식출판원, 2017.

Bell, L., S. Bultler, T. Holden, A. Kaminski, H. McNaughtanButler, ... & R. Ver Berkmoes, *Lonely Planet Indonesia*, Lonely Planet Publications, 2016.

Stockdale, J. J., *Island of Java*, Tuttle Publishing, 2011.

Thorn, W., *Conquest of Java*, Tuttle Publishing, 2012.

Raffles, T. S., *The history of Java*, Vol. 2. John Murray, 1830.

Vickers, A., *A history of modern Indonesia*, Cambridge University Press, 2013.

5. 덴파사르, 신들의 섬에 사는 발리 사람들

가종수, 『신들의 섬 발리』, 북코리아, 2010.

양승윤, 『인도네시아사』, 한국외국어대학교 지식출판원, 2010.

양승윤, 『인도네시아: 많이 알려지지 않은 이야기들』, 한국외국어대학교 지식출판원, 2017.

클리퍼드 기어츠, 김용진 옮김, 『극장국가 느가라: 19세기 발리의 정치체제를 통해서 본 권력의 본질』, 눌민, 2017.

Bell, L., S. Bultler, T. Holden, A. Kaminski, H. McNaughtanButler, ... & R. Ver Berkmoes, *Lonely Planet Indonesia*, Lonely Planet Publications, 2016.

Boon, J. A. *The anthropological romance of Bali 1597−1972: dynamic perspectives in marriage and caste, politics and religion*, (Vol. 1). CUP Archive, 1977.

Shavit, D., *Bali and the tourist industry: a history, 1906−1942*, McFarland, 2019.

Ver Berkmoes, R., A. Skolnick. & M. Carroll, Bali & Lombok, EDT srl, 2009.

Vickers, A., *A history of modern Indonesia*, Cambridge University Press, 2013.

6. 수라바야, 행복한 2등 도시

배동선, 『수카르노와 인도네시아 현대사』, 아모르문디, 2018.

양승윤, 『인도네시아사』, 한국외국어대학교 지식출판원, 2010.

양승윤, 『인도네시아: 많이 알려지지 않은 이야기들』, 한국외국어대학교 지식출판원, 2017.

Bell, L., S. Bultler, T. Holden, A. Kaminski, H. McNaughtanButler, ... & R. Ver Berkmoes, *Lonely Planet Indonesia*, Lonely Planet Publications, 2016.

Palmos, F., *Surabaya 1945: Sakral Tanahku*, Yayasan Pustaka Obor Indonesia, 2016.

Peters, R. *Surabaya, 1945−2010: Neighbourhood, state and economy in Indonesia's city of struggle*, NUS Press Pte Ltd., 2013.

Stockdale, J. J., *Island of Java*, Tuttle Publishing, 2011.

Thorn, W., *Conquest of Java*, Tuttle Publishing, 2012.

Vickers, A., *A history of modern Indonesia*, Cambridge University Press, 2013.

Williamson, Krism, *Kewi Travels Guide: Surabaya Indonesia*, Kewi Travels, 2016.

7. 싱가포르의 '진짜' 차이나타운을 찾아서

김종호, 『화교 이야기: 중국과 동남아 세계를 이해하는 키워드』, 너머북스, 2021.

김종호, 「50년의 역사, 200년의 역사, 700년의 역사, '이민국가' 싱가포르의 건국사, 식민사, 21세기 고대사」, 『동서인문』 제12호, 2019.

김종호, 「싱가포르·샤먼 도시개발과 도심지 주상복합 건축문화의 형성 — 숍하우스 '5피트' 외랑공간의 발견과 역사적 의미」, 『동아연구』 38(2), 2019.

Chong, Terence, (eds.), *Navigating Differences: Integration in Singapore*, Singapore: ISEAS-Yusof Ishak Institue, 2000.

Frost, Mark Ravinder, "Emporium in Imperio: Nanyang Network and the Straits Chinese in Singapore 1819-1914", *Journal of Southeast Asian Studies*, Vol. 36, No. 1, 2005.

Kwa Chong Guan, Derek Heng, Tan Tai Yong, *Singapore A 700-Year History - From Early Emporium to World City -*, Singapore: National Archives of Singapore. 2009.

Singapore Hokkien Huay Kuan, *Guardian of the South Seas: Thian Hock Keng and Singapore Hokkien Huay Kuan*, Singapore: Singapore Hokkien Huay Kuan, 2006.

8. 치앙라이, 우리와 그들 사이의 경계를 품은 곳

이상국, 「이주민, 비합법성, 그리고 국경사회체제: 태국-미얀마 국경지역 사회체제의 특성에 관한 연구」, 『동남아시아연구』 18(1), 2008, 109~150쪽.

제임스 스콧, 이상국 옮김, 『조미아, 지배받지 않는 사람들』, 삼천리, 2015.

Boonchuai Sisawat, *30 chat nai chiang rai* [30 nations in Chiang Rai], second edition, Bangkok: Kled Thai, 2004.

Chaiyan Rajchagool, *The Rise and Fall of the Thai Absolute Monarchy: Foundations of the Modern Thai State from Feudalism to Peripheral Capitalism*, Bangkok: White Lotus, 1994.

McCoy, Alfred W., *The Politics of Heroin: CIA Complicity in the Global Drug Trade*, Rev. ed. Chicago: Lawrence Hill Books, 2003.

Wyatt, David K, *Thailand:A Short History*, New Haven: Yale University Press, 1984.

9. 방콕, 왕이 걷는 길에서 찾아낸 민주화의 길

통차이 위니짜꾼(Winichakul, Thongchai), 이상국 옮김, 『지도에서 태어난 태국: 국가의 지리체 역사』, 진인진, 2019.

조흥국, 『근대 태국의 형성』, 소나무, 2015.

Baker, Chris and Pasuk Phongpaichit, *A History of Thailand*, Port Melbourne, Vic.; New York: Cambridge University Press, 2005.

Chaloemtiarana, Thak. *Thailand, the Politics of Despotic Paternalism*. Ithaca: Southeast Asia Program Publications, Southeast Asia Program, Cornell University, 2007.

Montesano, Michael J., Pavin Chachavalpongpun, and Aekapol Chongvilaivan. *Bangkok, May 2010: Perspectives on a Divided Thailand*, Singapore: ISEAS–Yusof Ishak Institute, 2012.

Strate, Shane, *The Lost Territories: Thailand's History of National Humiliation*, Honolulu: University of Hawai'i Press, 2015.

10. 폰사완, 베트남 전쟁의 화염을 피하지 못한 단지평원

Branfman, Fred, *Voices from the Plain of Jars: Life under an Air War*, New York: Harper & Row, 1972.

Castle, Timothy N., *At War in the Shadow of Vietnam: US Military Aid to the Royal Lao Government, 1955–1975*, New York: Columbia University Press, 1993.

Evans, Grant, *A Short History of Laos: The Land in Between*, Crows Nest NSW, Australia: Allen & Unwin, 2002.

Lee, Mai Na M., *Dreams of the Hmong kingdom: The Quest for Legitimation in French Indochina, 1850–1960*, Madison, WI: The University of Wisconsin Press, 2015.

Stuart-Fox, Martin, *A History of Laos*, Cambridge: New York: Cambridge University

Press, 1997.

Vang, Chia Youyee, *Hmong America: Reconstructing Community in Diaspora*, Urbana, IL: University of Illinois Press, 2010.

11. 양곤, 불교의 나라 미얀마의 코즈모폴리턴 도시

소병국, 『동남아시아사 - 창의적인 수용과 융합의 2천년사』, 책과함께, 2020.
장준영, 『하프와 공작새』, 눌민, 2017.
최병욱, 『동남아시아사 - 전통시대』, 산인, 2006.
최병욱, 『동남아시아사 - 민족주의 시대』, 산인, 2016.
Ghosh, Devleena, "Burma-Bengal Crossings: Intercolonial Connections in Pre-Independence India", *Asian Studies Review*, Vol. 40, No. 2, 2016.
Moore, Elizabeth Howard, and Navanath Osiri, "Urban Forms and Civic Space in Nineteenth to Early Twentieth Century Bangkok and Rangoon", *Journal of Urban History*, Vol. 40 (1), 2014.
Nalanda-Sriwijaya Centre, *Tagore's Asian Voyage - selected speeches and writings on Rabindranath Tagore*, ISEAS, 2011.
Pan, Lynn, *The Encyclopedia of Chinese Overseas*, Chinese Heritage Center, 1998.
Roberts, Jayde Lin, *Mapping Chinese Rangoon - Place and Nation among the Sino-Burmese*, University of Washington Press, 2016.
Singh, Uma Shankar., "Indians in Burma(1852 - 1941)", *Proceedings of the Indian History Congress*, Vol. 41, 1980.
Su Lin Lewis, *Cities in Motion - Urban Life and Cosmopolitanism in Southeast Asia, 1920 - 1940*, Cambridge University Press, 2016.

12. 하노이, 베트남의 역사를 가득 품은 도시

김남일 외, 『스토리텔링 하노이』, 아시아, 2012.
무경 엮음, 박희병 옮김, 『베트남의 신화와 전설』, 이산, 2000.
유인선, 『베트남의 역사』, 이산, 2018.
이한우, 「베트남의 '도이머이', 어떻게 시작됐나?」, 『아주경제』, 2020년 2월 2일.
정민승, 「쌀국수 성지서 벌어진 '포 띤 vs 포 띤' 원조 대결」, 『한국일보』, 2019년 4월 11일.
Dang Phong, *Thang Long – Hanoi: The Story in a Single Street*, Hanoi: Knowledge Publishing House, 2010.
Ngo Thi Huong Sen, (ed.), *Guide to Vietnamese Culture: Ha Noi*, Hanoi: The Gioi Publishers, 2017.

13. 호찌민시, 동커이 거리에서 만나는 베트남 근현대사

유인선, 『베트남의 역사』, 이산, 2018.
이대용, 『사이공 억류기』, 한진출판사, 1981.
이한우, 「베트남에서 호찌민은 '살아 있다'」, 『아주경제』, 2021년 8월 11일.
최병욱, 『베트남 근현대사』(개정판), 산인, 2016.
Doling, Tim, *Exploring Ho Chi Minh City*, Hanoi: The Gioi Publishers, 2014.
Nguyen Dinh Dau, *From Saigon to Ho Chi Minh City: 300 Year History*, Hanoi: Land Service Science and Technics Publishing House, 1998.
Nguyen Khac Vien and Huu Ngoc, (eds.), *From Saigon to Ho Chi Minh City: A Path of 300 Years*, Hanoi: The Gioi Publishers, 1998.

도시로 보는 동남아시아사

초판 1쇄 발행 2022년 4월 5일
초판 5쇄 발행 2024년 5월 16일

지은이　　강희정 김종호 신윤환 이한우 정정훈 현시내
펴낸이　　문채원

펴낸곳　　도서출판 사우
출판　　　등록 2014-000017호
전화　　　02-2642-6420
팩스　　　0504-156-6085
전자우편　sawoopub@gmail.com

ISBN 979-11-87332-74-9 03910

"이 저서는 2019년 대한민국 교육부와 한국연구재단의 지원을 받아 수행된 연구(NRF-2019S1A5C2A01080959)" 입니다.